P9-DEY-178

Jorge Rial

Polvo de estrellas

Inconfesables secretos de la farándula, la política y el deporte

Colección Argentina Hoy

Jorge Rial

Polvo de estrellas

temas'de hoy.

Colección Argentina Hoy

Editor responsable: Ricardo J. Sabanes

Diseño de cubierta: Mario Blanco
Ilustración de cubierta: Sebastián Martino
Diseño de interior: Osvaldo Gallese

© 1995, Jorge Rial

Derechos exclusivos de edición en castellano
reservados para todo el mundo:
© 1995, Editorial Planeta Argentina S.A.I.C.
Independencia 1668, Buenos Aires
© 1995, Grupo Editorial Planeta

ISBN 950-730-036-8

Hecho el depósito que prevé la ley 11.723
Impreso en la Argentina

Ninguna parte de esta publicación, incluido el diseño de la cubierta, puede ser reproducida, almacenada o transmitida en manera alguna ni por ningún medio, ya sea eléctrico, químico, mecánico, óptico, de grabación o de fotocopia, sin permiso previo del editor.

Este libro está dedicado a:

Silvia y mi vieja, que se bancaron todo...
Jorge Halperin, que creyó por primera vez en mí...
Carlos Montero, que también alguna vez apostó por mí...
Luis Ventura, Daniel Roncoli y Elías Perugino, periodistas y amigos que me ayudaron con su información...
Julio, mi editor, que me corrió tres años para escribirlo...
La Farándula, porque los quiero a todos...
Y en especial a Ramón, a quien le hubiera gustado estar conmigo en este momento...

—El Emperador está desnudo —gritó un niño. Entonces todos repararon en que era cierto. Pero por temor al Emperador y a sí mismos, con cara de distraídos, siguieron silenciosos el cortejo.

H. C. ANDERSEN

Prólogo

Un buen día cayó en mis manos el libro Hollywood-Babilonia, *de Kenneth Anger, y descubrí casi con asombro que nueve de cada diez estrellas son humanas, aunque no lo parezcan a simple vista.*

Con poca piedad, bastante humor y buena información, el ex niño prodigio de la Meca del Cine desnuda allí todas las intimidades de los astros del celuloide. Amoríos, drogas, adulterios y hasta muertes dudosas, desfilan en impúdica procesión por cada una de sus páginas.

Devorarlo en presurosos bocados y pensar por qué en nuestro país no se podía hacer algo similar, fue todo uno. Si al fin y al cabo todos nuestros artistas sueñan con triunfar en Hollywood, ¿por qué no pueden recibir el mismo trato, también a la hora de bajarlos de ese mágico pedestal en que algunos creen vivir eternamente?

La pregunta era fácil, pero la respuesta bastante complicada. En la farándula criolla existe una especie de pacto de silencio —algo similar a la célebre ormeta *de la mafia siciliana— que impide hablar demasiado de sus vaporosos integrantes.*

Basados seguramente en una imaginaria "Escuela Radiolandia" —donde los astros son intocables—, el periodismo de espectáculos siempre fue bastante complaciente con los actores y las actrices. Para los egresados de esta escuelita, los fa-

mosos nunca iban al baño ni tenían legañas; no se levantaban con mal aliento ni, mucho menos, cometían errores.

Igual que los próceres de Billiken, los artistas se ganaron el bronce eterno a fuerza de inmaculadas sonrisas —la mayoría con el precio en el orillo—, cálidos besos y algún escandalete menor inventado especialmente para "la gilada".

Pero para sorpresa de muchos, los integrantes del ambiente artístico también eran (y son) de carne y hueso, con sentimientos, agachadas, infidelidades y transas ineludibles a la hora de seguir figurando, aunque más no sea en un epígrafe periodístico.

Tal vez los aires democráticos sirvieron para que en el espectáculo local también se revisaran ciertas cosas del pasado. Sucedió que, durante la dictadura, la televisión, por sobre todos los otros medios, sirvió para que los generales ahuyentaran ciertos fantasmas, según la vieja receta de "pan y circo". Y muchas veces, por complacencia u omisión, algunos artistas se sumaron a ese coro que le cantaba al olvido.

A cambio de esos favores, algunos de ellos —por suerte no demasiados— recibían un trato preferencial o espacios en los canales estatales. Cierto halo de impunidad flotaba en el aire. De allí que ante algunas notas incómodas más de un actor amenazara al periodista con recurrir a los servicios de algún capitán de corbeta o dragoneante amigo.

Pero un buen día, una nueva generación de periodistas comenzó a romper con esos mitos que rodeaban a la farándula. Fue así que se atrevieron a hurgar en sus vidas privadas, incluso a revisar sus relaciones con el poder de turno. De pronto, los "intocables" sintieron que su cielo privado se llenaba de indiscretos observadores.

Pese a la ruptura de ese código de silencio —basado muchas veces en la supuesta amistad entre actores y periodistas—, nadie se atrevía a ir más allá de lo establecido. Mucho menos a volcar todo en un libro, para que ciertas intimidades o "chimentos" quedaran impresos. Sólo estaba permitido divulgar algún divorcio o sugerir ciertos romances particulares. Todo dicho, por supuesto, con ambigüedades y rapidito, como para que el parnaso farandulero no se enojara demasiado.

Con este libro, seguramente, varias personas se sentirán heridas, y algún enemigo más sumaré a mi envidiable lista.

Algunos amigos intentaron convencerme de la convenien-

cia de una marcha atrás en el proyecto. Pero si los políticos y los empresarios podían sobrevivir a que sus nombres aparecieran con letras de molde en fabulosos robos para la corona, ¿por qué la farándula tenía que seguir exhibiendo su impunidad?

Este libro también está hecho desde la admiración y el respeto, porque no todo es frivolidad en nuestro showbiz. *O mejor dicho, éste contiene la frivolidad suficiente como para seguir sobreviviendo en un medio ultracompetitivo y muchas veces hostil.*

Pero como en el libro de Mary Shelley, aquí también existen los Frankenstein. En este caso, el periodismo especializado, entre los que me incluyo. Muchas veces hemos elevado a la enésima potencia a figuras cuya mayor virtud era su capacidad muscular o amatoria.

El fin de este trabajo es mostrar a las inalcanzables estrellas como verdaderamente son: seres humanos. Con bajezas y virtudes, como ustedes o como yo, que en definitiva logramos que ellos escalaran a ese Olimpo inmaculado, gracias a nuestra dosis de cholulismo.

Es hora de sacarles el polvo. Incluso para hacerlos un poco más queridos todavía.

JORGE RIAL

La política al gobierno. La farándula al poder

Del camarín al balcón

Seguramente por respetar alguna ley no escrita, la relación entre farándula y poder recorre a menudo el camino de la clandestinidad. Pocos fueron los que se atrevieron a legalizar esos lazos, que para muchos eran vergonzantes. Casos como los de Juan Domingo Perón con Evita —en esos momentos una actriz de segunda línea en cine y radioteatro—, o el más reciente de Juan Bautista "Tata" Yofre con Adriana Brodsky, la ex "bebota" de Alberto Olmedo, fueron excepciones a la tácita regla.

Pero las relaciones peligrosas son casi mayoría, y la seducción mutua muy difícil de evitar.

¿Qué buscan, en su unión, el poder y la farándula?

Los primeros, con desesperación, la fama y la popularidad que una perdida banca de diputados o un oscuro despacho oficial difícilmente les pueda otorgar. El alto nivel de "cholulismo" que tiene la mayoría de los dirigentes y el ansia de salir en las fotos superan cualquier tipo de ideología o disciplina partidaria.

En un país donde las ideas políticas están en decadencia, lo único que apenas queda en pie son los medios de comunicación, una de las pocas instituciones con cierto grado de credibilidad. De allí que una revista o un programa de televisión reemplacen a las estructuras políticas a la hora de llegar a la gente. Si antes los militantes eran capaces de dar sus vidas por la causa, ahora hay que entregar todo por una tapa. La añorada frase "La vida por Perón" dejó paso a la más moderna de "la vida por un epígrafe". Esa es, hoy por hoy, una de las pocas formas de existir *a nivel político. La lógica del discurso partidario dio paso a la lógica del espectáculo. Y para eso, hay que ser noticia.*

Lo que no tienen en cuenta los dirigentes y sus "asesores" es que ese acercamiento a la farándula —sobre todo al mayoritario sector femenino—, crea un hábito difícil de eludir. Muchas veces, después de esos encuentros, la casual cita para el flash pasa a convertirse en algo cotidiano; lo que comenzó en público se continúa en la intimidad.

Los famosos, por su parte, se prodigan con políticos y empresarios, con el fin de llegar a tocar el poder real, en vez de aquél de cartón pintado que describen las novelas. Hablar de sus amistades en las altas esferas o tutearse con el dirigente de turno es un pasaporte seguro a la admiración de sus colegas, o la llave mágica para ocupar un espacio en los medios de comunicación. Para llegar a ese punto no se descarta ningún esfuerzo, desde compartir una inocente toma fotográfica hasta organizar algo más complicado y placentero.

¿Las ideologías? Bien, gracias.

En el mundo del espectáculo —desmintiendo al Sarmiento de la pluma y la palabra—, los bárbaros siempre matan a las ideas y, lo que es peor, a veces cometen verdaderos genocidios. Por eso no es extraño recorrer los archivos periodísticos y encontrar felices poses de famosos y mandatarios, las mismas caras fraternas, pero en gobiernos distintos. Lo mismo da ir a jugar un "picadito" a la quinta de Olivos con el general Roberto Viola y su hijo Robertito —una especie de Isidorito Cañones de la época— entrevistar con devoción a un encumbrado dirigente radical, u ocupar un importante cargo en el gobierno peronista. La coherencia, parece, es un capítulo que el bueno de Stanislavsky se olvidó de escribir.

La nueva era menemista incentivó la unión entre farándula y poder. Artistas, deportistas y periodistas se convirtieron, de la noche a la mañana, en el círculo íntimo del presidente, y se esmeran, con su natural histrionismo, en alabarlo y glorificarlo. Muchas veces, la lustrosa mesa de reuniones de la Casa Rosada dejó paso a una más modesta pero más concurrida en "Fechoría", el comedero farandulero por excelencia.

Pero no todos estos nuevos amigos imprimían estampitas con la imagen de Carlos Menem antes de su asunción. Los memoriosos recuerdan la premura que tenía Gerardo Sofovich por abandonar el país apenas conocido el resultado de las elecciones. Incluso, ese aciago día, se trenzó en una dura pelea verbal con su amigo Lucho Avilés en el preciso momento en que los periodistas televisivos vislumbraban el triunfo del riojano. Pero cuando tenía todo listo para viajar al Uruguay e incorporarse al Canal 4 de aquella orilla, se produjo un conveniente encuentro con el flamante presidente electo. De qué hablaron o qué cosas descubrió el productor, nadie lo sabe. Pero en un milagro digno de tener en cuenta, el hombre no sólo se convirtió a la fe menemista sino que ocupó el más alto cargo en ATC y se convirtió en poco menos que su vocero de prensa.

Otros prefieren recordar la metamorfosis de Moria Casán. La vedette, en las postrimerías de la dictadura, aseguraba sin ningún pudor que éste era "un país de cabotaje", para luego comenzar a creer en la patria alfonsinista, gracias a las gestiones de su ex marido Mario Castiglione, hombre cercano a la Coordinadora. Pero como todo amor en algún momento llega a su fin, no fue extraño ver a la actriz y conductora como una de las contadas invitadas famosas al restaurante "El Mangrullo" cuando el presidente festejó el triunfo del 30 de octubre del '93.

Nada se pierde, todo se transforma.

En una operación camaleónica digna de admiración, la mayoría de los artistas se volcaron decididamente a las huestes del menemismo, tal vez apostando al vano sueño de la inmortalidad del proyecto, o al esperado maná de la revolución productiva.

Pese a todos los análisis y las volteretas ideológicas, lo cierto es que el matrimonio entre farándula y poder sigue con la fuerza de siempre. Con relaciones prohibidas, intercambios y entregas "protocolares", ambas partes intentan mezclarse en un explosivo cóctel. Algunos lo logran y otros se quedan en el camino.

Las que siguen son algunas historias íntimas de esos encuentros y desencuentros.

[illegible]

[illegible]

[illegible]

[illegible]

[illegible]

[illegible]

EN AMORES... ¡SIGANME, QUE NO LOS VOY A DEFRAUDAR!

Toneladas de papel y tinta se han gastado para enumerar los supuestos romances del presidente. Empresarias, políticas, periodistas y, sobre todo, actrices, fueron las perlas de un largo rosario de amistades peligrosas que cosechó el líder, incluso desde su gestión al frente de la gobernación riojana.

A caballito de su particular "soltería" y de cierta imagen de *play boy* creada desde los medios, muchas fueron las versiones que lo acompañaron desde el momento mismo de su asunción al poder.

Como uno más, el político se integró a principio de los ochenta a la farándula criolla. Muchos recuerdan aún sus entradas triunfales a "Fechoría" enfundado en trajes blancos, camisas rojas y con su natural jopo engominado.

Siempre logró despertar sonrisas entre maliciosas y cómplices, pero las bienvenidas eran afectuosas debido a que nadie descartaba que ese raro espécimen político alguna vez ocupara el sillón de Rivadavia.

En el comedero de la avenida Córdoba, comenzó a frecuentar a Gerardo Sofovich —el "ruso" siempre minimizó la capacidad del riojano, aunque reconocía que lo divertía mucho—, Alberto Olmedo, Jorge Porcel, Moria Casán —en esos momentos cercana al radicalismo—, Susana Giménez, Adrianita Brodsky y, mucho más tímidamente, a la ascendente *vedette* Amalia "Yuyito" González.

Carlos Menem —o *Carlitos*, como gustaba que lo llamaran— siempre se quedaba hasta tarde, jugando al truco con los famosos comensales que no se dejaban vencer por el sueño. Incluso el gobernador, usando una generosa chequera, organizaba grandes fiestas en su provincia natal. Las mismas se iniciaban con un opíparo asado en Anillaco los sábados al mediodía, y finalizaban con las últimas horas del domingo. Por aquellos tiempos, muchos eran los famosos que literalmente "se mataban" por ser incluidos en el *charter* rumbo al Norte argentino.

De todas maneras, delimitar el terreno de lo real de la pura ficción en el tema sentimental es una tarea demasiado difícil. La sola mención de la vida privada del presidente se transforma en un verdadero secreto de Estado, tal vez el más guardado por la corte de los milagros menemista.

Pese a todo, fueron muchos los nombres femeninos que se vieron relacionados en algún momento con él. Y casi todos se reflejaron en las revistas de chimentos.

María Julia Alsogaray, Amalia "Yuyito" González, Claudia Bello, Cristina Lemercier, Graciela Alfano, Leila Aidar, Mónica Guido, Alicia Betti, Paula Martínez y hasta la enigmática empresaria Maia Swaroski, habrían sido algunas de las curvas que interrumpieron los sueños presidenciales, según múltiples publicaciones.

Algunas versiones pueden sonar delirantes y otras tendrán el suficiente barniz de realidad como para hacerlas creíbles. Casi todas —en especial aquellas que unen al político con notorias figuras de nuestra farándula— intentarán ser reflejadas en las próximas páginas.

Thelma Stefani

Nicolás de Vedia y Marta Spinelli eran amigos personales del político, y se mostraban muy preocupados por la manifiesta soledad del caballero. Por eso, un día se comunicaron con él para invitarlo a su casa, con el fin de presentarle una bella *vedette* recién llegada de Buenos Aires.

Con la velocidad del rayo el funcionario se puso su mejor ropa, se tiró todo el perfume importado encima y se trepó cual Meteoro en su impecable Torino. Al llegar quedó deslumbrado ante la inquietante presencia de la porteña. Era nada menos que Thelma Stefani, una de las mujeres más sexys y deseadas del ambiente. Conocerse, iniciar una cálida amistad, despertar incluso celos casi enfermizos en la esposa del político, fue todo uno. Pero un día, por los avatares de la vida y de nuestra frágil democracia, la primera etapa de esa relación se terminó en forma obligada.

Sin embargo, en 1982 y de la mano del empresario Carlos Spadone, amigo personal del riojano, estas almas gemelas volvieron a reunirse, tal vez con la promesa de no separarse nunca más. Desde ese momento las visitas de la exuberante Thelma a La Rioja se hicieron habituales.

Una casi confirmación de esta más que tierna amistad entre el político y la *vedette* llegó un día de la mano de una figura que nadie puede relacionar con la farándula criolla: la hermana Marta Pelloni. Desde su nuevo destino en la ciudad de Goya, la religiosa —de activa participación en el caso María Soledad Morales— denunció que el presidente "sabe todo" sobre ese asesinato y, para demostrarlo, recordó una anécdota que involucraba al mandatario con la familia Luque. De acuerdo a lo expresado por la monja, ella habría tenido en su poder una foto del casamiento de la hermana de Guillermo Luque en el Hotel Turismo, de Catamarca, donde el propio Carlos Menem habría estado como invitado, nada menos que junto a la hoy desaparecida Thelma Stefani.

El propio "Jefe" la iba a buscar al aeropuerto de la capital provincial, y juntos recorrían los kilómetros que separan a esa ciudad de Anillaco. Allí la *vedette* se alojaba en la hostería del Automóvil Club Argentino. Los rumores de un fogoso romance comenzaron a correr con fuerza por las calles de la provincia, convirtiéndose en el tema exclusivo de conversación en las largas siestas riojanas.

Esos comentarios, como no podía ser de otra manera, llegaron nuevamente a oídos de Zulema. La dama, indignada, comenzó a echar mano a todo tipo de artilugios para separar a su marido de esa tierna amistad. En los mentideros riojanos se comentaban, por aquella época, las asiduas visitas de la ex primera dama al "consultorio" de una conocida bruja, con el fin de realizar algunos "trabajos" contra la invasora.

A tal punto habrían llegado las incursiones en el mundo esotérico que, en más de una ocasión, la dama le habría enviado mensajes a la actriz anunciándole la cantidad y calidad de sus trabajos. En todo el ambiente era conocido el miedo de

Stefani por todo lo referido a la brujería y lo sobrenatural. Como ejemplo, basta recordar que el día anterior a su deceso reunió en su departamento a *trece* amigos y allí anunció, casi en broma, su próxima muerte. Al otro día se lanzó al vacío desde su balcón.

Al conocer aquellos brujeriles recursos, la pobre artista comenzó a frecuentar a Jorge, especialista en tarot, como una manera de contrarrestar los efectos de la supuesta mala onda. Lo primero que éste le aconsejó, luego de consultar a los arcanos, fue abandonar a ese hombre que podía arruinar su vida. Lo único que abandonó la dama fue al tarotista.

Aunque siempre se intentó mantener esta relación en secreto, la bomba explotó el 23 de octubre de 1984, cuando la desaparecida revista *Libre,* bajo el título "El romance del gobernador y la *vedette*", contó detalles íntimos de su relación. Allí, Thelma Stefani pronosticaba una segura llegada de su amigo a la presidencia, siempre y cuando "dejara de lado su sensibilidad y sentimentalismo". Hablaría con pruebas en la mano.

De inmediato León Guinzburg, entonces vocero del gobernador, publicó una desmentida donde se aseguraba que esa supuesta relación sentimental sólo servía para desprestigiar al mandatario. En esa carta abierta se aseguraba que existía "la intención de desprestigiar a Menem con una imagen frívola, para deteriorar su predicamento ante el pueblo argentino... No es verdad que la *vedette* sea asidua visitante de La Rioja y, a lo sumo, Menem la vio dos veces en su vida".

Con lo que no contaba el pobre Guinzburg era que, meses después, el propio gobernador desmentiría a su vocero, inaugurando así su conocida debilidad por las contradicciones. Incluso, en esa misma revista, el político aseguró que "todos se ocupan de mis amigas, de mis patillas y de cómo me visto. Soy un hombre libre que tiene el derecho de salir con quien quiera... Thelma es una gran amiga. La conozco desde hace más de diez años. Ha estado muchas veces en mi casa y nos entendemos muy bien...".

Pese a esa añeja amistad, el político nunca le dio demasiada trascendencia a su relación con la *vedette*. Ella, en cambio, estaba deslumbrada con él, tanto por su poder político como por ciertas artes amatorias que hasta hoy se le atribuyen. Entre sus amigos se comentaba como algo común su supuesto noviazgo con el entonces pelilargo mandatario e, incluso, ella soñaba con una rápida formalización de la relación.

A partir de ese mismo año, 1984, gracias a las internas continuas en el seno del justicialismo, el simpático gobernador comenzó a bajar más seguido a Buenos Aires. Para alojarse siempre elegía el departamento de su amiga y, pocas veces, su *bulincito* de la calle Cochabamba. Incluso, algunos vecinos de la abundante *vedette* aseguraban que los encuentros se prolongaban por varias horas, y que por la mañana se podía ver a la dama con algunos moretones, tal vez producto de la vehemencia del tigre.

Un mal día, presionada por la política y por una irascible esposa —en ese momento se barajaba la posibilidad de una reconciliación matrimonial—, la tan promocionada relación llegó a su fin.

A partir de ese momento, la *vedette* comenzó a caer en un pozo depresivo del que nunca logró salir. Al abandono del supuesto hombre de su vida, se le sumaba su decadencia física y artística. Solamente ciertos papeles en películas de poca monta le servían para mantenerse en las páginas de espectáculos. Eso la habría volcado a la ingesta de cerveza y somníferos en cantidades industriales.

El 30 de abril de 1986, Thelma decidió acabar con su sufrimiento arrojándose desde el piso 21. Con ella se fue el secreto de una relación que soportó brujerías y desmentidas oficiales.

Amalia "Yuyito" González

En una de las tantas "rascadas", que muchas veces los artistas tienen que hacer para ganarse la vida, se conocieron.

La escultural *vedette* llegaba a La Rioja encabezando, junto a Tristán, una obra titulada *¡Ojo con la pechuga!*. El productor era "Cacho" Cristofani y el elenco se completaba con Paula Domínguez —quien aparecerá con anecdotario propio—, Dorys Perry, Delfor Medina y Ricardo Morán.

Horas antes el empresario, amigo del entonces gobernador, invitó a éste especialmente a la función debut, vislumbrando su futuro político y también una buena promoción extra para el show. Así, decidió ubicarlo en la fila tres, punta de banco, la mejor de todas. Como para que nada quedara librado al azar, también fue contratado un fotógrafo, con la misión de registrar el anunciado encuentro.

Esa noche, el gobernador llegó luciendo un espectacular traje verde claro, sus patillas peinadas y una estela de perfume francés. Al verlo, Cristofani se acercó a "Yuyito" y le dijo con claridad: "Hacé algo con él. Necesitamos toda la promoción posible". La *vedette* entendió rápidamente el mensaje y al promediar el espectáculo, bajó del escenario y se sentó en las rodillas de un Carlos Menem radiante.

—¿Le peso, gobernador? —fue la pregunta que hizo sugestivamente, ante la sorpresa y los codazos del resto del público.

—Por mí, se puede quedar toda la noche —contestó rápido el aludido, para deleite de sus coprovincianos.

La función continuó normalmente, razón por la cual la vedette debió abandonar ese lugar tan acogedor. Pero luego, en los camarines, se hizo efectiva la invitación para profundizar el cándido encuentro. El elenco en pleno marchó a degustar un chivito en un importante restaurante de la capital riojana. La alegría continuó al día siguiente, cuando los integrantes del espectáculo fueron a comer un asado a la casa de una familia lugareña. Allí, sin invitación previa, apareció el futuro presidente. Por obra del azar, la amistad había nacido.

La foto de ese "ocasional" encuentro y los consabidos rumores pronto llegaron a Buenos Aires, y se convirtieron en tapa de la revista *Gente.* Ella misma se encargó de aclarar que: "Con Menem no pasó nada. Yo lo conocía de antes porque está muy ligado al mundo del espectáculo. Así como no tengo problemas en decir que me hice las lolas, tampoco tendría problemas para esto".

Pese a las desmentidas de ambas partes, el tema "Yuyito" seguía vivo en el seno de la familia del político, sobre todo para su esposa, que había regresado al nidito conyugal con vistas a las elecciones presidenciales. En una de las tantas caravanas proselitistas de entonces, se produjo un picante diálogo entre el candidato y su mujer, precisamente sobre esa supuesta relación amorosa.

Cuentan que el "Menemóvil" se había detenido en la ciudad de San Nicolás. Allí se habrían enterado de una pegatina de la juventud radical con afiches que decían: "Menem contra Menem", haciendo hincapié en las contradicciones del candidato.

—Esto es muy bajo. ¿Adónde piensan llegar esos "turros"? —se habría quejado amargamente el candidato del peronismo.

—Y... te dirán lo de "Yuyito" —habría dicho, sin sonreír, su esposa.

Las caras de todos los presentes, dicen, se congelaron un instante. El político, siguen diciendo, miró a todos lados y trató de minimizar el hecho.

—Zulema... por favor.

Lejos de aplacar los ánimos, el pedido habría encrespado aún más a la primera dama que, dicen, lanzó una frase que sonrojó a Rafael Romá y José María Díaz Bancalari, testigos de este áspero diálogo.

—Quedáte tranquila, porque el día que decidan hablar sobre mis amantes van a tener que imprimir un suplemento especial...

Las peleas internas por "Yuyito" se terminaron allí y el político, finalmente, pudo arribar al sillón de Rivadavia ante la atónita mirada de la oposición y la alegría de la farándula, que veía cómo uno de ellos llegaba al poder.

A los pocos meses las disputas conyugales volvieron a recrudecer, junto a las versiones que insistían en una vuelta a la amistad del político y la *vedette*. Sus guardaespaldas todavía comentan los esfuerzos que debían realizar cada vez que el hombre y su pulposa amiga decidían probar el auto, a gran velocidad, por la Panamericana. Los encuentros eran rápidos, pero parece que efectivos.

En el verano de 1991, por ejemplo, el "Jefe" viajó especialmente a Punta del Este para festejar el cumpleaños de su secretario privado, Miguel Angel Vicco. La "crema" de la política se hizo presente en el agasajo. Entre los invitados estuvieron María Julia Alsogaray —gran amiga del cumpleañero—, Bernardo Neustadt, Armando Gostanián y el empresario Carlos Sergi.

En un costado, desentonando un poco con esa fauna politiquera, estaba Amalia González.

Durante la fiesta, su presencia no fue demasiado requerida. Pero a la hora en que el primer mandatario decidió manejar personalmente el yate del empresario, eligió a "Yuyito" para compartir la travesía. Ella apenas tuvo tiempo de colocarse un diminuto traje de baño que resaltaba, aún más, sus innegables dones naturales y tomar en sus manos unas botellitas de champagne francés.

Como siempre, de esta supuesta relación habló sólo la protagonista femenina. El también, como norma, desmintió cualquier tipo de sugerencia al respecto. Por eso llamó la atención que nunca nadie saliera al cruce de los comentarios públicos de "Yuyito" cuando aseguraba, muy suelta de cuerpo, que poseía una cuenta en el Banco Francés, y que algunos de los cheques que mensualmente ingresaban en la entidad bancaria tendrían una firma fácilmente reconocible.

Al principio del 91, el periodismo intentó conseguir alguna declaración explícita de la *vedette*. La respuesta de "Yuyito" no aclaró demasiado la cuestión:

"A mí, en aquel momento, no me molestó para nada que las revistas inventaran ese supuesto romance. Me convino por la repercusión que tuve tanto en Argentina como en el exterior. Ahora no te puedo confirmar nada. Si les digo que no, no me van a creer. Y si digo que sí, yo sé lo que puede pasar. Adivinen ustedes mismos cuál es la verdad".

Nadie se sorprendió tampoco cuando la propia *vedette* se hizo retratar en las páginas de *Playboy,* mostrando sus naturales dones y un simpático *funyi* en la cabeza. Lo raro de la toma fotográfica era que, como fondo, aparecía un corazón con la enigmática frase "Carlos, te quiero". Los editores de la publicación jugaban con la imagen de Carlos Gardel, pero para la gente, en ese momento, existía un solo Carlitos que se podía llegar a merecer tamaño homenaje. Y, aparentemente, para ella también.

Mónica Guido

Otra de las infartantes vedettes —esta parece ser una de sus debilidades— que alguna vez se habría visto relacionada sentimentalmente con el "Jefe" fue Mónica Guido. Las versiones sobre esta cálida amistad comenzaron a arreciar a fines de junio del '91 cuando se conocieron en una impresionante fiesta que ofreció Miguel Romano, uno de los peluqueros de las estrellas, para agasajar al líder de los argentinos.

Algunos privilegiados invitados a esa recepción aventuraron que el flechazo habría sido instantáneo y que, incluso, fue el riojano quien se acercó a la exuberante dama con el ánimo de entablar una conversación. Los que presenciaron ese encuentro, y conocen a la perfección la *psiquis* presidencial, aseguraron que "la morocha le partió la cabeza".

El diálogo se estableció de inmediato y ambos se sustrajeron de todo lo que pasaba a su alrededor. El que sufrió en carne propia esta situación fue Néstor Fabián, quien intentó vanamente llegar hasta el mandatario para sacarse una fotografía. El mundo desapareció para los dos hasta el final de la fiesta, cuando se despidieron con la promesa de un futuro encuentro, pero en un ámbito más relajado.

Como el hombre tiene la virtud de cumplir lo prometido, no sorprendió a los vecinos de la quinta de Miguel Romano —allí el político tiene lugar disponible para todo lo que necesite— ver ingresar, casi todos los lunes, a una pareja bastante conocida. Los más audaces aseguraban que la dama era morocha y bien torneada —"como una *vedette*", decían— y que el caballero tenía facciones similares a un conocido político. Ellos, de acuerdo siempre a las versiones, llegaban cautelosamente a la propiedad del peluquero y se retiraban ya muy entrada la madrugada. Como para despistar llegaban en autos separados.

Pese a que la *vedette* confirmó este encuentro en la megafiesta del *coiffeur,* lo cierto es que anteriormente sus destinos se habían unido en la ciudad de Carlos Paz, provincia de Córdoba. Allí había llegado el por entonces gobernador y una noche, aburrido de los encuentros partidarios, se dirigió a un espectáculo revisteril que contaba a la Guido como una de sus máximas figuras. Al finalizar el show, el galante riojano invitó a cenar a varias de las actrices y bailarinas, entre ellas la recordada protagonista de "Brigada Cola". Lo que pasó después es una historia que, aún hoy, los periodistas cordobeses cuentan con una enigmática sonrisa.

Paula Martínez

Esta *vedette* —y van...— llegó un día a su efímera fama gracias a lo bien que servía los fideos "al dente" en el programa dominical de Tato Bores, por Canal 13. Enfundada en un minivestido negro, la rubia deslumbró durante meses a miles de argentinos.

Allí conoció personalmente al político más importante de nuestro país, el día que fue el invitado especial a esa particular comilona que cerraba el ciclo. Entre sonrisas, bromas y encantos, la niña quedó impactada por la caballerosidad del mandatario, a tal punto que al otro día le comentó a sus amigas que ahora entendía "por qué las mujeres sentían un atractivo especial por este hombre".

Lo que nunca imaginó esta belleza criolla fue que gracias a ese lazo de amistad que se armó mientras servía el fideo en lo de Tato, un día iba a conocer los Estados Unidos. Claro que no como una simple argentina del "deme dos", sino como integrante fantasma de una delegación oficial.

En un avión de línea, y horas después del despegue de la máquina presidencial, Paula Martínez despachó sus bártulos y se embarcó rumbo al país del Norte. Al llegar allí, con el derecho que le cabe a cualquier ciudadano argentino, la niña merodeó la comitiva oficial que realizaba una nueva visita al presidente Bill Clinton, sobre todo a la hora de las salidas fuera de protocolo. Su extraña presencia se habría justificado asegurando que la mujer acompañaba a uno de los integrantes del íntimo círculo presidencial.

Los que sufrieron con esta inesperada visita fueron los encargados de la seguridad personal del visitante. ¿Cómo tratar a la platinada chica? No era amiga, ni esposa, ni embajadora, ni funcionaria. Y lo que todos sospechaban era imposible de traducir al inglés, como para darle alguna pista a los inquietos agentes americanos.

Cuando esta noticia comenzó a comentarse en Buenos Aires, pocos fueron los sorprendidos. Parece que en cada viaje oficial alguna beldad integrante de nuestra farándula realiza el mismo movimiento estratégico para confortar a nuestras sufridas delegaciones. Seguramente, además de nuestros avances económicos y sociales, los políticos quieren exponer las bondades de las carnes argentinas. Y qué mejor que las que tienen forma femenina.

ESTA BOCA ES MIA

"Cuando sos linda y joven y tenés una cola brutal y qué sé yo... llegar, llegás."

SUSANA GIMÉNEZ, *Gente*.

"Reverenciad a las mujeres como santas y dotadas del don de la profecía."

DICHO DRUIDA.

* * *

"No sé si soy inteligente, pero fui traga sin dudas."

MATILDE MENÉNDEZ, *Noticias*.

"La mayor virtud no compensa el defecto de talento."

SANTA TERESA DE JESÚS.

* * *

"A partir de los cuarenta sentí el paso del tiempo, por eso esta cirugía me devolvió seguridad."

SOLEDAD SILVEYRA, *Caras*.

"Lo único que puede hacerse para no envejecer, es no pensar que se está envejeciendo."

KATHERINE HEPBURN.

* * *

"Soy envidiada desde que nací, la gente querría que no fuera como soy (...) Mi piel es sensible, capta todo. Se eriza fácilmente."

GRACIELA SILLES ANGELOZ , suegra de Caniggia, *Caras*.

"Jóvenes, os encargo que consagréis todo vuestro cuidado a escoger esposa nacida de mujer púdica."

EURÍPIDES.

GRACIELA ALFANO

El caso de la bella Graciela Alfano tiene aristas muy especiales. Desde siempre su nombre se vio vinculado con algún personaje del poder de turno, sobre todo teniendo en cuenta que la mujer es una de las más bonitas y deseadas del ambiente. Alguna vez, incluso, se la llegó a relacionar con el almirante Emilio Eduardo Massera.

La amistad entre la dama y el "Jefe" se remonta a las épocas en que el político recorría sin cansancio todos los reductos faranduleros en busca del elixir de la felicidad transitoria. Con los años, esa relación creció y se cimentó en los largos veranos que el mundo artístico se toma en la ciudad de Mar del Plata.

Pero a caballito del cargo que cumple su esposo —¿o ex?, quién lo sabe— en el poder menemista, el acercamiento entre la actriz y el primer mandatario se hizo cotidiano y normal, por lo que muchos no repararon en él.

La relación entre ambos tiene su historia. Ella siempre figura en la lista de invitados a las fiestas especiales organizadas por el riojano o sus colaboradores, y más de una vez se la vio en el interior de la quinta de Olivos. Es más, algunos malintencionados aseguran que el ingreso de la domadora de tostadas a las huestes de ATC con el olvidable ciclo "Graciela y Andrés", se debió a un pedido especial de las "altas esferas".

El, por su parte, es gran amigo del empresario Enrique Capozzolo, ¿ex? marido de la bella animadora y actriz. Una de las primeras salidas sociales de Carlos Menem, apenas ganó las elecciones de 1989, fue para degustar un fabuloso asado en "Las Acacias", el campo que el funcionario de turismo posee en la provincia de Buenos Aires. Allí, entre deportistas, actores, actrices y algunos integrantes del *jet set,* el político sintió por primera vez que su sueño no era imposible, y pudo corroborar que la farándula, siempre esquiva a las demostraciones de cariño, se rendía ante su natural carisma.

Como una verdadera bastonera del nuevo menemismo artístico, la linda Alfano lució en esa jornada un conjunto "mini" en cuero de víbora, con unos zapatos del mismo animalito. Una vestimenta poco gauchesca que, incluso, originó más de un comentario malicioso, como el de aquel corresponsal italiano que le preguntaba a todo el mundo por esa estrella de Hollywood.

Sin embargo, los malditos de siempre recuerdan aquel fin de semana en que el político decidió romper el calor del verano batiendo todas las marcas de velocidad a bordo de su Ferrari-es-mía roja —leer "Feyari"—. Después de burlar todos los peajes y controles policiales, el émulo de Ayrton Senna fue a retozar alegremente al balneario Pinamarense "CR", el reducto político por excelencia. Allí se encontró con la beldad criolla, tomaron sol juntos e, incluso, se metieron al mar con mohines casi adolescentes. Eso sí, sólo hasta la cintura, porque Tony Cuozzo, en esa ocasión, no había llegado hasta las playas del Atlántico.

Una de las últimas veces que se los pudo ver juntos fue en la presentación en sociedad de la revista *Caras,* versión brasileña. Durante la recepción en el teatro Colón —donde Julio Bocca deleitó a los exclusivos invitados—, la artista fue llevada directamente hasta el palco reservado para el presidente, ocupando así una de las sillas más codiciadas por todos los presentes a la gala. Nadie se hubiera percatado del hecho —salvo los amigos del mandatario que se encargaron del "traslado"— si la Alfano, conocida por su despiste, no hubiera olvidado apagar su teléfono celular. Y como dice una ley de Murphy no escrita, el maldito Movicom sonará en el peor lugar y en el peor momento. El palco, durante unos interminables segundos, se convirtió en el verdadero escenario. Aquella velada, que pintaba como excitante y paqueta, terminó como un mal sketch cómico.

Alicia Betti

La misma silla que ocupó Graciela Alfano en el teatro Colón alguna vez recibió la grácil presencia de Alicia Betti, viuda del empresario Naum.

Todo sucedió en agosto de 1991, cuando el compositor Ariel Ramírez decidió festejar a lo grande sus cincuenta años de trayectoria artística. La dama, no demasiado afecta a este tipo de espectáculos, aceptó la invitación tras recibir un especial pedido de un enviado del "Jefe".

Ese día, pese a un extraño calor para el invierno porteño,

la mujer se puso un espectacular tapado de visón que no se quitó en toda la noche, ni siquiera cuando se sentó a la derecha del riojano, el lugar históricamente reservado para las primeras damas. No hablaron demasiado, y lo poco que lo hicieron fue en susurros y al oído. En algunos momentos, a ella se la vio medio incómoda y avergonzada con la particular situación. Al despedirse lo hicieron con un beso y la empresaria huyó de inmediato, rogando que ningún fotógrafo se cruzara en su camino. Como único testigo se encontraba el imperturbable Ramón Hernández, quien miraba distraídamente para otro lado.

Pero, en realidad, su primer encuentro se produjo durante un desfile de modas en el exclusivo Patio Bullrich. Pese a no estar registrada en el protocolo como compañera de mesa de Menem, sorpresivamente la dama apareció allí junto al embajador de Francia, Pierre Guidone, y uno de los hermanos Maccarone, propietarios de ese centro de compras. Ella hizo todo lo posible para atraer la atención del hombre público y lo logró. Lo primero que le contó fue de su viudez del empresario Emilio Naum y del secuestro llevado a cabo por el nefasto "Clan Puccio".

Mientras transcurrían los exquisitos platos preparados por Marta Katz, la mujer elogió encendidamente la elegancia del político, pero le señaló lo inconveniente que había resultado la elección de los zapatos para acompañar ese traje italiano.

—Lo invito a que venga a Mc Shoes, mi negocio, y elija los zapatos que más le gusten —invitó la mujer.

—Mire que le tomo la palabra, pero le aviso que además me voy a llevar los más caros —contestó, rápido para los mandados, el acusado de no calzar bien.

Esa noche, Alicia casi no pudo dormir, según le comentó a sus amigas, esperando que, como un Ceniciento buscando la horma de su zapato, el político cumpliera con su promesa y la llamara.

Meses después, con la anécdota del calzado ya superada, la mujer de negocios llegó a la quinta de Olivos a bordo de su Volkswagen Golf descapotable. Junto a ella estaban sus hijas Mayra y Florencia. Además de un impactante *tailleur* azul, la Betti llevó dos perfumes de su firma para el riojano y su bella hija. Como contrapartida, las herederas de la empresaria se llevaron dos simpáticos ositos de peluche que, parece, el funcionario compra en cantidades industriales. Además, el primer mandatario —vestido con un más democrático *jogging* azul— compartió algunos minutos mirando en el televisor de pantalla gigante dibujitos animados junto a las pequeñas. Durante toda la jornada, la viuda llamó al presidente simplemente "Carlos", tal cual se lo había pedido él mismo en gesto de amistad y buenas relaciones. Se entiende que sólo los elegidos pueden usar cariñosamente ese nombre, y la dama había logrado romper esa barrera.

El punto culminante llegó el día que Alicia tuvo que superar una delicada operación. Todavía en la sala de recuperación, la mujer se encontró sorpresivamente con un inmenso ramo de flores. La tarjeta tenía la inequívoca firma del riojano.

A partir de allí, el femenino corazón sufrió un vuelco importante. Pero, mujer inteligente, ella sabía que su relación no podía superar más que una tierna amistad. Aun eso, en los tiempos que corren es buen negocio...

Cristina Lemercier

Después de Thelma Stefani, Cristina Lemercier fue —o es— una de las integrantes de la farándula vernácula que más conoce a Carlos Menem, y una de las sindicadas como "histórica" a la hora de hablar de relaciones peligrosas.

Su amistad, dicen, se remontaría al año 1982, gracias a la reconocida militancia peronista de toda la familia de la actriz y animadora infantil, en especial de su madre, quien trabajó hasta no hace mucho como asesora en la mismísima Casa Rosada. Freddy Tadeo, esposo de la artista y hermano de Palito Ortega, también incursionó en la política en el partido de General Sarmiento, lugar donde la dama vive actualmente.

Esta supuesta relación afectiva ganó los primeros planos un 17 de octubre de 1985. Ese día, el puma que el gobernador tenía en su minizoológico de La Rioja obró según su instinto y atacó ferozmente a Beatriz, la pequeña hija de la conductora, de sólo once años. En un descuido de Cristina y del político, el felino se abalanzó sobre la niña y la hirió gravemente en la cabeza. Solamente el desesperado esfuerzo del gobernador evitó una tragedia mayor. De inmediato el avión de la gobernación trasladó a la chica a la mejor clínica de Buenos Aires, para su posterior operación y recuperación.

Después de este desgraciado suceso, la relación se enfrió y otras mujeres comenzaron a rodear al "Jefe", relegando al olvido a la recordada protagonista de "Señorita maestra". Pero como en un ciclo histórico, su nombre volvería a la palestra. Imprevistamente, su figura fue divisada en el palco oficial durante la parada militar del año '91, en la ciudad de Tucumán. Para sorpresa de muchos, la actriz se sentó junto a los presidentes Jaime Paz Zamora, de Bolivia; Luis Lacalle, de Uruguay; Andrés Rodríguez, de Paraguay, y Hugo Anzorregui, el enigmático "Señor cinco" de la SIDE. Todos tosieron en forma incómoda y eso llamó la atención del brigadier Antonietti, por aquel entonces jefe de la Casa Militar. El uniformado, experto en esas lides, ordenó el inmediato desalojo, por la fuerza, de la peligrosa artista. Entre los murmullos de los invitados y las lágrimas de Cristina, se produjo un pequeño escándalo. Algunos de los presentes en esa magna fecha patria todavía juran que vieron cómo el político le hizo una seña a la dama para que se acercara al palco e, incluso, él mismo le habría presentado formalmente a alguna de las celebridades presentes en el lugar.

Amén de este percance y durante su estadía en tierra tucumana, la actriz logró llamar la atención de los medios locales debido a un incidente policial. Un pobre agente tucumano, tal vez desconociendo la trayectoria de la dama, intentó confeccionar una boleta a su auto por mal estacionamiento. De inmediato la señora se interpuso, poniendo como excusa su apuro por llegar a un lugar.

—Agente, estoy muy apurada, alguien muy importante me está esperando.

—Su auto está mal estacionado. Ni siquiera un encuentro con Menem la podría salvar —dijo en tono de broma el simpático servidor.

—Precisamente, de eso le quería hablar... —susurró apenas Cristina.

Sorprendido, el policía reconoció su cara y de reojo pudo ver un *sticker* que rezaba "Menem 95" en la luneta del móvil en infracción. Entonces, con resignación, rompió la boleta y dejó pasar a la porteña.

Como para evitar problemas posteriores y, de paso, hacer olvidar a la actriz el mal trago tucumano, desde la presidencia se le pidió a las autoridades de ATC mayores atenciones para con el ciclo de la Lemercier. Pese a los esfuerzos, "Cristina y sus amigos" pasó sin pena ni gloria por la mediocre programación de ATC. La misma suerte, parece, le tocó a la bonita y no siempre bien estacionada mujer.

Leila Aidar

"Toma, dale este osito al presidente y decíle que me gustaría mucho conocer La Rioja."

Ese fue el extraño pedido que le hizo la ascendente periodista a un ayudante de cámara de ATC, acreditado permanente en la Casa Rosada. El empleado del canal cumplió con la solicitud de su compañera de tareas a los pocos días, y se olvidó del tema.

El que no se olvidó fue el "Jefe", quien semanas después solicitó discretamente la presencia de Leila para cubrir una fecha del Rally Internacional en la provincia norteña. Pese al temor del primer momento —no quería que se confundieran sus sentimientos—, ella finalmente aceptó el convite.

Leila Aidar, protagonista de esta parte de la historia farandulera, nació en la provincia de Santa Cruz, en el seno de una familia típicamente radical, gracias a la militancia activa de su padre. A los quince años decidió dejar las ventosas tierras del Sur para probar suerte en Buenos Aires. Su primer contacto con el mundo del periodismo se produjo en 1984, pero en esta ocasión como entrevistada. Sucedió que ese año la beldad sureña se llevó el ansiado cetro de *Miss Argentina.* Un año después, Leila se incorporaba oficialmente al mundo de la televisión gracias a la invitación de la producción de Tato Bores, para que se convirtiera en una de sus lindas chicas domingueras.

Recién en 1991 cumple su objetivo de ingresar al mundillo de los medios de comunicación. A principios de ese año, el bello rostro de Aidar comenzó a verse por las pantallas del noticiero matinal "Despertando al país", que conducía el malogrado Daniel Mendoza. Su primer trabajo se desarrolló en el inhumano horario de la madrugada, cuando sólo tiroteos toca en suerte cubrir. Pese a lo extraño de su trabajo —por lo que además no cobraba sueldo—, rápidamente, una fama de seductora comenzó a atribuírsele por los anchos pasillos de ATC.

Esa rara virtud llegó, como no podía ser de otra manera, a oídos del atento riojano, quien se comunicó con Mario Gavilán, interventor por entonces de la emisora estatal, y le pidió un favor muy especial.

—Me dijeron que allí hay una periodista muy linda, se llama Leila Aidar, ¿la conocés?

—Sí, claro, está empezando recién la carrera y...

—Dale, mandámela en lugar de esos cronistas plomos que siempre me tocan en suerte. No me vas a decir que ahora sos guardabosques —chanceó el presidente a su amigo.

Y Mario Gavilán no es, precisamente, un cuidador de sus empleadas bellas, por lo que decidió satisfacer el pedido del jefe máximo. En junio, precisamente, se realiza el primer encuentro periodístico entre Leila y el riojano. Las preguntas de la pichona de cronista no fueron demasiado inteligentes, pero eso no le importó mucho al entrevistado, más entretenido en las facciones árabes de su interlocutora que en la profundidad del interrogatorio.

Ese fue el punto de partida para que la relación amistosa creciera de manera casi incontrolable, al igual que la carrera de la niña dentro de ATC. Ella fue, por ejemplo, la elegida para cubrir las visitas oficiales del presidente a España y Yugoslavia. En aquel momento, importantes recortes presupuestarios amenazaban al canal estatal, por lo que las malas lenguas aseguran que, en realidad, los gastos de la santacruceña habrían sido solventados por ciertos fondos reservados al poder político. Tal vez por eso los jefes de Leila no fueron demasiado exigentes ante la escasa cantidad de material periodístico que enviaba desde esos países.

Al regresar del periplo se encontró con otra sorpresa que aún le reservaba la vida: ¡conducir el noticiero! Con casi nada de experiencia profesional, Leila Aidar comenzó a poner la cara en ese espacio informativo junto a Oscar Otranto y otra desconocida, Ana Sol Vogler, por ese entonces señalada como novia del desaparecido Carlos Menem junior. A esta última, dicen, también la apoyaba con entusiasmo profesional el periodista Mauro Viale, en ese momento jefe de los noticiosos.

Por ese detalle, tal vez, las dos damitas se odiaban casi con pasión, aunque ninguna podía lograr una victoria aplastante debido a los pesos pesados que, como dijimos, las apoyaban de todas las maneras posibles.

En aquellos días, al noticiero de ATC se lo llamaba, internamente, "Grande Pa", porque estaban las supuestas preferidas del jefe máximo.

Aquel famoso pedido de conocer La Rioja —osito mediante— tuvo finalmente satisfacción en mayo de 1992, con la excusa de los actos oficiales por una jornada del Rally Internacional. Los demás periodistas, a quienes les tocó cubrir ese evento, recuerdan la facilidad que tuvo su "colega" para superar la infranqueable barrera que rodeaba al mandatario nacional.

Cuentan que ese sábado a la noche, Leila anunció su presencia en la puerta de la residencia oficial. A los pocos segundos llegó hasta allí Ramón Hernández y las puertas se abrieron para dar paso a la belleza sin par de la periodista. Antes de superar el portal, los demás profesionales apostados en el sitio le imploraron que intercediera para que el político les brindara algunas declaraciones antes del cierre de los diarios.

—Quédense tranquilos. Voy a ver qué puedo hacer —respondió la ex *Miss* Argentina.

A las dos horas, los reporteros llegaron a la conclusión de que las promesas se habían quedado precisamente en eso y decidieron irse a dormir. Lo mismo hizo Leila, mucho más tarde y a bordo de un automóvil oficial.

Al otro día, ese mismo coche —un Peugeot 505 con chapa de Capital Federal— pasó a buscar, a las ocho y cuarto de la mañana, a la periodista por el hotel de Turismo, distante cinco cuadras de la residencia. A las nueve, Leila subió al avión Piper rojo y blanco (propiedad de Emir Yoma) para recorrer, junto al mandatario, la provincia desde el aire, cubrir algunos aspectos de la carrera y luego dirigirse a Anillaco. Cuando los fotógrafos intentaron retratar esa escena para la posteridad, la gente de seguridad se los impidió amablemente, pero con energía.

"Apunten para otro lado, muchachos", fue la recomendación de los pesados.

Ese mediodía, un gran asado fue ofrecido en la casa de

Amado Menem. Leila se sentó a la izquierda del "Jefe", y durante toda la comida su vaso fue desbordado por abundante vino blanco, de manos del mismísimo presidente. Mientras tanto, el hombre le hablaba al oído, casi en susurros. Como respuesta, la cronista ensayaba tímidas sonrisas. A los demás comensales les sorprendió el trato preferencial que recibió la enviada especial de ATC.

Como para no ser menos que sus antecesoras, esta relación también un día llegó al *frezzer* oficial. Tal vez cierta pérdida de la belleza original de la mujer, producto de una mala cirugía estética que ella exhibía asegurando "me la hice gracias a él", motivó cierta apatía del riojano.

Como para olvidar ese mal trago, la chica comenzó a cultivar otra tierna amistad con Marcos Franchi, el anterior representante de Diego Armando Maradona. Cómo siempre, Leila Aidar se encontraba en su camino con un poderoso, en este caso de otro color e influencia, pero poderoso al fin.

Una amiga de la periodista, que en esa época compartía el departamento con ella, asegura que, luego de sus operaciones de cirugía estética, cada mañana la muchacha se levantaba y observaba con estupor cómo sus facciones iban cambiando de lugar. Era casi como ver una escena de película de terror: su ojo bajaba sobre la mejilla. Desesperada, llamó a su notable enamorado y le pidió que le recomendara a su cirujano de cabecera, cosa que el político hizo para arreglar en parte los desastres de un bisturí mal usado.

Durante su posterior reposo, el dirigente peronista no habría dejado de llamar ni un solo día a la casa de la refaccionada dama, hablando incluso con su atribulada compañera de cuarto, quien no entendía cómo una persona tan importante podía telefonear en forma personal.

Maia Swarovski

Tiene un nombre difícil de pronunciar pero una belleza fácil de reconocer, pese al ineludible paso del tiempo. Lo que también se destaca en ella, es esa elegancia que solamente poseen las personas que todos los días cuentan millones de dólares.

La acaudalada alemana apareció en la vida de Carlos

Menem en setiembre de 1989, cuando un imprevisto en la agenda de éste lo obligó a pedirle un especial favor a la dama. En aquellos días, el presidente se disponía a viajar a Belgrado, Yugoslavia, para pronunciar su discurso frente a la Conferencia del Movimiento de Países No Alineados. Pero el único avión de Aerolíneas Argentinas que lo podía llevar terminaba su recorrido en Roma. La mágica solución la aportó un empresario que viajaba con la comitiva: conocía al dueño de la Tirol Airline. Se comunicaron con el rico austríaco y, de inmediato, un avión se puso a disposición del líder riojano. Como para devolver el favor, el magistrado invitó a su anónimo benefactor a visitarlo cuando viajara a Buenos Aires.

El "Jefe" no tuvo que esperar mucho para conocer a quienes lo habían sacado de aquel brete aeronáutico. En diciembre de ese mismo año, Gernot y Maia Swarovski llegaron a Buenos Aires, para dirigirse luego a su magnífica estancia Mil Rosas, a orillas del Lago Hermoso, en San Martín de los Andes. Pero antes de rumbear al Sur, el matrimonio cumplió con su palabra y, tibiamente, se acercó a la Casa Rosada.

El entorno presidencial notó que, en ese primer encuentro, el político quedó gratamente impresionado por la elegancia y cultura de la alemana. Incluso fue ella quien rompió el hielo protocolar al decirle al presidente, en su medio castellano: "Yo sé que usted es el único hombre que podrá sacar adelante este país, porque estoy segura que cumplirá con lo que prometió". Menem, sorprendido y halagado a la vez, sólo atinó a mirar esos bellos ojos celestes, y a preguntarse las razones de tamaña seguridad en alguien que recién lo conocía.

El primer paso ya había sido dado por la millonaria europea, por lo que la invitación posterior fue algo más fácil de realizar. La dama quería que el primer mandatario se convirtiera en invitado de honor, junto a Amalita Fortabat, de la inauguración de una nueva casa en su residencia del Sur argentino. En marzo de 1991, Carlos Menem fue por unas horas a San Martín de los Andes y allí se deslumbró con las 8.000 hectáreas del matrimonio y con la fina y onerosa decoración que realizaran Rafael Cash y Diego Achával. Durante la fiesta, la bella alemana invitó al riojano a cazar ciervos rojos en los terrenos de su estancia. Como contrapartida, el argentino la quiso convencer para hacer lo propio, pero con los guanacos riojanos.

Maia volvió a la Argentina el 18 de octubre de ese mismo año. Se volvió a encontrar con Menem. Hablaron durante horas. A solas, porque el castellano de la alemana había mejorado bastante y pudieron obviar así la presencia de la señora Brown, traductora oficial. No fueron interrumpidos por nadie. Dicen que hablaron de negocios y de la marcha de la economía argentina. Lo que nadie dijo fue que la multimillonaria vino por primera vez al país sola. Un detalle sin importancia.

La excusa de ese imprevisto viaje fue la llegada a Buenos Aires de un *container*, fletado en Europa, con lo necesario para armar el nuevo departamento de Maia, en Montevideo y Posadas. Los muebles llegaron el 19 de octubre, y de inmediato Margot Sánchez se encargó de poner manos a la obra.

Con más tiempo, la solitaria teutona se dirigió, el jueves 24, a una cena de la Unión de Ciudadanos Independientes en Punta Carrasco. Allí se sentó a una mesa apartada, pero su vistoso traje rojo llamó la atención del presidente, quien desde lejos le tiró un beso con la mano. Ella lo aceptó con una tímida sonrisa y un gesto de cabeza.

Al día siguiente, el descanso de Swarovski en su suite del Hotel Alvear se vio interrumpido por el llamado de Miguel Angel Vicco. El por entonces secretario presidencial la invitaba a ir al Roof Garden para saludar a Menem. En ese momento, el presidente se encontraba como invitado del ministro de Educación, Alfredo Salonia, al casamiento de su hija Alejandra. La alemana no aceptó el convite pero sí la contrapropuesta del amigo del poderoso: viajar al otro día junto a ellos a La Rioja, para ver cómo votaba Carlos.

A las nueve de la mañana del sábado, la empresaria se sentaba en una de las cómodas butacas del Tango 02 junto a la pequeña comitiva, integrada, entre otros, por el productor Gerardo Sofovich. Pese a intentar pasar desapercibida, la espigada figura de Maia despertó el comentario de todos los riojanos. La dama, por su parte, presenció sin inmutarse el partido de fútbol que el equipo presidencial ganó por tres a dos.

El domingo, por fin, los amigos pudieron estar más tiempo juntos. Después de emitir el sufragio, y junto a otras cuarenta personas, ambos se dirigieron al Sindicato del Vidrio, donde degustaron un extraño menú: empanadas riojanas y caviar ruso. El político quiso bailar *La Cumparsita* con la mujer de negocios, pero ésta declinó la invitación en favor de la arquitecta Ana Carballido. Minutos después, a bordo de un Peugeot 505 turbo, Menem y Maia si dirigieron a la hostería del Automóvil Club para comer el tradicional asado de los días de elecciones.

Antes de irse, el riojano llevó a su visitante a conocer la fabulosa residencia que estaba levantando en Anillaco. Allí la mujer quedó sorprendida por algo que le pareció de tamaño desmesurado: la despensa de la finca.

La última vez que se los pudo ver juntos, aunque no solos, fue el sábado 21 de marzo de 1992, cuando la magnífica alemana festejó su cumpleaños en San Martín de los Andes. En realidad cumplía sus cincuenta y cinco años el 31 de ese mes, pero decidió adelantar el festejo para que su especial amigo pudiera concurrir a tan importante evento.

Pero ¿quién es esta enigmática empresaria?

Maia nació en Alemania y está casada con uno de los pocos multimillonarios que habitan este planeta: Gernot Swarovski. El caballero trabaja, básicamente, en la industria del cristal, y actualmente produce strass de alta calidad, los famosos ojos de gato para las rutas, lentes y miras telescópicas. En Estados Unidos, donde también tienen tres fábricas, en Rhode Island, se dice como un secreto a voces que sus empresas proveen de materiales a la mismísima NASA. En la Argentina, la familia es dueña de las bodegas Norton y, además, de una fábrica de abrasivos.

Pese a que este singular *currículum* no la hace suponer pasible de encandilamientos fáciles, la empresaria siente devoción por nuestro compatriota. Cuando habla de su amigo argentino lo hace con cariño. Incluso, no reparó en construir una hermosa cancha de tenis en su estancia Mil Rosas, para que el compañero criollo pudiera despuntar su vicio. Una verdadera amistad de peso y de... pesos.

"¡Síganme, que no *las* voy a defraudar!"

* * *

ESTA BOCA ES MIA

"Desde hace algunos años me di cuenta que hay que armonizar el paso del tiempo con el mercado."

SOLEDAD SILVEYRA, *Gente.*

"Todas las cosas tienen su tiempo, y todo lo que hay debajo del cielo pasa en el término que se le ha prescrito."

ECLESIASTÉS, 3,1.

* * *

"Quiero llegar a los 50 como Nacha Guevara."

FABIANA CANTILO, *TV y Novelas.*

"Frecuenta la reunión de los ancianos prudentes y abraza de corazón su sabiduría."

* * *

"Me gusto como mujer. Sé que si hubiera sido una mina hubiese tenido éxito con los hombres."

GERARDO ROMANO, *Semanario.*

"La constancia es el recurso de los feos."

NINÓN DE LENCLÓS.

* * *

"Por favor, ¡quiero un hombre! No se olviden de mí."

ALEJANDRA PRADÓN, *Flash.*

"Claro que hay que romper barreras, pero ¿con qué ariete?"

ROSA CHACEL.

¡AL COLON!

El remanido tema de los ñoquis políticos también afectó al glamoroso mundo de la farándula. Artistas, cantantes y familiares de conocidos personajes lograron una entrada extra gracias a sus relaciones con diversos dirigentes políticos. Pero lo que realmente sorprendió a los empleados del teatro Colón fue el descubrimiento, en la plantilla mensual, de una mujer con un apellido ligado a la política nacional.

Parece ser que la jovencita, hija de un dirigente oficialista de importante categoría, se llevaría mensualmente una suma cercana a los 3.000 dólares por su trabajo como escenógrafa.

Lo extraño del caso es que la profesional fue vista únicamente los primeros días de cada mes, exactamente cuando se cobraban las remuneraciones, convirtiéndose así en el primer caso de escenógrafa invisible en la historia del primer coliseo.

Cuando su padre fue recriminado por esta actitud, se limitó a contestar que apenas terminara la campaña y se convirtiera en vicepresidente iba a terminar con esa irregularidad.

Menos mal que no la puso de *tramoyista*.

* * *

ME ENAMORO PARA LA CORONA

Uno de los personajes más controvertidos del menemismo fue, sin dudas, José Luis Manzano. Se asomó tímidamente detrás de su exuberante panza en los albores de la democracia y terminó convirtiéndose en todo un *yuppie,* un amigo del *jet set,* casi un amante latino.

Como un camaleón político, “Chupete” es el mejor ejemplo de la combinación entre farándula y política gracias a sus cambios físicos y, lo que es más, ideológicos.

Conocido popularmente por la inefable verba, que lo llevó a acuñar la frase “Yo... robo para la corona”, pocos son los que conocen la faceta más frívola del ex ministro del Interior.

En el ancho espacio del "Open Plaza" —reducto de la farándula criolla en Tagle y Libertador— todavía se comentan las continuas visitas del renunciante, a principios de los 90. Todas las noches, el político arribaba acompañado por distintas señoritas que le servían para distenderse, después de los arduos debates en la cúpula del poder. Una característica suya era acercarse, al finalizar la velada, a un puesto de medias para damas y comprar varios pares para sus ocasionales acompañantes.

Pero, en realidad, el mendocino siempre se mostró en público con parejas estables. Cuando arrancó la etapa menemista, Manzano se destacaba por dos cosas: su habilidad para "roscar" en la cámara de Diputados y la belleza de su compañera. Por aquella época, el todavía gordito legislador mostraba a su lado a una enrulada y bien torneada señorita llamada Carolina. Ella tocaba el saxo, estudiaba periodismo y detestaba la política. Sus minifaldas lograron parar el corazón a más de un político, tanto oficialista como opositor, lo que motivaba los celos del ex ministro. Cuentan que, durante unas minivacaciones de cinco días en Punta del Este y quince en Pinamar, el mendocino estuvo un par de veces a punto de irse a las manos. Los *patovicas* de turno se encargaron de llenar a su pareja de piropos, ante la encendida mirada del político.

Se habían conocido a fines del '89 y de inmediato entablaron una relación al principio sólo epistolar —algunos recuerdan las encendidas cartas y poemas que se cruzaban casi a diario—, para luego, sí, efectivizar carnalmente los lazos amorosos.

Pero cuando todos pronosticaban que la bella Carolina lograría ocupar el lugar de Nancy Fernández —ex esposa de "Chupete"—, el distanciamiento llegó de manera definitiva. Muchos aseguran que la ruptura se debió al apuro de la niña en formalizar la relación con la convivencia. Pipí —como la llamaba en la intimidad el hombre— pensó, ingenua, que haber asistido al Salón Blanco de la Casa de Gobierno, a la asunción de su novio como ministro, le podía dar derecho a una última prueba de amor. No fue así.

De todas maneras, y pese a la tranquilidad que le trajo la resolución del secuestro de Macri, que coincidió con esta crisis sentimental, el funcionario siguió acosando a su ex pareja, sumiéndola en un estado depresivo que la habría obligado a viajar al exterior por un tiempo, para recuperarse del mal trago.

A partir de ese momento, sus impecables trajes italianos —la mayoría, regalo de su entrañable amigo Gianni De Michel, hoy involucrado en la "Tangente" peninsular— comenzaron a circular asiduamente por la noche porteña. Con el ministro adentro, se entiende.

Su segundo hogar fue siempre "Parrilla Rosa", un restaurante ubicado en Uriburu, entre Peña y French, propiedad de la ex periodista de *Gente,* Helena Goñi. Desde allí lanzó varias de sus operaciones políticas. Allí reunió a casi ciento cincuenta personas el día que asumió al frente del Ministerio del Interior. A la fiesta asistieron todos sus familiares, los políticos José María Vernet, Felipe Solá, su colaborador Juan Carlos Mazzon y la actriz Graciela Borges.

Para tomar un café en buena compañía, siempre dirigía sus pasos al Open Plaza o al tradicional La Biela, de Recoleta. Para veranear, sus gustos eran variados. En Argentina elegía el balneario La Bianca, de Pinamar. Para viajar a Punta del Este prefería utilizar un avión privado y no los democráticos aparatos de línea, igual que cuando se hacía una escapada a Reñaca, en Chile.

Después de este *impasse* amoroso —matizado con una fugaz relación con una señorita llamada Ana Inés Rohner, que se marchó a Alemania desengañada del peronista— el ex ministro logró la estabilidad deseada. Apareció en su vida la bella modelo Alejandra Macilo, de la mano de otra experta en conquistar ministerios: Raquel Mancini.

Cuentan que una noche, el ministro, acosado por la soledad, marcó el teléfono de su amiga para pedirle una manito y mitigar así su mal momento. La actriz le sugirió encontrarse con ella, su pareja radical y una amiga en un boliche llamado Blades, que garantizaba total privacidad.

Hacia allí se dirigió "Chupete" sin mayores ambiciones. Pero su corazón dejó de latir en el preciso instante en que la Mancini le presentó a su acompañante. Desde la profundidad de sus bellos ojos azules el entonces ministro creyó descubrir al amor que le era esquivo. Desde esa noche los encuentros entre el *yuppie* criollo y la bella modelo de Ricardo Piñeiro se hicieron más frecuentes, siempre con la presencia de la famosa "celestina", para evitar cualquier tipo de sospechas.

Desesperado por poder pasear junto a su nueva amiga lejos de cualquier alcahuete periodístico, Manzano le rogó a Raquel que organizara alguna salida al exterior. Fue así que el largo fin de semana del 17 de agosto de 1992, los tortolitos se encontraron en las arenas blancas de Río de Janeiro. Primero viajaron las damas y después, por pura casualidad, viajó el funcionario, procurando olvidar los problemas originados en su cartera política.

Apenas se encontraron, José Luis decidió alejarse un poco más de Río y descansar en Petrópolis, la ciudad imperial enclavada en la foresta brasileña, a tan solo 80 kilómetros de la "cidade maravilhosa". Allí pasaron tres días inolvidables, lejos del mundanal ruido y disfrutando las mieles del amor. La despedida fue bastante triste ya que ninguno quería alejarse de ese mundo de fantasía. Ambos fueron juntos al aeropuerto de El Galeão, pero abordaron distintos aviones para no levantar sospechas a su arribo a Buenos Aires. Minutos antes de embarcarse, el político sorprendió a la modelo —famosa por su participación en un aviso de chocolates y otro de Cinzano— agasajándola con un simpático osito de peluche, que había comprado por menos de 10 dólares el *free shop* de la aerostación.

Aunque al principio ambos se negaban a aceptar la relación, luego de varios meses decidieron blanquearla. A partir de ese momento, la más feliz fue Raquel Mancini, que podía terminar con sus visitas a los cines de avenida Santa Fe junto a Manzano, para que éste pudiera eludir cualquier sospecha. A las sombras de la sala, una ansiosa Alejandra Macilo esperaba la llegada de su apuesto príncipe azul.

La fidelidad de la bella Alejandra llegó, incluso, a acompañar al mendocino a su dorado exilio americano, una vez que se vio obligado a renunciar a su puesto en la cartera de Interior. Primero estuvo con él en el apartamento que alquilaron en el muy aristocrático barrio de La Jolla, en California. Luego, con los ánimos más calmos, se trasladaron a la casa del 1600 de la 35th Street del barrio de Georgetown, en las afueras de Washington. Allí la modelo trataba de matarle el aburrimiento de las horas libres, en los estudios que Manzano está finalizando en el exilio.

Dicen que, precisamente, esas horas en blanco habrían influido en el desgaste de la relación de la pareja. A principios de marzo del '95, la ex cara de Cinzano se dio una vuelta por Buenos Aires para reencontrarse con sus familiares y, en especial, con su gran amiga Raquel Mancini. Algunos sostienen que su visita no fue nada protocolar y que habría servido para suavizar las constantes peleas entre los novios. Otros fueron más allá y afirmaron que la irrupción de una segunda dama se habría convertido en el detonador de la crisis.

Estos últimos, parece, no se equivocaron, ya que en los últimos meses el retirado funcionario fue visto en más de una ocasión con otra modelo —una constante en la vida de los políticos— llamada Silvina Barrera. Ambos se habrían conocido en Miami, ciudad que Manzano había elegido para descansar y la niña, para trabajar junto a un novio, modelito también. La nueva simpatía del político tiene veinticinco años, es rosarina y pertenece al *staff* de Pancho Dotto. Entre sus anteriores romances se contaba uno con el dueño de la empresa textil que fabrica la conocida marca de jeans "Motor Oil".

Los más arriesgados dicen que, a fines de julio, el seductor Manzano habría viajado por unos días a Buenos Aires junto a su flamante conquista, hospedándose ambos en el country "Aranjuez", para huir de cualquier testigo.

Gente allegada al ex ministro asegura que su relación con la bella Alejandra Macilo habría vuelto a su cauce normal luego de ese imprevisto *impasse*. Algunos se adelantan a decir que a fines del '95 la parejita podría legalizar su relación. Para eso esgrimen como prueba un supuesto viaje secreto que habría realizado la modelo a principios de octubre, para ultimar los detalles de la esperada boda. Más todavía: ella habría viajado a Mendoza, la tierra del ex diputado, para reunirse con la familia del dirigente y ponerla al día de las novedades. La ceremonia, dicen, se llevaría a cabo precisamente en los pagos del buen sol y del buen vino.

Como se ve, su seducción es algo imposible de evitar. Incluso, en los mentideros políticos se asegura que el ex funcionario se habría visto involucrado en el sonado caso de los créditos hipotecarios por causa de una pollera. Una noche, cuentan, un importante dirigente del radicalismo —con la misma fama de seductor de "Chupete"— ingresó a las oficinas del Banco con las comprometedoras carpetas. Parece que ambos políticos, en ese momento, se estaban disputando los amores de una bella dama, de alto rango y muy cercana a una conocida familia del *jet set* nacional. En política todo se puede perdonar, menos la traición al corazón. Eso se paga con sangre.

Mientras restaña sus heridas, el ex ministro sigue soñando con su regreso a las lides políticas en Buenos Aires. Los que saben afirman que en junio del '96 sus trajes italianos volverán a recorrer los despachos oficiales y la noche porteña. Las mujeres, agradecidas.

* * *

EL ROMANCE DEL RADICAL Y LA *COTIZADA* MODELO

Eran muchos los famosos invitados —artistas, políticos, deportistas e integrantes del *jet set* porteño— a la inauguración del Patio Bullrich, enclavado en el corazón de la aristocracia nacional.

Entre esa muchedumbre, con olor a perfume francés comprado en algún *Dutty Free,* el ex ministro y verdadero cerebro del radicalismo descubrió con admiración las bellas formas de Raquel Mancini. Pese a su reconocida fama de galán, el político no se atrevió en principio a acercarse a ella. Sin embargo, el ritmo de la fiesta y la buena voluntad de ciertos amigos en común lograron que ambos se encontraran en cierto momento peleando por un mismo canapé. Primero fue una sonrisa y después una charla forzada sobre la humedad y la decoración del lugar. Allí el hombre descubrió que la muchacha estaba conduciendo un ciclo televisivo llamado "Rock and Pop en televisión", que se emitía por Canal 11. Junto a ella se destacaban Mario Pergolini —en sus primeros pasos por la pantalla chica— y Lalo Mir. El espacio pasó sin pena ni gloria, a no ser por un concurso llamado "Largo de pecho", que causó revuelo debido a la traumática visión de niñas sin corpiño y con la remera mojada, demostrando sus bondades pectorales.

A los pocos días, el dirigente, perseguido por la cautivante imagen de la modelo, decidió convocar a una reunión urgente a Daniel Grinbank, productor del ciclo. El pelilargo empresario, simpatizante radical, se sorprendió por la invitación. El encuentro se produjo una tarde en la confitería Rond Point, en la esquina de Figueroa Alcorta y Tagle. Cuando el funcionario comenzó a hablar, el rockero se tranquilizó y de nuevo se sorprendió. No podía creer que ese hombre, resumen del poder político, pudiera estar pidiéndole el favor de presentarle a Raquel Mancini. "Ella está sola. Dale para adelante que por ahí tenés suerte. Yo voy a hablar de vos. Quedáte tranquilo."

Con esos datos en la mano, el ex ministro decidió enviar un importante ramo de rosas al camarín de Raquel. Acostumbrada a recibir regalos de sus admiradores, en un principio ella no le dio mayor importancia a éste. Pero cuando su productor le aclaró la procedencia del mismo y el poder que detentaba el caballero en cuestión, las cosas cambiaron radicalmente. Por eso aceptó de inmediato el segundo obsequio: una íntima cena con la materia gris del gobierno de turno.

A partir de allí los encuentros se hicieron cotidianos. La modelo no dudaba en asegurar, casi como en un acertijo, que estaba enamorada pero que era imposible develar el secreto del agraciado Don Juan. "Cuando él solucione su situación actual lo voy a gritar a los cuatro vientos", aseguraba por aquellos tiempos.

Una de sus primeras salidas a la noche porteña se produjo en una importante fiesta organizada por los dueños de "Palladium", un boliche ya desaparecido en la calle Reconquista. Allí arribaron por separado. Y mientras ella se divertía con sus amigos —incluido su ex marido, un robusto señor que hasta ese momento no había sido reconocido por la dama—, él prefería acercarse a una de las barras junto a un grupo de hombres, entre los cuales se destacaba uno de barba que, años después, los medios señalaron como Jorge Baños, un abogado que murió en el copamiento del regimiento de La Tablada. Esa noche, ante la pregunta de un periodista —exactamente quien esto escribe—, la modelo no se atrevió a desmentir los rumores. A la salida, ambos protagonistas se reencontraron y partieron con rumbo desconocido que, como se sabe, es el rumbo más conocido del mundo.

Al otro día, el político llamó personalmente a Héctor Ricardo García, dueño en aquel entonces de Canal 2, para evitar que el reportaje y algunas imágenes salieran al aire en el ciclo "Astros y Estrellas", que conducía Lucho Avilés en la emisora platense. El llamado llegó tarde, ya que el espacio televisivo había sido grabado y estaba a punto de emitirse. De todas maneras, el "Gallego" García se había negado a ejercer cualquier tipo de censura.

Desde ese momento la relación se hizo algo más conocida y estrecha, con los altibajos propios de una pareja que cargaba el estigma de la clandestinidad, debido al matrimonio del ex ministro con una acaudalada dama de la sociedad misionera. Los encuentros secretos se seguían produciendo, preferentemente por la zona de San Isidro.

Pero fue recién en 1992 cuando la supuesta unión sentimental ganó espacio en los medios de comunicación —los dedicados a los chimentos y también los denominados "serios"— y casi logró un clima de legalidad. Por esos tiempos, el hombre apareció varias veces retratado entrando al edificio de la calle Seguí al 3700, lugar que habitaba la cotizada modelo publicitaria. Allí ingresaba con su propia llave y tomaba el ascensor hasta el séptimo piso, donde Raquel lo esperaba ansiosa y sin ganas de hablar de política.

La rutina del ex funcionario de Raúl Alfonsín era casi diaria, y consistía en llegar al lugar cuando la tarde caía, para quedarse junto a la jovencita toda la noche. Antes del amanecer volvía a salir para estar en su casa antes de que sus hijos se despertaran, y poder cumplir así con su deber de padre al llevarlos al colegio.

El recordado ministro también se habría dado el lujo de asesorar a su amiga en un difícil caso judicial que la tenía como protagonista, en la provincia del Chaco, por incumplimiento de un contrato laboral.

Hasta allí llegó la modelo a bordo de un Lear Jet 25, matrícula LVMBP, exactamente a las 10 de la mañana del jueves 21 de mayo de 1992. Los pocos empleados que a esa hora estaban en la estación aérea se sorprendieron ante su inquietante presencia. Pero la sorpresa llegó a límites insospechados cuando observaron descender de la misma máquina a un hombre calzado en gastados jeans y con camisa rayada. Los más despiertos aseguraron que era el mismísimo político. Antes de irse, la modelo se acercó a la barra del bar de la aerostación y pidió agua caliente para llenar un termo, seguramente para matizar con mates el largo viaje a la ciudad de Roque Sáenz Peña.

Un detalle importante que se manejó en aquel momento fue que el avión que depositó a la pareja de amigos era propiedad de Carlos Sergi, dueño de Celulosa y gran amigo del ex ministro del Interior. Incluso, el piloto habría sido Miguel Spalla, el mismo que gobernaba la avioneta cada vez que el hombre de negocios lo requería. De esta manera, dicen, el dirigente político se ahorró casi 6.000 dólares, la tarifa oficial para un viaje de ida y vuelta a esa provincia.

Raquel Mancini, sin maquillaje, se presentó cerca del mediodía en el despacho del juez Oscar Sudria, a cargo de la causa. Durante los treinta minutos que duró la indagatoria, el dirigente radical habría esperado pacientemente en el estudio de Eduardo Maldonado, abogado patrocinante de la actriz en el Chaco.

Después de la diligencia judicial, la amistosa pareja decidió calmar su apetito en una parrilla llamada "El correntino", de la ciudad de Roque Sáenz Peña. Alicia, la moza del establecimiento, los atendió con preferencia, anotando con cuidado el pedido de ambos comensales, a saber: bifes de costillas con papas fritas y huevos fritos, una Coca Cola de litro, una botella de vino Toro Viejo y de postre, el viejo y querido "Vigilante": un democrático queso y dulce. Después de pagar, salieron a embarcarse de regreso a Buenos Aires.

El año '92 parecía ser el del blanqueo definitivo de esa promocionada relación. El viernes 25 de setiembre, por ejemplo, fue el cumpleaños de la Mancini. Ella no tenía previsto festejarlo, debido a las arduas jornadas de grabación del ciclo de Telefé "El gordo y el flaco", en los estudios Sonotex, de Martínez. Todo transcurría como un día normal, hasta que, pasado el mediodía, hizo su ingreso al estudio cinco el mismísimo enamorado. Cuando se terminó de rodar la última escena, antes del *break* para almorzar, el ex funcionario reunió a todo el elenco y le ordenó al encargado del bufet que descorchara algunas botellas de champagne Chandon Brut que, horas antes, le había pedido que pusiera en la heladera del bar. A eso se le sumó una torta y la alegría desconcertante de la modelo y, por supuesto, de sus compañeros de trabajo.

Después del consabido brindis, el político invitó a su cumpleañera amiga a comer a una parrilla llamada "Pedigree", sobre la calle Dardo Rocha, en San Isidro. Como para aventar cualquier sospecha, marchó junto a ellos la actriz Cristina Alberó.

Por la noche, el jolgorio se extendió dentro del local de New York City, donde el seductor político demostró sus escondidas dotes de bailarín. Todo se desarrolló en un clima de discreción gracias a los buenos oficios de la gente de seguridad del lugar. Pero, de pronto, un flash interrumpió la privadísima armonía. Ni la foto ni el fotógrafo salieron del lugar tal como entraron, debido a la rápida acción de los "monos". Otro rollo velado pasó a convertirse en anécdota. La fiesta terminó en ese preciso instante.

Sus encuentros siguieron pese a todo y a todos. Como cuando ella llegaba a Canal 11 a borde de un Fiat Uno negro, con vidrios polarizados, y a su lado viajaba una figura que coincidía con la del ex ministro del Interior. O aquel día que, casualmente, llegaron a Brasil en vuelos separados para pasar un fin de semana lejos de los incansables periodistas criollos. También, dicen, elegían la paz del selecto club "San Jorge" como refugio para su cálida amistad, o un exclusivo reducto nocturno llamado "Club 21". Los empleados de ese desaparecido boliche todavía recuerdan el día que fue vedada la entrada a los fotógrafos, porque allí se encontraba la inefable pareja de amigos.

El también desaparecido restaurante "05" —lugar de encuentro para los desayunos, debido a la cercanía con la casa del político—, "Bleu Blanc Rouge" o la cantina "Los amigos", eran algunos de los locales gastronómicos donde cualquier desprevenido se podía chocar con los tortolitos.

Pero un día de enero de 1994, la bella Raquel Mancini decidió romper el largo silencio que rodeaba a este mentado romance, y en un jugoso reportaje a la revista *Noticias* aceptó su relación con el político.

Posando en las tórridas playas de Punta del Este, la actriz respondió muy suelta de cuerpo ante la pregunta del periodista sobre el cambio que significó haber conocido al "Coti":

—Al principio no fue fácil porque nunca había salido con un hombre casado. Nadie se lo hubiera imaginado. Es más, si alguna de mis amigas hubiera salido con un hombre casado, yo no lo hubiera podido creer.

—¿Y su familia, cómo lo tomó?

—Bien... bien. Ahora lo aceptan totalmente sin ningún problema. Me entienden.

—¿Lo conocen?

—Claro.

—Perdón, pero su relación, ¿continúa?

—Sí, por supuesto. Ahora estamos en un *impasse,* pero es una relación que va y viene. Incluso me dijo que quería venir a Punta del Este a verme.

—¿Usted está enamorada del Coti?

—Sigo enamorada del Coti. A pesar de que a veces tenemos nuestras peleas. Hace poco le tiré por la cabeza el anillo que me había regalado. ¿Ves? No lo tengo puesto. Fue cuando volvió. Entonces empezó el *impasse.* Pero igual nos hablamos todo por teléfono.

—¿Usted sigue enganchada con él?

—Yo sigo enganchada hasta acá (hace un gesto y se toca la frente). ¡Pero hasta acá! Es el hombre que me abrió la cabeza. Yo no conocía nada de la vida cuando me separé. Hubo un momento en que hablábamos por teléfono desde la una hasta las cinco de la mañana. Estaba muerta por él... superenganchada.

—¿Usted se enamoró por el poder?

—Yo no sabía nada de nada. De política, menos. Nos conocimos en un desfile. Entonces me empezó a llamar por teléfono, me empezó a hablar y yo no pude salir de eso.

Esta nota, por supuesto, sorprendió a todo el mundillo de la farándula y la política, porque significaba el blanqueo de una relación sumida desde hacía tiempo en las sombras. Algunos especularon con que la posible decisión de hablar, por parte de la ex modelo, se habría debido a algún guiño de su media naranja respecto de una posible separación. Otros pensaron que habría sido, ni más ni menos, que un "apriete" tendiente a ponerle un punto final a ese interminable noviazgo.

De inmediato, el ex ministro radical negó lo publicado en ese reportaje con una lacónica declaración: "No tengo nada que ver con ella y no quiero hablar más del asunto". Como siempre, el político prefirió una frase hermética para disipar cualquier rumor que lo rodeara. Lo mismo pasó cuando, a fines del '93, la revista *Caras* retrató a la parejita saliendo del departamento de la calle Seguí, a bordo de una camioneta Suzuki Vitara negra, con chapa C 1540406. Ambos lucían una amplia sonrisa, que se les hubiera borrado de un plumazo si hubieran descubierto al *paparazzi* escondido.

A principios del '94 se llegó a especular con un posible divorcio y la convivencia definitiva. Una mañana, un periodista se comunicó por teléfono con Raquel Mancini para confirmar la versión. Con risita cómplice, la beldad contestó: "Si querés esperá un poquito más, que él se termina de duchar y te contesta en persona". Como fondo se podía escuchar, efectivamente, una generosa ducha.

Hoy por hoy, este supuesto romance entró en un período de ostracismo periodístico y más de uno asegura que el amor se habría terminado. Mientras tanto el ex ministro se muestra a veces en algunas reuniones sociales, como aquella en Puerto Madero a fines de setiembre de 1995, donde fue retratado junto a Teté Coustarot. Esa fotografía le valió al pobre reportero gráfico una severa amenaza del político, tal vez recordando alguna época por suerte ya superada.

Raquel Mancini, por su parte, no presenta ninguna pareja desde hace tiempo y tampoco es demasiado propensa a hablar de este espinoso tema. La dama calla y espera.

Algunos creen encontrarse frente a un romance fantasma. Al igual que las brujas, que los hay... los hay.

* * *

PRENSA LITORALEÑA

La nueva sala de conferencias de la Casa Rosada es, sin dudas, lo más parecido al mismo recinto de la Casa Blanca, lo que demuestra que las relaciones carnales entre Argentina y Estados Unidos llegaron hasta la decoración oficial.

El día que se inauguró ese lugar muchos políticos fueron invitados y, como no podía ser de otra manera, algunos integrantes de la farándula también lucieron sus mejores atuendos, ante el incesante disparo de los flashes de los fotógrafos.

Pero una figura no demasiado repetida en este tipo de actos llamó la atención de inmediato. Luciendo una ajustada pollera blanca, una camisa del mismo color y un pañuelo atigrado en el cuello, la bella Gisella Barreto se presentó en la puerta de la Sala de Conferencias esgrimiendo su invitación personal.

Nadie del protocolo supo dónde había conseguido la bella correntina ese importante pase. Periodista no es, por lo que su acreditación como representante de algún medio no era justificada. No se le conocía militancia peronista y su carrera artística recién se iniciaba con fuerza, luego de haberse alejado del ciclo "Polémica en el bar", de Gerardo Sofovich, en medio de un sonado escándalo.

Cuando intentaron hacerle la pregunta del millón, un allegado al presidente susurró al oído al empleado de Prensa que la rubia actriz era "una invitada especial del Jefe". Parece que días antes, los amigos se habían conocido en una reunión del ambiente y el riojano había quedado fascinado con la litoraleña. Total, como cualquiera puede ser periodista, la Barreto se merecía un lugarcito en esa fiesta especial para los colegas de los medios.

¿Tendrá máquina de escribir?

* * *

FECHORIA, LA COCINA DEL PODER

Si algo sirvió para reunir definitivamente la política con la farándula fue, sin dudas, una bien servida y regada mesa. Y si era de "Fechoría", mucho mejor.

En este restaurante de la Avenida Córdoba —más cerca de una típica cantina que de la sofisticación de un local francés— se reúnen personajes de distinto pelaje. Actores, *vedettes,* modelos, periodistas, deportistas, políticos y hasta algún trasnochado presidente forman parte de esta singular fauna. Allí se tejen acuerdos políticos, se cierran *transas* económicas, se inician furtivos romances y hasta se puede sellar la suerte de algún funcionario.

Si hoy se quisiera analizar la realidad social de nuestro país no haría falta más que correrse hasta este comedero. Entre los "ñoquis a la gauchito" y alguna raba perdida, se podrán encontrar pliegues ocultos de nuestra historia reciente.

Para Carlos Menem, por ejemplo, "Fechoría" sirvió como

plataforma para unir sus ambiciones políticas con el *glamour* de la farándula. Desde sus épocas de gobernador, el actual mandatario se convirtió en uno de sus fieles comensales.

Gracias a sus reiteradas visitas, el riojano logró convencer a Mario Sapag —en ese momento al frente de "Las mil y una de Sapag", el ciclo de mayor audiencia en Canal 9— para que lo incorporase en sus imitaciones. Después de mucho insistir, el cómico accedió al pedido y la cara del por entonces patilludo político apareció, nada menos, que junto a la de Raúl Alfonsín.

También el ex presidente radical fue habitué del comercio regenteado por Pepe Alberte. Claro que las visitas del hombre de Chascomús tenían más que ver con sus ganas de palpar la realidad, que de conectarse con las estrellas de cabotaje. El hombre que consiguió que el Partido Radical, casi en masa, dejara "La Robla" por Fechoría, fue Luis Brandoni, precisamente un hombre del riñón farandulero. Junto al actor, muchas veces ocuparon mesas Enrique "Coti" Nosiglia y Marcelo Stubrin. Lo que también unía a Alfonsín con el dueño del local era el amor que ambos profesaban, y profesan, por Independiente de Avellaneda.

Otro de los personajes claves es Gerardo Sofovich, el único que tiene una mesa exclusiva, en el lugar clave del salón. Nadie puede ocuparla, salvo una orden especial del productor. Ese lugar ejerce, todavía, una atracción especial ya que muchos saben que es una especie de apéndice del despacho del "ruso" y que allí se pueden cocinar todos los asuntos. Eso, precisamente, lo conocía Luis Beldi, quien inició su idilio profesional con el ex mandamás de ATC precisamente en el local de la Avenida Córdoba. El periodista es uno de los pocos que se pueden sentar en esa especie de trono gastronómico cuando Sofovich se encuentra de viaje.

Dicen también que una madrugada, en una de las pocas mesas que quedaban con clientes, se jugó una muy particular partida de truco, deporte nacional en "Fechoría". De un lado de la mesa se encontraba un encumbrado político oficialista; del otro, un productor y comunicador de reconocida debilidad por el juego. En lugar de los clásicos porotos se habría puesto en juego el manejo de un importante cargo en un medio de comunicación estatal. Después de más de una hora de juego, el político se dio por vencido. Su contrincante, con el ancho en la mano y una sonrisa diabólica, había logrado quedarse con ese puesto.

También en una de sus mesas el director Juan José Jusid convenció a Avelino Porto, en ese momento ministro de Salud, para que el presidente Carlos Menem participara, junto a varias figuras de la farándula, de un aviso para la recordada y bochornosa campaña contra el SIDA. Aún hoy se recuerda a los famosos intentando tararear una penosa canción.

Las peleas ocupan también un lugarcito en la memoria de Fechoría. Allí viven los ecos del momento en que una enojada Zulemita cruzó el largo salón para increpar a Gerardo Sofovich. El animador, horas antes, había deslizado ciertos comentarios irónicos en torno de Zulema Yoma y su separación del presidente Menem. Con su innegable habilidad, el "Ruso" no sólo contrarrestó la ira de la niña, sino que terminó retándola y escuchando las disculpas del caso.

La información confidencial es otro de los platos que ofrece el simpático español. Dicen que fue él quien primero se enteró de la liberación de Mauricio Macri, gracias al urgente llamado que el presidente Menem le hizo a Gerardo Sofovich. De allí, la gente de ATC obtuvo la primicia absoluta sobre ese promocionado caso policial.

Aunque últimamente perdió algo de popularidad, "Fechoría" es el punto de partida para cualquier relación con el poder. Los políticos saben que para "llegar" deben conectarse con la gente. En eso no se diferencian demasiado de los artistas: viven exclusivamente de su público. De esta manera se alimenta el "voyeurismo" de la gente, en una época de extrema frivolidad. Así como Luis XIV permitía que la plebe contemplara a su majestad comiendo, hoy el público puede hacer lo mismo, gracias a las fotografías que semana a semana pueblan las revistas de actualidad.

Como buen centro de poder, "Fechoría" también está dividido en campos estratégicos. Uno es el especial, o VIP. El otro es para la *gilada.* El primero se ubica desde el medio hasta el fondo. El segundo se extiende desde el medio hacia la puerta de entrada. Un sociólogo farandulero podría ver la ascensión social de los diversos personajes de acuerdo a su ubicación en el salón. Pocos llegan al fondo y muchos pasan sin pena ni gloria a las ventanas que dan a la calle.

En el sector de los privilegiados se ubica, en un lugar preferencial, la mesa de Gerardo Sofovich. Desde ella se domina todo el salón. Y también otro punto clave: el baño de damas.

Muchas son las mujeres que a diario se pasean entre las mesas para llegar al rincón del aseo. Como en una imaginaria pasarela, damitas con ganas de convertirse en *vedettes* dejan a su paso perfumes de dudoso origen y mohines casi prostibularios.

Un día, una exuberante rubia dejó helado al mismísimo Sofovich. Con su poderosa delantera, la mujer salió del baño y de inmediato fue abordada por el productor. "¿Querés trabajar en televisión?", fue la inocente pregunta. La blonda dijo que sí de inmediato, y a los pocos días debutaba en "La Peluquería de Don Mateo" junto a Jorge Porcel. Había nacido Amalia "Yuyito" González.

La *vedette* luego se convirtió en habitué del restaurante e, incluso, en una de sus mesas lloró desconsoladamente sobre el hombro de Pepe Alberte. "¡Aquí conocí al hombre de mi vida y aquí también me enteré de que la política me lo había quitado para siempre!", fue la desconsolada confesión de la chica.

En ese lugar, muchas veces se *cocinan* papeles en televisión o en películas, protagónicos o simples "bolos". Eso lo saben algunos artistas que se quedan hasta tarde, esperando algún gesto salvador por parte de los productores.

El otro sector, en cambio, pertenece a la gente común que paga sus cenas y aquellos famosos que aún no tienen acceso al exclusivo mundo de los poderosos. Es casi un deporte para los periodistas más avispados observar las alzas y las bajas de la farándula de acuerdo a su ubicación en el salón. Muchos comenzaron en el fondo y hoy esperan de pie una mísera mesita. Ese es el mejor síntoma de que el fin está cercano.

Si quiere entender esta nueva Argentina, basta con darse una vuelta por "Fechoría", para averiguar de qué trata eso de la política al gobierno, la farándula al poder.

* * *

ESTA BOCA ES MIA

"Siempre digo que soy mejor desnuda que vestida."
AMALIA L. DE FORTABAT, *Gente.*

"Cásate con un arqueólogo. Cuanto más vieja te hagas, más encantadora te encontrará."
AGATHA CHRISTIE.

* * *

"No a cualquier hombre Valeria Lynch le canta en la cama."
VALERIA LYNCH, *Caras.*

"La voz de uno nunca debe estrangular los pensamientos propios ni ahuyentar los ajenos."
ELIZABETH DE AUSTRIA.

* * *

"Para mí es fundamental tener una lectura diaria y meditar dos veces al día."
SILVIA PÉREZ, *Flash.*

"El saber no es algo para uno mismo. Lo esencial es que los otros sepan que sabes."
COLETTE.

* * *

"Parezco la Madonna argentina porque muestro la bombacha y todos mueren por mí."
GRACIELA ALFANO, *Semanario.*

"Toda mujer es una flor con alma."
PABLO DE ALARCÓN.

SOLUCION SALOMONICA

La *vedette* cuyana intentó abrir la exclusiva *suite* presidencial —reservada sólo para "él"—, y se dio cuenta con sorpresa de que otra llave estaba en la cerradura. Lo primero que pensó fue que su entrañable amigo Carlos se había adelantado para sorprenderla con algún regalito, algo normal en un reconocido galán como él. Pero la sorpresa no tuvo límites cuando, después de varios malabares, logró entrar y se topó con la actriz Graciela, su archienemiga, que posaba con una forzada sonrisa ante la lente de un fotógrafo de una revista de actualidad. Discretamente, la *vedette* le pidió al reportero que las dejara a solas un minuto. Al principio la charla se limitó a discernir cuál de las dos era la usurpadora, pero luego las acusaciones y los insultos comenzaron a tomar vuelo propio. Uno de los gerentes, asustado por el escándalo, intentó comunicarse con el verdadero poseedor de la *suite*. La voz de su privadísimo secretario se limitó a comunicarle al atribulado empleado las órdenes del Jefe: "Dice que dejes que se maten y después cambies la cerradura".

Eso sí, nunca más le entregaría la misma llave a sus "amigas".

* * *

"HERMANO, YO NO QUIERO REBAJARME..."

Pese a que poco tiene que ver con su famoso y poderoso hermano, este provinciano también cosecha la admiración de la fauna femenina. Tal vez su *look* parco, meditabundo y algo intelectual, se convierta en su método de seducción. Eso lo podría confirmar una de las más codiciadas modelos locales, para quien su intrincado portuñol no fue impedimento para iniciar una cálida amistad.

A caballito de sus problemas sentimentales —aseguraba que su esposa sentía demasiada admiración por un director de cine empeñado en llevar a la pantalla la vida de Facundo Quiroga— el político norteño ingresó en el corazón de la blonda damita. Durante varios meses, el amor y el deslumbramiento se hicieron cosa de todos los días, sobre todo en el departamento que la profesional de la pasarela tenía en ese entonces en la Recoleta. Muchos regalos llegaron hasta allí, pero el más llamativo fue, sin dudas, un oneroso anillo adquirido discretamente en Ricciardi, y que debería convertirse en testimonio de un amor con futuro y seguramente eterno. Pero casi como una promesa de campaña, la ilusión se desvaneció en el aire. La presión de su esposa —temerosa tal vez de perder su cuotita de poder— y los ya públicos comentarios sobre esa relación clandestina, terminaron por asustar al hermano del poderoso. Pasado el tiempo, seguramente él pensó que su vida siempre estaría signada por ser el segundo de otro, incluso en materia de amor. Ella, también en soledad, habrá pensado que los futbolistas —como lo era su ex— traen menos problemas. Y de inmediato se dedicó a distraerse con jovencitos...

* * *

SOLDADO QUE HUYE...

Aunque en sus venas aún corre sangre radical, Claudia Bello comenzó a militar en las filas del peronismo en 1982. Pero recién en 1986 tomó contacto con el entonces gobernador Carlos Menem y, tal vez seducida por la proverbial galantería del riojano, decidió sumarse a su proyecto político con fines presidenciales. Después de aquella recordada *ñoquiada* que la Bello organizó el 29 de mayo de 1988 en La Boca, su lado farandulero comenzó a surgir tibiamente. En los mentideros se comentaba que en aquella época, la política en ciernes habría vivido una tierna relación con Jean Pierre Noher, un actor de segunda línea e hijo de un importante directivo de River Plate, precisamente el club de los amores del presidente.

Pero los rumores amorosos sobre la dirigente comenzaron a arreciar una vez que se puso el traje de interventora en Corrientes. A muchos les sorprendió la reiterada visita del cineasta Javier Torre a aquella provincia, sobre todo teniendo en cuenta que ninguna película se estaba filmando en aquellos momentos. Las malas lenguas aseguraban que el director había llegado especialmente a esa tierra para mitigar la soledad de la funcionaria, y que para ello habría recibido pasaje y alojamiento de las arcas oficiales.

El otro romance que le adjudicaron a la atractiva Claudia fue con Fernando de la Hoz, intendente de la ciudad de Paso de los Libres. Incluso las chusmas correntinas llegaron a decir que la esposa del dirigente, cansada del acercamiento de la Bello, no tuvo mejor idea que resolver todo con certeros carterazos, que obligaron a la interventora a resguardarse del ataque de celos arrojándose con plasticidad dentro de un macetón.

Huir no es cobardía...

* * *

¡A PAPA!

Al "Jefe" nunca le gustó demasiado que le presentaran las mujeres listas para servir. El prefiere el viejo juego de la seducción, y sentir que las damas lo buscan más por su atractiva verba que por el poder que lo rodea. Es así que con uno de sus más íntimos colaboradores ideó un especial jueguito.

Su amigo y confidente oficial llega a Olivos junto a una bella damita —si es famosa mejor—, y cuando los tres promedian la cena, el "Jefe" comienza a desplegar sus dotes de Don Juan ante la pasividad de su compañero, algunas veces reemplazado por algún actor amigo. Cuando la función lúdica llega a su punto justo, la señorita se deja llevar por los guiños cómplices del político y sus irresistibles caídas de ojo. Fue así que varias señoritas pasaron por allí, entre ellas alguna protagonista del recordado ciclo "Brigada Cola".

¡Y pensar que a Yrigoyen le imprimían un diario!

* * *

NAZARENA Y EL LOBO

Mientras esperaba que Gerardo Sofovich terminara con uno de sus juegos para iniciar su reportaje preelectoral, el Lole se distrajo apreciando la belleza de una de las secretarias del ciclo. Parco pero buen observador, el ex corredor no le sacó la vista a la jovencita de pelo corto, pollera aún más reducida y una boca apropiada para cometer cualquier disparate.

Y el candidato cometió el peor de los dislates: después de su intervención, se acercó a uno de los productores del "Ruso" y le pidió más datos sobre la secretaria. "¿Te referís a Nazarena?", preguntó el empleado casi con sorpresa. "Todo el mundo quiere conocerla, pero ella se hace la estrella, sobre todo después que Gerardo la hizo debutar como actriz. Pero si insistís, por ahí se logra algo. Aquí está el teléfono."

Lo que sucedió después pocos lo saben, pero lo cierto fue que la hermosa niña, a partir de ese momento, lució en su agenda particular un bonito calco con la sonrisa del "Lole" asegurando lo mejor para su provincia.

Votos son amores.

* * *

POR EL CAMINITO DE BELEN

"Juan, quiero empezar a trabajar en lo que más me gusta, el periodismo."

La dulce voz de María Belén repiqueteaba constantemente en los oídos del secretario de Hacienda del gobierno alfonsinista, casi como una letanía. Pero como el amor es más fuerte, un día el encumbrado político decidió llamar a Eduardo Metzger, en ese momento interventor de Canal 13, para allanarle un puesto a su agraciada y blonda "amiga". La disciplina partidaria y la ayudita de algún otro funcionario de más alto rango lograron que la incipiente reportera ingresara al noticiero nocturno de la emisora, en ese momento, estatal.

Al principio, la niña sólo se dedicó a aprender los secretos de la profesión, eligiendo como modelo al experimentado César Mascetti. Mientras tanto su noviazgo con Juan, el secretario de Hacienda, continuaba viento en popa y con continuos agradecimientos a su gestión laboral.

Pero un día, ya asentada en su puesto, decidió abandonar al pobre político y dedicarle más tiempo a sus clases personalizadas con el "Gaucho" Mascetti. La figura de la periodista fue creciendo hasta llegar a conducir su propio programa. Pero de la misma manera fue evolucionando el odio que sentía por ella la veterana Mónica, quien nunca resistió la admiración periodística que la jovencita sentía por su marido. Tiempo después, María Belén debió abandonar las huestes del ya privatizado Canal 13, ante ciertas actitudes de divismo que terminaron por cansar a sus compañeros.

Y a vos... ¿quién te auspicia?

* * *

UNA OPORTUNIDAD

Mabel es otra de las periodistas que alcanzaron la cumbre de su profesión gracias a los buenos oficios de un reputado político. La bella niña había llegado de su Córdoba natal con ganas de triunfar, y para eso recaló en las colombófilas huestes de Canal 9. Al principio, su trabajo era todo lo intranscendente que merece un iniciado. Pero un día el ex director del noticiero recibió un urgente llamado del Senado de la Nación. La charla apenas duró un minuto y lo último que se escuchó decir al veterano periodista fue: "Está bien, Eduardo, vamos a darle una oportunidad. Si vos decís que tiene condiciones...".

A la semana, una radiante Mabel debutaba como conductora de "Nuevediario" junto a Guillermo Andino. Deslumbrada por los spots y los políticos, la cordobecita decidió entablar nuevas relaciones políticas, más allá de su mecenas Eduardo. Entre esas amistades se pueden contar al ex comisario Patti y a Eduardo Varela Cid, en aquel momento todavía soltero.

Con el primero elegía las perdidas parrillas de la ruta Panamericana —una constante en el agente del orden—, y con el político, los gastados sillones de algunas discos porteñas.
Comida y diversión, no le faltaban.

* * *

NONI NONI

Durante mucho tiempo, Carlos Menem intentó conocer a la popular brasileña Xuxa, tal vez con el afán de desplegar sus dotes de seductor o quizás para intensificar aún más los lazos del tratado del Mercosur. Después de varias gestiones, el productor argentino de la animadora, Víctor Tobi —ex yerno del "zar" Alejandro Romay—, accedió a que la diosa de los chicos visitara al presidente en la calidez de su quinta presidencial. Después de una opípara cena y un largo paseo a solas por el parque de la residencia, Carlos Menem invitó a Xuxa a compartir, en el microcine del edificio, una película a punto de estrenarse en el país.

Al principio ambos cruzaron comentarios sobre el filme en pantalla, mientras el primer mandatario acariciaba la cabeza del soñoliento "Magu", el perro de facciones extrañas que precisamente le había regalado la brasileña. Tal vez contagiado por el cansancio del can, el presidente primero comenzó a bostezar discretamente y luego, sin ningún empacho, se puso a dormir, incluso sobre el hombro de Xuxa.

La dama soportó hasta el final la película y luego, amorosamente, despertó a su acompañante. Después de las despedidas y ya en el auto, Xuxa se limitó a comentar en tono apenado:

"Esperaba otra cosa de Menem. Me habían hablado mucho de él. Me quedo con Pelé que nunca se quedaba dormido, y menos me dejaba dormir a mí".

* * *

ESTA BOCA ES MIA

"Si yo tuviese diez centímetros más de altura, entonces sí, en mi carrera mato."

ADRIÁN SUAR, *Teleclic.*

"La humildad es la virtud de las almas grandes; para los demás, es el suplemento de cuanto les falta."

LA ROUCHEFOUCAULD.

* * *

"Yo soy una mujer sensual y coqueta las 24 horas del día."

BEATRIZ SALOMÓN, *Flash.*

"No está mal ser bella; lo que está mal es la obligación de serlo."

SUSAN SONTAG.

* * *

"Ellos (los políticos) se terminan creyendo su propio discurso. Después te enterás que no es como lo contó."

JULIETA ORTEGA, *Noticias.*

"Honrarás a tu padre..."

Exodo 20,12.

* * *

"Me considero el soltero más codiciado de la Argentina."

JORGE CORONA, *Semanario.*

"El matrimonio es una ciencia."

BALZAC.

SERRANO PARA TODOS

La moda y los modistos, como parte fundamental de la farándula vernácula, también tienen una relación muy estrecha con el poder. Cuando se habla de alta costura en nuestro país —sobre todo a la hora de vestir a los famosos— el nombre de Elsa Serrano suena con fuerza. Esta italiana de frágil aspecto llegó a tocar a los poderosos simplemente con dos armas: el dedal y la discreción. Su figura se hizo masivamente conocida cuando se descubrió que era ella la que vestía a María Lorenza de Alfonsín y a Margarita Ronco, la fiel secretaria privada del ex presidente. Ambas damas iban periódicamente al *atelier* de la modista para elegir sus modelos. Y religiosamente los abonaban.

Pero con la era menemista, Elsa llegó a la cumbre de su poder. Zulema Yoma, su hermana Amira y su hija Zulemita, conforman el trío que le dio acceso a muchas alegrías, y también a contratiempos que casi le cuestan su carrera. Aún hoy, la Serrano se debe estar arrepintiendo de aquel desdichado viaje a Marbella para conocer a un singular personaje llamado Al Kassar. Incluso, para borrar todas las huellas de su periplo, la modista habrá eliminado de su exclusivo catálogo el vestido largo color verde musgo y bordado en la parte de arriba, que llevó como regalo a la esposa del supuesto traficante de armas.

Entre las alegrías se debe contar la instalación de una fábrica en la provincia de San Luis en 1984, gracias a la promoción industrial que impulsó el gobierno radical.

Por otra parte, en los corrillos de las costureras nacionales se comenta que la cercanía de la cocoliche Elsa con el poder de turno le serviría para introducir sus telas en condiciones poco usuales y de trámite rápido. Los que la odian dicen que eso sería lo más cercano a un contrabando que se conoce, algo que una dama como ella nunca se atrevería a realizar. Aunque, si algo malo le sucediera, su amiga María Servini de Cubría la podría asesorar legalmente, gracias a los amplios conocimientos adquiridos desde su polémico juzgado.

El imperio Serrano, sin embargo, pasó un muy mal momento cuando la modista decidió separarse de su esposo. Incluso, cuentan, la mujer habría sorprendido a su ex marido en el amplio hall de Ezeiza cuando regresaba de un viaje junto a una jovencita, que se esmeraba por borrar con caricias el cansancio del periplo.

Despechada, la diseñadora liquidó los bienes de su empresa y le dio su porción al hombre que la impulsó desde el principio. Para esta división, Elsa Serrano contrató los servicios de un eficiente y carilindo contador, con quien pasó largas jornadas —a veces sin salir de su estudio— para llegar a un arreglo financieramente conveniente.

¿Cómo se dice, en cocoliche, "enhebráme la aguja"?

* * *

HACEME LA CABEZA

Una de las mejores maneras de incidir sobre los poderosos y famosos es conocer su cabeza. Tal vez por eso Roberto Giordano decidió convertirse en peluquero, pese a los groseros chistes que le disparaban sus atorrantes amigos del barrio de Quilmes. Sus manos, de a poco, comenzaron a entremezclarse con las cabelleras más finas e influyentes de nuestro medio. Políticos, artistas y deportistas pasan horas contándole cosas, mientras él realiza proezas para embellecerlos.

Esa esmerada y personalizada atención le sirvió para convertirse en figura *top* de nuestra farándula, para amasar, de paso, una fortuna que algunos miden en seis millones de dólares en propiedades, y obtener una de las mejores facturaciones en el gremio de las tijeras.

Pero peinar a figuras tan dispares como Mirtha Legrand —quien le dio el gran envión en su carrera—, Lucía de Galtieri, Nélida de Viola, Zulema Yoma, María Lorenza de Alfonsín, Zulemita Menem, Amira Yoma o Sonia Cavallo, también tiene ciertas desventajas. Durante 1992, por ejemplo, el peluquero tuvo que soportar tres durísimas inspecciones de la DGI, más precisamente las llamadas "punto fijo", que consisten en la instalación permanente de los sabuesos impositivos durante varias jornadas. Las denuncias, dicen, llegaron por una mujer muy cercana al poder, despechada por la mala atención que recibía últimamente. "Me parece que el 'negro' está pasando la *bijouterie* sin pagar los derechos", fue la frase que resonó en los oídos de la Policía Aduanera. Incluso tres empleados de esa repartición fueron investigados en forma minuciosa. Finalmente, otro sector del poder pidió discretamente que se parara todo tipo de operativo.

Todos estos problemas le ocasionaron trastornos cardíacos, lo que desembocó en una operación de *by pass* bastante complicada. Aunque su recuperación fue rápida la salud del peinador es bastante frágil, lo que no le impide organizar sus veleidosos desfiles o "colarse" infantilmente junto a Ursula Andress en el aeropuerto El Jagüel de Punta del Este, para evitar las largas colas.

Los que conocen la intimidad del poder afirman que en cualquier momento, a Giordano le podría surgir un nuevo patatús, si se enterase de que una investigación se podría iniciar ante la posibilidad de que parte de su personal fueran indocumentados de países limítrofes, lo que le serviría para evitar altas erogaciones de sueldos y gambetear ciertas cargas impositivas.

El sostiene que en su negocio lo único negro son las tinturas.

* * *

VAMOS PAL SUR

El fue uno de los candidatos a presidente en las últimas elecciones. Ella es una veterana pero aún apetecible modelo de origen portugués, con experiencia en encuentros con políticos de fuste.

Al representante del sur argentino no le fue muy bien en su carrera por el sillón de Rivadavia, pese a que su gestión como gobernador fue elogiada, incluso, desde el oficialismo. A esa casi bochornosa derrota se le sumó, días después, el distanciamiento sentimental de su esposa, una de las mentoras de su proyección a nivel nacional. Incluso, se comentaba que la postergada primera dama dejó deudas millonarias con motivo de la campaña de su guapo esposo.

De todas maneras la tristeza —la política y la del corazón— no le duró mucho al funcionario, ya que comenzó a mostrarse muy cerca de la blonda modelo, alguna vez relacionada con un famoso futbolista.

Los que acompañaron la campaña del sureño por todo el país aseguran en voz baja que en algunos lugares la *mannequin* hasta hizo acto de presencia. Con su, de a ratos, poco entendible portuñol, la mujer intentaba explicar que su cercanía se debía a su amistad con el matrimonio. Algunos le creyeron. Otros, en cambio, dejaron volar su imaginación y aseguraron que, para el día del padre, el ex gobernador estaba dispuesto a presentar su nueva pareja ante sus hijos. Algo que, finalmente, no se produjo.

Para el político no hubo segunda vuelta presidencial. Pero en el amor, el *ballotage* lo dio como amplio ganador.

* * *

BULIN MISTONGO

"Les quiero advertir que esa suite fue habitada durante más de un año por Al Capone y tiene una historia negra", les susurró al oído el elegante administrador del hotel Biltmore, uno de los más lujosos de Miami. Los asesores argentinos, al principio, se asustaron con la advertencia y decidieron consultar directamente con "el Jefe". Cuando el político se enteró de la novedad le pareció una excelente idea. "De lo único que no me acusaron todavía es de parecerme a Al Capone. Ahora le voy a dar la oportunidad a la contra", aseguró el político.

Fue así que el presidente se alojó en la suite de dos plantas ubicada en el piso 113 —como para contrarrestar la maldición—, a un precio de 1.300 dólares diarios.

Su mayor diversión, durante la estadía en Miami para concurrir a la "Cumbre de las Américas", fue contarle a todo el mundo la historia de esa fatídica suite. Durante dieciocho meses el mafioso había vivido bajo ese mismo techo, amparado por la privacidad y seguridad que le daba el único ascensor que podía subir hasta ese inexpugnable búnker.

El único dato que se guardó fue que en ese mismo lugar Al Capone mató a Anne, su amante en ese momento. Tal vez, por eso de no convocar a los espíritus.

* * *

ALBINO... ¿VINO?

El tema de los ñoquis es algo que le quita el sueño tanto a los diputados como a los concejales, constantes blancos de las críticas de los medios y de la gente. Una de las reparticiones que más empleados "truchos" tuvo fue sin dudas el PAMI, bajo cualquiera de sus administraciones.

Durante una de las tantas auditorías que se realizaron en ese oficina gubernamental, se descubrieron cientos de "ñoquis". Pero la sorpresa más grande se la llevó uno de los investigadores al descubrir un nombre algo familiar.

En uno de los renglones, observó el nombre Albino Rojas y le pareció que lo conocía de algún lado. Junto a él figuraba su categoría: 54, una de las mejor recompensadas, y el legajo número 27.833. Lo que parecía algo común, para él se convirtió en sospechoso. Intrigado, el empleado le preguntó a un compañero si le sonaba ese nombre. Después de pensar, el colega le dijo: "Me parece que te equivocaste de repartición. Este tipo tendría que pertenecer, en realidad, a los ñoquis de las Fuerzas Armadas y no del PAMI".

Cuando el honesto trabajador comenzó a exprimir su cerebro para resolver el enigma que le habían planteado, la misma voz lo sacó de dudas.

"No te calentés más, fue un chiste. ¿Sabés quién es este tipo? El soldado Chamamé."

* * *

CARENCIADA

Otra de las beneficiadas con esta relación político-farandulera fue Alicia Passeri, productora y esposa del eterno Roberto Galán. Desde el 1º de enero de 1992, la señora cobraba una pensión graciable —especialmente creada para las personas de muy bajos recursos— de 500 pesos mensuales, de acuerdo al legajo que llevaba el número 40-5-1074370-0.

Esta retribución extraordinaria habría sido otorgada por el, en aquel entonces, diputado nacional por la UCeDé, Luis Fernando Herrera. Cierto es que el legislador se sentaba regularmente en la mesa de "Cocinando con Galán", un ciclo que el veterano casamentero conducía en las huestes estatales de ATC.

Lo grave es que gente cercana a la producción asegura que los bienes de Alicia Passeri treparían a los casi 500 mil dólares, entre un piso en Blanco Encalada y 11 de Setiembre, una quinta en el country *Highland* y dos automóviles importados, más alguna propiedad en la localidad de Lanús.

Yo me quiero anotar... ¿y usted?

* * *

"TU ME ACOSTUMBRASTE..."

María Julia Alsogaray sonaba fuerte como una de las posibles candidatas a intervenir en la conflictiva Corrientes. Cuando el nombramiento ya estaba casi redactado, un sorpresivo llamado logró torcer el destino de la reina de los teléfonos.

Del otro lado de la línea se pudo escuchar claramente la voz de Marly, la esposa del senador provincial José Antonio Romero Feris, quien rogaba evitar ese nombramiento para su tierra. Sin mayores trámites, la firma del decreto presidencial quedó en la nada, y el nombre de la hija del capitán ingeniero se relegó al olvido.

Seguramente la correntina esposa recordó aquellos días de 1985, cuando en los maquiavélicos corrillos políticos se comentaba con mucha insistencia la más que protocolar relación que unía al hombre del litoral con la mujer de las bellas piernas.

Incluso, se asegura que fue el "Pocho" quien le enseñó los primeros "pininos" en la política, cuando la Alsogaray recién comenzaba su exitosa carrera y en su horizonte ni siquiera figuraba su escena del tapado de piel en la nieve. Claro que para efectivizar esas enseñanzas ambos tenían que pasar prolongadas sesiones docentes en el despacho del Senador.

La letra con sangre entra.

* * *

LA DAMA, EL ALMIRANTE Y EL POLISTA

"Ahora le voy a contar todo al 'Negro' y te va a pasar con un camión por encima." Con los ojos inyectados en sangre y casi a los gritos, Marta Rodríguez Mc Cormack le espetó esta terrible amenaza a su marido, el empresario Fernando Branca.

El "Negro" de la película no era otro que el almirante Emilio Eduardo Massera, en ese momento dueño y señor de la vida de millones de argentinos.

La terrible promesa nunca se cumplió en forma de camión, pero sí como un paseo poco placentero por el río, del cual el hombre de negocios nunca regresó.

De esta manera se inició una relación sentimental, policial y casi farandulera que mantuvo en vilo durante bastante tiempo a toda la opinión pública.

El almirante Massera siempre fue señalado como un hombre elegante y de buena fortuna con las mujeres. Más de una vez se lo sindicaba como protagonista de famosos y ardientes romances. Aún hoy se comenta la tierna amistad que lo habría unido en algún momento con la bella Graciela Alfano, por aquel entonces una de las actrices más buscadas por los hombres. Las malas lenguas aseguraban que la apetitosa mujer visitaba con asiduidad las oficinas que el marino tenía en la avenida Callao.

Otra de las mujeres que habrían caído bajo el hechizo del militar fue la desaparecida escritora Marta Lynch. Aunque su relación no superó los esporádicos encuentros en los despachos oficiales y en las famosas oficinas de Callao, la novelista se habría tomado muy en serio esa relación. A tal punto la mujer de letras estaba prendada del magnetismo del marinero que casi a diario le enviaba, por intermedio de un amigo en común, fogosas cartas de amor que el almirante al principio leía con inocultable orgullo masculino, pero que luego casi se transformaron en un letal bumerán. Una vez Lily, la esposa de Massera, descubrió esas arrebatadoras misivas. Parece que hasta hoy, las excusas del hombre de mar no terminaron de convencer a su celosa mujer.

Pero la relación del integrante de la tristemente célebre Junta Militar con la farándula fue más que importante, sobre todo teniendo en cuenta las veleidades presidenciales del marino. El sabía que una de las maneras de encontrar la esquiva popularidad era manteniendo cálidas relaciones con los artistas.

Fue así que un día le pidió a un conocido productor televisivo, hoy devenido en menemista a rabiar, que enviara a su *troupe* artística a la Escuela de Mecánica de la Armada, para que alegraran a los soldados. Hacia allí fueron Rolo Puente, Noemí Alan y Adriana Brodsky, quienes no se negaron a sacarse una simpática fotografía con el capitán Jorge "Tigre" Acosta, uno de los represores de ese campo de concentración.

En los finales de la dictadura, esa toma fotográfica fue usada en la tapa de la revista *La Semana* y allí se podía observar al famoso trío en graciosas muecas. Incluso la potente "Tana" Alan se calzó el gorro del marino con indisimulable sensualidad. Por ese pequeño detalle, el capitán Acosta fue sumariado por sus pares.

Pero la amistad más famosa, y la que finalmente fue el detonante para enjuiciar al famoso almirante, fue aquella que lo unió a la bella Marta Mc Cormack. Dicen que ambos se conocieron en las postrimerías del gobierno de Isabel Perón, y que la dama había quedado deslumbrada ante la galantería del marinero. Conocedor de esta relación, Fernando Branca, años después, le pidió a Martha —como se la conocía en el *jet set* porteño— que intercediera ante su nuevo amigo para desbloquear una suma cercana a los dos millones de dólares, depositada en el Banco Central.

La dama accedió y el dinero llegó a manos del hombre de negocios. Ese favor, por supuesto, se debería pagar con otro no tan material. Por eso el propio Branca ni siquiera chistaba cuando llegaba a su casa de Libertador y Ocampo y se encontraba con los guadaespaldas de Massera. Canchero, el hombre se iba a dar una vuelta y esperaba que el marino terminara sus visitas "protocolares" y cobrara sus intereses por la generosa transacción comercial.

Por aquella época, al malogrado Fernando Branca también se lo relacionaba con una bella modelo llamada Cristina Duriel, quien luego abandonó la pasarela para dedicarse a una *boutique* sobre la Avenida Santa Fe. Algunos especularon que esta supuesta amistad habría servido como disparador y coartada para la continuidad del clandestino romance de su esposa legal.

Meses después, el comerciante tuvo la malhadada idea de estafar al almirante con unos terrenos, detalle que sirvió para que Martha acuñara aquella famosa frase del camión.

Pese a que ahora la patricia dama niegue su relación con Massera, al entonces juez Oscar Salvi le sorprendieron las declaraciones que efectuó la señora luego del sexto día de incomunicación en tribunales.

En un momento de tensión, la atractiva mujer miró a los ojos del magistrado y con resignación habló de sus escarceos amorosos con el militar.

"Se imagina usted lo feo que es simular un orgasmo o por lo menos algo de placer con alguien que tiene fama de supermacho. Era un verdadero suplicio", dijo Martita ante la sorprendida mirada del juez y su secretario, quien no dejaba de escribir a máquina estas explosivas declaraciones.

Otra de las sorpresas que le aguardaban a Salvi era la tímida presencia de una persona que llegó al Palacio de Justicia para interesarse por la situación jurídica de la Mc Cormack. El desconocido caballero llegó al quinto día de encarcelada la señora y se presentó como un amigo de la familia. Enfundado en un raído sobretodo de pelo de camello y con un fino par de anteojos, el hombre interrogó al magistrado sobre la necesidad de ponerle un abogado a la procesada.

"Creo que no hace falta, ya que hay muy buenos en tribunales, que trabajan de oficio y sin cobrar un peso. Ahora, si usted quiere contratar uno...", contestó Oscar Salvi, tratando de adivinar a quién pertenecía ese rostro.

"¿Está totalmente seguro de que no hace falta contratar un abogado? Porque de ser así yo me tendría que hacer cargo de los honorarios. Soy su mejor amigo", insistió el enigmático personaje.

Cuando el juez le volvió a repetir que los letrados actuantes eran de primera, y además gratuitos, el hombre se despidió con un gesto de alivio y nunca más se lo volvió a ver por el juzgado.

Años después, observando sin mayor atención las fotos del nuevo novio de Susana Giménez, el ex juez Salvi no pudo evitar un grito. Ese que aparecía en todas las revistas no era otro que Huberto Roviralta, el mismo que un día fue a visitarlo a su despacho para preguntarle por el futuro de Marta Mc Cormack. Además de su sobretodo de pelo de camello, el leguleyo recordó la cara de alegría del polista cuando le dijeron que no había que gastar un peso en la defensa.

En ese entonces, el famoso deportista mantenía un noviazgo con la ex de Branca, y lejos de él estaba soñar con convertirse un día en el marido de otra mujer famosa y algo menos conflictiva.

¡Vueltas de la vida!

* * *

EMPLEADOS EN NEGRO

Los cambios de carril en materia amorosa no son propiedad exclusiva de los artistas regionales. También en el ámbito de la política, algunos personajes famosos se pasan de brazos sin solución de continuidad.

En la cancillería, por ejemplo, se comentan las correrías de un veterano embajador de carrera que tendría cierta preferencia por sus compañeros de fauna sexual. Sus amigos aseguran que habría adquirido ese gusto durante su paso por algunas embajadas europeas y que lo habría perfeccionado en su último destino africano.

Precisamente de ese confín del mundo, el elegante Don Miguel de Molina —así lo llaman en la intimidad del Ministerio de Relaciones Exteriores, en homenaje al sensible cantante español— se habría traído dos jóvenes negros. Los amigos del especialista en relaciones internacionales, de acuerdo a lo que contaban sus compañeros de oficina, eran de la sociedad más culta de Africa y se convirtieron en laderos inseparables del argentino, a tal punto que habría decidido traerlos a su tierra para que conocieran las bondades del asado con cuero. El tan mentado trío, cuentan, en varias ocasiones se habría hecho presente en la coqueta discoteca "El Cielo", de la Costanera, para bailar al compás de la música *disco*. Los morochazos, por supuesto, se lucieron con sus contoneos y más de una niña se volvió loca pensando que podrían revivir alguna de las fantásticas luchas cuerpo a cuerpo de la historia de Shaka Zulu. Sin embargo, los negrazos nunca se separaron de su anfitrión, a tal punto que cuando el veterano caballero decidía ir al baño, sus amigos lo acompañaban como una especie de escolta.

Todo para lograr unas excelentes relaciones con el continente negro.

Sacrificios de un trabajo insalubre.

* * *

HABLANDO DE MUÑECAS

Otro que también intenta combatir lo poco salubre de su trabajo político es un famoso senador provincial. El caballero, emparentado estrechamente con el gobernador de su provincia natal, habría decidido francamente dejar su vida sexual anterior para volcarse de lleno a nuevas experiencias. Y como su antecesor en este relato, también un negro, pero esta vez de origen norteamericano, habría sido el elegido.

Las malas lenguas, en el Palacio Legislativo, afirman que el integrante de la Honorable Cámara de Senadores habría caído deslumbrado ante el excelente juego de un notable basquetbolista, importado desde el Norte para que jugara, precisamente, en el club provincial preferido por el legislador. Es más, fue el propio político quien desde la nada creó un *team* basquetbolístico que durante algunas temporadas se convirtió en la *vedette* de la Liga Nacional, no sólo por su *performance* sino también por las millonarias contrataciones que hicieron temblar el mercado deportivo nacional.

Pero lo que realmente hizo temblar las siestas de la provincia cuyana fueron los rumores que se comenzaron a escuchar una vez que el senador se separó de su esposa. Las comadronas, que de algo tienen que hablar al ir al mercado, se hicieron eco de una versión que aseguraba que el verdadero motivo del divorcio del político había que buscarlo por el lado del importado jugador de básquet. Los más audaces llegaron a decir que los tortolitos se habrían ido a vivir juntos. El rumor, por supuesto, llegó rápidamente a Buenos Aires y de allí que varios compañeros de bancada entendieran ciertos cambios de actitudes del atildado senador.

El único que no se habría preocupado por el cambio de camiseta del caballero habría sido su hermano, también político, quien conoce de cerca los escándalos de índole sexual. Como que él casi pierde su importante puesto provincial por algunas incursiones en los albergues transitorios de la zona.

Los que seguramente no salen de su asombro son sus amigos más íntimos, ya que el legislador durante años fue reconocido por sus conquistas femeninas. Más de un memorioso recuerda su relación más que amistosa con Martita Mc Cormack, la de renglones más arriba. Siempre mujeres pero...

"Cambia, todo cambia..."

* * *

SHEIK

Mucho le tendría que agradecer Monzer Al Kassar a nuestro bendito país. Primero, el pasaporte nacional que durante un tiempo bastante prolongado usó para eludir casi todas las fronteras. Pero sobre todo, por la muy buena compañía femenina que consiguió en estos pagos, para ahogar un poco todos los inconvenientes legales que afrontó desde que se lo involucrara en el famoso "Yomagate".

El poderoso hombre de descendencia siria estuvo en nuestra tierra a fines de julio de 1995, para resolver temas relacionados con la remanida causa por supuesto tráfico de drogas y armas. En casi todas las jornadas fue acompañado por su abogado, el doctor Ernesto Díaz Bastien. Pero a la noche, su compañía era de sexo femenino.

La beldad que estuvo junto a él durante su corta estadía fue Sandra Vidal, conocida en el ambiente por trabajar junto a Ante Garmaz y también por oficiar de secretaria de Gerardo Sofovich en su ciclo "La Noche del Domingo". Juntos se los pudo ver, por ejemplo, un sábado a la noche en la exclusiva disco "El Cielo", de la Costanera. Junto a Al Kassar, su abogado y su compañera, también se pudo divisar a otra de las empleadas del croata Garmaz. Se rieron, bebieron agua mineral y cerveza y juntos se fueron cuando la noche se hacía día, rumbo a un departamento en el barrio de Belgrano, que el sirio ocupó durante su estadía argentina.

Algunos vaporosos integrantes del mundo de las modelos afirmaron que, en realidad, el contacto entre Monzer y la bella Sandra Vidal se habría realizado meses antes, por intermedio de un familiar cercano del hombre más acusado de los últimos tiempos. Los correveidile de turno van más allá y aseguran, muy sueltos de cuerpo, que el oneroso auto blanco de marca japonesa que maneja habitualmente la modelo habría llegado de la mano y la billetera del generoso empresario.

En realidad, la historia se remonta al año 1989, cuando la hoy colaboradora del inefable Garmaz había ganado el cetro de *Miss* Punta del Este, y entre los premios se encontraba un viaje a España. Allí, en la ciudad de Marbella, la modelo se enamoró perdidamente de un muchacho de aspecto moruno llamado Yamal. El Don Juan de marras era, ni más ni menos, que el primo del ahora famoso Monzer Al Kassar.

Las primeras salidas sólo fueron amistosas, ya que los casi quince años de diferencia entre ambos eran una valla insalvable. La relación siguió de manera telefónica, hasta que el árabe viajó a Chile por cuestiones de negocios y le pidió a su amiga argentina, que estaba en Mendoza, que se trasladara hasta el país trasandino. La profesional de la pasarela subió a su auto e intentó pasar la cordillera, pero los carabineros la detuvieron por su minoría de edad. Yamal, con buenos contactos con la policía —recordar su parentesco—, arregló todo en cuestión de minutos.

Después de este accidentado encuentro, Sandra Vidal fue invitada por su novio al fastuoso palacio que éste ocupaba junto a Al Kassar, el mismo que alguna vez visitaran Amira Yoma y la distraída Elsa Serrano. Cada vez que la modelo viaja a la ciudad española se hospeda en ese lugar y siempre tiene una *suite* a su disposición.

Es tanta la amistad que une a la rosarina con la familia del controvertido personaje, que fue ella misma la anfitriona de Monzer en su último viaje a la Argentina, y la encargada de comprarle docenas de zapatos, en la empresa Ricky Sarkany, a su esposa Raghada.

Además de ese potente automóvil importado, todos los meses la modelo recibe alguna onerosa joya y un cheque para pagar sus gastos, sobre todo, la cuenta del teléfono celular. El mismo, tal vez, que usó para comunicarse con Al Kassar y contarle las repercusiones que tuvo su última visita a estas tierras.

Mientras tanto, su novio Yamil sigue trabajando con su primo en una eufemística empresa para la defensa de distintos gobiernos del mundo. Lo único lamentable de todo esto es que esa firma no puede poner un avisito en "El mundo de Ante Garmaz".

Sería difícil imaginar al locutor resaltando, con su incomparable voz, las bondades de una Uzi o una bomba de pequeñas dimensiones para la cartera de la dama.

* * *

ABUELITO, ¿QUE HORA ES?

A mediados de agosto del '95, la policía descubrió y desbarató un grupo de gitanos que se dedicaba a robar valiosas joyas en casas de familia, preferentemente ubicadas en el coqueto Barrio Norte. Los ladrones ingresaban a los domicilios asegurando que en él se había instalado la "mala onda". Para sacarla, le pedían a las empleadas domésticas todos los objetos de valor y el dinero, porque esos eran los vehículos de la pretendida mufa. Por supuesto que nunca más los devolvían.

Entre los damnificados se encontraron algunas figuras conocidas, como la periodista Lía Salgado —conductora del ciclo de América 2, "Sin Vueltas"—, la diseñadora de ropa Leticia Carosella y la abundante Noemí Alan. En este último caso, se dio un detalle que muy pocos conocieron, pero que habla de un pasado no muy lejano de la popular "Tana".

Cuando los oficiales de policía le pidieron a la actriz que

detallara todos los elementos que faltaban entre sus pertenencias, la ex *vedette* hizo una revisión general y puso especial empeño en la recuperación de un costoso reloj pulsera.

"Más que el valor económico que pueda tener, me interesa volver a encontrarme con él por el afecto que le tengo", afirmó Noemí como implorando ante los uniformados.

Creyendo que se trataba de alguna herencia familiar, los investigadores exigieron algún detalle más al respecto y lo único que consiguieron fue que les describiera que en el frente del reloj se podía ver el rostro de Eva Perón.

"Hay muy pocos en el país y me lo regaló una persona importante", agregó la artista con cierto aire enigmático.

Por desgracia los agentes del orden no intentaron insistir, porque sino podrían haber descubierto que ese regalo fue hecho hace algunos años atrás por el mismísimo Carlos Menem, cuando aún no era presidente y todavía levantaba las banderas más puras del peronismo.

Por aquellos tiempos, el riojano gobernaba con ciertas dificultades su provincia y se autogratificaba semanalmente con alguna de sus buenas relaciones con la farándula local. Entre ellas la propia Noemí Alan, quien se hizo merecedora de esa pieza única, reservada para la gente muy ligada al hoy encumbrado político.

Una verdadera muestra de cariño y afecto que hoy debe reposar en alguna casa de empeño.

* * *

LA "BEBOTA" Y EL AGENTE SECRETO

Ella era una de las mujeres más deseadas por los argentinos. Más de uno, cuando la bella aseguraba en su ya famoso *sketch* con el "manosanta" Alberto Olmedo "nadie me quiere", se vio tentado a tirarse de cabeza sobre el televisor al grito de: "¡Yo te amo!".

Su cola, desde su aparición en una censurada publicidad de un televisor, se convirtió en materia de culto masculino.

El, en cambio, tenía un perfil más bajo, aunque su influencia en el gobierno era notoria debido a la seducción que había ejercido sobre el presidente. Algunos recuerdan cuando, en plena campaña, el canoso caballero recitaba al oído del todavía candidato los discursos de John Kennedy.

Sus enemigos, en cambio, le recriminaban el haberse subido al carro del menemismo casi al final. Y algo de cierto hubo, como que fue Juan Carlos Rousselot quien lo invitó a subirse al ya mítico Menemóvil, compadecido tal vez de verlos siempre corriendo a su lado, en busca de una nota para el diario *Ambito Financiero.* Pero hablemos del amor...

No se conocían. El, seguramente, sólo gracias a la pantalla chica. Ella, ni noticias de él, sobre todo porque el matutino económico no estaría entre sus lecturas de cabecera. Pero el destino un día los quiso unir, y así se transformaron en una feliz pareja. El símbolo más acabado de la unión entre farándula y política.

No hay demasiados datos de aquel primer día, el del flechazo. El romance salió a la luz cuando ambos decidieron conceder una entrevista a la revista *Gente*, con tapa incluida. Esto fue algo que sus adversarios internos nunca le perdonaron, sobre todo teniendo en cuenta que su imagen tenía que ser secreta. El era, ni más ni menos, que el jefe de Inteligencia del Estado. Nadie recordaba un antecedente similar en la CIA o Scotland Yard. Claro que en nuestro país, todo es posible.

Aquellos que aseguran manejar buena información, juran que todo habría nacido durante una cena del 29, con ñoquis incluidos, en la casa de Julio Ramos, director de *Ambito Financiero* y jefe durante mucho tiempo de Juan Bautista Yofre. A partir de ese mágico momento, ella y él se harían inseparables.

A él no le importó, por ejemplo, que Adrianita se hubiera relacionado poco antes con el mejor jugador del fútbol argentino. Incluso que el deportista, en su conocido rol de caballero, supuestamente se haya hecho cargo de alguno de sus gastos. Nada interesaba donde el amor había nacido. Aunque los malvados de siempre sospechen que la tormentosa caída del ídolo deportivo, una aciaga tarde en Caballito, no sería ajena a ciertos manejos del ex periodista. Los celos, dicen éstos, juegan malas pasadas a los más pintados.

Al principio sólo salían de noche, para evitar miradas indiscretas o molestos fotógrafos. Ambos disfrutaban de largos paseos por Palermo, San Isidro y Avenida del Libertador, a bordo del Chevrolet Bel Air, modelo 56, que como una reliquia guardaba el jefe de los servicios de Inteligencia.

Pero alguno de sus subordinados también trabajaba para el presidente. Eso se desprende del día en que el "Tata" decidió contarle a su amigo la bella relación que lo unía con Adriana Brodsky. Antes que el hombre que lo había acercado a Bunge y Born le contara todas las intimidades de su noviazgo, el "presi" ya había leído con atención una carpeta que lucía en su portada la palabra "Súper confidencial".

Allí, en pocas hojas, se narraba cómo la pareja había cenado con discreción en el restaurante Harpers y se había endulzado con un café en el exclusivo Jockey Club —patricia institución que cuenta a Yofre entre sus exclusivos socios—; luego unas copas y algunos pasos de baile en Trumps, un último café en Lepanto y después, sí, el aterrizaje en el departamento del "Tata", en Avenida del Libertador. Allí, el elegante funcionario sirvió una cerveza que sacó de la heladera de su cocina, decorada en roble con vidrios ingleses tipo *vitraux*. Para darle clima a la reunión, eligió un disco entre los casi cinco mil de su colección, la mayoría de rock y música *country*. Como para ponerle un broche de oro al encuentro, él puso en las manos de la "Bebota" un perfume Phanter, que era su debilidad. Lo demás no figuraba en el informe, pero el Jefe se lo imaginaba casi con lujos de detalles.

El presidente conocía a la perfección el buen gusto de su colaborador, a tal punto que recordó aquel viaje a París, cuando estaba buscando apoyos internacionales para su candidatura, y el "Tata" le prohibió que se pusiera un traje de seda blanco. Aunque el riojano insistió en que había usado uno parecido en una de las asunciones de la gobernación de su provincia, el ex periodista le explicó que París no era Anillaco. Recién allí, el presidenciable entendió.

Por eso no se sorprendió cuando su ocasional ex asesor de indumentaria, emocionado, le contó de su amor por la infartante actriz. El político, sabio como pocos, bendijo la relación, asegurándole que él era un hombre libre y podía hacer lo que quisiera.

Entonces sí, con la aprobación del Jefe, el "Tata" y Adriana decidieron casarse. Ella, seguramente, no lo podría creer, sobre todo después de la problemática relación con su ex, llamado Alejandro Escurra, cuya separación se habría producido entre algunos golpes y agresiones. Esta vez la felicidad había llegado.

Dos meses después, Carlos Menem anunció la reestructuración de la SIDE, con el alejamiento de su cargo de Juan Bautista Yofre. Este, de inmediato, fue nombrado embajador en Panamá y hacia allí se dirigió con su esposa.

Después vinieron los hijos, el abandono de la carrera artística de ella y su ingreso al *jet set* local. Aunque nunca se olvidan de sus orígenes, para eso lo tienen a Pappo que les recuerda de dónde vinieron. Por fin a la farándula y la política les era dado mostrar, sin vergüenza, que el amor los podía unir a la luz del día.

* * *

UNA POLITICA AL DESNUDO

—¡Te volviste loca! ¿Qué estás haciendo? —fue la pregunta entre gritos de Susana Giménez, quien recién llegaba de las pistas de esquí en el complejo Las Leñas.

—Quedáte tranquila, es solamente una fotito para la revista *Noticias*. Estoy cansada de las mismas poses y me parece que ésta es bastante divertida —aseguró casi inocentemente María Julia Alsogaray, mientras el fotógrafo no dejaba de retratarla sobre la nieve y al mejor estilo Marilyn.

Graciela Borges, la otra famosa que había viajado hasta ese paraje turístico mendocino, se limitó a guardar silencio.

De esta manera comenzaba a gestarse uno de los pasajes más escandalosos en la gestión menemista, a partir de esa famosa tapa de revista que mostraba a la ingeniera tapando apenas su desnudez con un impresionante tapado de piel.

Todo comenzó cuando Osvaldo Dubini, un reconocido fotógrafo del medio, decidió convencer a la interventora de las bondades de cambiar su imagen y, sobre todo, de mostrar sin vergüenza sus atributos físicos. Por ese entonces todo el mundo hablaba de sus bien torneadas piernas, las que día a día le iban ganando terreno a su ya muy cortas y famosas minifaldas.

Al principio, la dirigente no quiso incursionar mucho en una producción de rasgos eróticos, aceptando solamente algunos retratos en la pileta del hotel Piscis. Lo que no tuvieron en cuenta fue que la piscina, en ese momento, estaba desagotada para su lavado total. Aprovechando esta situación, y su labia para convencer a las figuras, Dubini le sugirió recrear una vieja foto de Marilyn Monroe, donde se la mostraba nada más que con un tapado de piel.

María Julia dudó de la conveniencia de aceptar el convite, pero como sus dos famosas amigas no estaban en el lugar para aconsejarla, decidió recurrir a su instinto. Y aceptó el desafío.

Con un último resto de dudas le preguntó a su *coiffeur,* Oscar Colombo, si era correcta la decisión. El profesional, como toda respuesta, se dedicó a arreglar su cabello con un improvisado tocado, hecho con una vincha de visón y algunos collares prestados por la Borges. El tapado, un magnífico zorro gris, fue aportado por Susana Giménez, aunque ésta desconocía hasta ese momento el fin que iba a tener su piel de animal muerto.

Con innegable seducción, el *paparazzi* logró que la Alsogaray se entregara mansamente a la tarea de convertirse, por unos minutos, en una verdadera *sex symbol.* Aunque otros, con cierta maldad, aseguraron luego que más bien se parecía a esas chicas de almanaque de taller mecánico.

Lo cierto es que, minutos después, la tarea estaba cumplida y el escándalo comenzaba a tomar forma. La política, hasta ese momento, pensaba que su gracia no iba a provocar ninguna reacción desfavorable. Eso hasta que llegaron sus famosas amigas y le hicieron ver lo desacertado de su decisión. De inmediato, la hija de don Alvaro decidió parar todo, de cualquier manera y a cualquier precio, y entró en consejo de guerra.

Lo primero que se les ocurrió fue intentar convencer de buena manera a los periodistas para que no enviaran la nota y los retratos. Después, a sabiendas de que el material era explosivo, se dedicaron a juntar casi cinco mil dólares para convencer al fotógrafo de hacer desaparecer los rollos y rehacer la producción.

Cuando lograron dar con el profesional de la lente para entregarle esa suma el caballero se disculpó y les comunicó que las fotos y la entrevista ya habían salido de urgencia a Buenos Aires. Era el principio del fin, y todos comenzaron a buscar chivos expiatorios.

Un asesor de María Julia, por ejemplo, llegó a asegurar que las fotos llegaron con tanta rapidez a la Capital Federal gracias a la intervención del senador Eduardo Menem, quien en esos momentos se encontraba descansando también en Las Leñas. La mente afiebrada de ese caballero fue más allá y dijo que los periodistas, al contar la novedad, motorizaron ciertas disputas internas que estarían viviendo en esos momentos la interventora y el hermano del presidente. De allí la supuesta "desinteresada" ayuda de éste para trasladar el material.

Incluso, cuando la interventora se comunicó urgentemente con su gran amigo Miguel Angel Vicco para pedirle ayuda, éste se habría limitado a decirle: "Qué cagada te mandaste. Veníte ya para Buenos Aires. Si hace falta alquiláte un avión y vemos qué podemos hacer".

Por supuesto que nada pudieron hacer, ya que los directivos de la editorial Perfil, por esas horas, se convirtieron en una suerte de desaparecidos para los funcionarios gubernamentales, que intentaban comunicarse con ellos y evitar el bochorno.

Ese domingo, todos los kioscos fueron inundados con la tapa de María Julia, sonriendo desde su sensual desnudez apenas tapada por esa piel de zorro. Hasta el presidente tuvo que asegurar, al otro día, que se había comido un lindo garrón.

La funcionaria, a todo esto, intentó explicar lo inexplicable en todos los medios. Su amiga Susana Giménez, en un acto desesperado para tapar la crítica, la invitó a su ciclo para que diera su versión. Allí María Julia aseguró que esa foto "va a estar en la cabecera de mi cama para recordar que eso me pasa por no usar el cerebro". A confesión de partes...

Por esos aciagos días, un amigo de años de la interventora dijo no estar sorprendido por su actitud. "No nos olvidemos que ella fue la protagonista de aquel famoso *topless* en el barco de Mario Falak, en Punta del Este."

A lo que se refería este señor era a aquella calurosa tarde de febrero, cuando el dueño del hotel Alvear invitó a la funcionaria, a Susana Giménez, a Graciela Borges y también a

Miguel Angel Vicco y su esposa a disfrutar un paseo en su yate "Concord". Mientras el día iba tomando color y las botellas de champagne se iban terminando, las dos actrices decidieron disfrutar del sol, ofrendando sus generosas delanteras a Febo. Una de ellas, en tono desafiante, le preguntó a la ingeniera si no se animaba a seguirles los pasos. Ni corta ni perezosa, ella se quitó el sostén y se acostó junto a sus dos faranduleras amigas.

De todos modos, en sus juveniles años, Marijú ya había experimentado la sensación de tostarse en una semidesnudez. Lo que nunca hizo fue mostrar sus intimidades a gente tan famosa.

Quien habría sacado provecho de esta situación habría sido Marta, la esposa de Vicco, quien desde su cámara de fotos *pocket* retrató ese histórico momento. Algunos aseguran que con esos negativas la dama habría logrado evitar los ya sonados rumores de la más que tierna amistad entre su esposo y la telefónica dama.

Los únicos que no se sobresaltaron por estas actitudes de diva de la política habrán sido, seguramente, algunos de sus empleados en la Secretaría de Medio Ambiente, que ella encabeza. Algunos infidentes cuentan, un poco en gracia y un poco con preocupación, que para sus cumpleaños la ingeniera arma una especie de besamanos, para que todos aquellos que trabajan allí le puedan demostrar cuánto la quieren, en una actitud típica de la Edad Media.

Otros prefieren recordar aquel aciago día en que un par de patrulleros cortaron la calle donde se encuentra ubicada la repartición pública, y tras ellos llegó un enigmático auto con sus vidrios polarizados. Muchos pensaron que allí venía algún funcionario importante o una figura del prestigioso *jet set* nacional. En cambio, cuando la puerta se abrió, del interior del vehículo, muy orondo, bajó un perro de gran porte. El can en cuestión era la mascota de la interventora. Parece que ese día la dama lo extrañaba y por eso lo habría mandado traer.

Nada opaca el fulgurante camino de una elegida.

* * *

ESTA BOCA ES MIA

"Yo vuelvo locos a todos los hombres."

CECILIA DOPAZO, *Noticias*.

"La felicidad, en este mundo de paso, depende de las afecciones que podamos inspirar."

KATHERINE MANSFIELD.

* * *

"Con Evita tenemos de parecido el amor por los humildes."

AMALIA L. DE FORTABAT, *Noticias*.

"Pocos, salvo los pobres, sienten por los pobres."

ROSA LUXEMBURGO.

* * *

"La verdad, ser intendente es un sueño. Tal vez lejano... Pero no lo descarto."

J. A. MATEYKO, *Teleclic*.

"Amo las limitaciones, porque son la causa de la inspiración."

SUSAN SONTAG.

* * *

"Nunca fui una loca de la noche."

ADRIANA BRODSKY, *Caras*.

"Con tal que la mujer venga con buenas costumbres, bien dotada viene."

PLAUTO.

AHORA VUELVO

El líder político argentino y la bella artista brasileña se retrataron juntos por primera vez durante un agasajo que le hicieron a la dama en el Palacio Sans Souci, en la localidad de San Isidro. Esa es, por lo menos, la versión oficial contada desde ese día, y que marca el reconocido origen de una excelente amistad entre ambos.

Sin embargo, en los corrillos faranduleros y periodísticos, otra es la historia que se cuenta. Muchos dicen, en voz muy baja, que en realidad el encuentro cumbre se habría producido horas antes y en ese mismo lugar.

Testigos presenciales sostienen que a media tarde hizo su ingreso al edificio del exclusivo barrio de la zona Norte el dirigente de primer nivel, en su auto oficial y en compañía de uno de sus famosos secretarios.

La rubia cantante y animadora infantil estaba en ese lugar ultimando los detalles de ese evento, que marcaba su entrada triunfal al mercado argentino. Cuando le avisaron quién estaba, con su inalterable sonrisa a cuestas, no tuvo ningún inconveniente en recibir a su importante amigo en una de las *suites* privadas del lugar. El tenor de la charla es totalmente desconocido, aunque la imaginación de los empleados que se encontraban en ese momento voló con rumbos totalmente desconocidos.

Lo cierto es que el importante político se habría retirado minutos después para regresar, puntualmente, a la hora en que estaban invitados todos los demás personajes del *jet set* de cabotaje.

El que seguramente nunca se enteró de ese desliz de la brasileña fue Marcelito Tinelli, quien le envió un importante ramo de flores para demostrarle toda su admiración. El arreglo floral, durante la velada, estuvo en la recepción del palacio y a la vista de todos los invitados. El otro contendiente fue más vivo y más rápido. Lástima que esta vez no dijo: "¡Síganme!".

* * *

DE LA PANTALLA AL PODER

Muchas veces la fama que brinda el ráting seduce mortalmente a los políticos clásicos que, desde hace tiempo, buscan con desesperación gente a la hora de votar. Cada punto equivale casi a 100 mil personas. Es decir que un programa con un promedio de 12 puntos de audiencia equivale, ni más ni menos, que a 1.200.000 potenciales votantes. Algo así como veinte estadios de River completos en su capacidad, algo que ningún dirigente puede lograr en la actualidad. Lo más cercano fueron aquellos cierres de campañas multitudinarios del peronismo y el radicalismo en el Obelisco en el año 1983, cuando la gente vivía con alegría el retorno a la democracia. Después, como todo en esta vida, el encanto se fue perdiendo y los políticos decidieron volcarse de lleno a los medios de comunicación electrónicos. La estética de la imagen le había ganado definitivamente a la ética.

Históricamente, los llamados "punteros" eran los que aseguraban a los candidatos puntuales votos en las distintas parroquias o circunscripciones electorales. Hoy, el artista, el deportista o el cantante son los que garantizan, con su popularidad, un importante caudal de sufragios, los necesarios para llegar, al menos, a una porción del poder. Una carrera política bien puede gestarse desde una pasarela o desde el Conservatorio Nacional.

Sin dudas el menemismo, creador de este rentable matrimonio entre política y farándula, fue quien mejor provecho sacó de él y quien dio el puntapié inicial para que figuras populares llegaran a importantes puestos en el gobierno.

Cuando Carlos Menem lanzó la candidatura de Palito Ortega a la gobernación de Tucumán, en 1991, más de uno sonrió con sorna y pensó en otra excentricidad del riojano. Pero el cantante no sólo venció al general Antonio Bussi, sino que también se convirtió en el primer caso testigo para toda la dirigencia política. La única que creyó fervientemente en sus condiciones políticas fue, como más adelante veremos, Amalita Fortabat, quien desde un principio apoyó económica y moralmente al creador de "La Felicidad".

Quien se atrevió a acompañar en esta patriada al tucumano, fue el ex corredor de autos Carlos Reutemann, famoso por salir segundo en todas las carreras importantes de Fórmula Uno, incluida aquella en que se quedó sin combustible a metros de la llegada.

Pero esta vez, con el apoyo del aparato santafesino y de su imagen de hombre pulcro y honesto, el deportista se alzó con la gobernación, superando a Horacio Uzandizaga, un clásico en la provincia.

La *famocracia* daba sus primeros pasos.

El éxito es el pasaporte ideal para llegar a la cima del poder. De allí que personajes tan diversos como Marcelo Tinelli, Mirtha Legrand, Mariano Grondona o Marcelo "Teto" Medina, fueran tentados para ocupar algún cargo público.

Al conductor de "Videomatch", por ejemplo, varias agrupaciones peronistas le ofertaron presentarse como candidato a diputado en las últimas elecciones. Cuando el hábil animador y empresario averiguó la procedencia de esa oferta, se enteró de que provenían de un desconocido sector conservador del peronismo bonaerense.

Con el responsable de "Hora Clave", en cambio, la cosa pareció mucho más avanzada y concreta. Incluso, *Ambito Financiero* confirmó que el ex compañero de Bernardo Neustadt encabezaría una lista de diputados por la UCeDé. Al principio el doctor Grondona dudó sobre si debía o no aceptar, pero sus amigos le hicieron ver lo inconveniente de asumir su papel de opositor al gobierno de manera tan abierta. Cortésmente el abogado desechó la posibilidad.

A Mirtha, en cambio, distintos sectores políticos tratan desde hace mucho tiempo de seducirla con la posibilidad de convertirse en intendente de la Ciudad de Buenos Aires. La actriz, por su parte, no se cansó de repetir sus ganas de dirigir los intereses de la Capital. El concejal Crespo Ocampo fue un poco más allá y llegó a ofrecerle oficialmente la posibilidad desde su partido liberal. Claro que el hombre lo habría hecho para ganar un poco de publicidad, o por lo menos así lo entendió la almorzadora dama que, de inmediato, lo descalificó públicamente. Dicen que la animadora esperaba la oferta formal desde el oficialismo, pero sus últimos encontronazos públicos con el presidente habrían alejado definitivamente esa posibilidad.

En el caso del ladero de Lucho Avilés, su obsesión por la fama y el poder lo lleva a intentar cualquier variante. Pasó por el canto, por la conducción televisiva y ahora intenta hacer sus pininos en el ámbito político. Su figura es bien conocida en la quinta de Olivos, donde su avidez estomacal da cuenta en minutos de las pizzas presidenciales. En la última campaña para senador, el muchacho acompañó incansablemente al candidato Erman González, asistiendo a todas las conferencias y cenas organizadas por su comité de campaña. El cholulo caballero sueña con convertirse algún día en intendente de Rosario del Tala, su pueblo natal. Y en este país tan generoso, no sorprendería que un día el "Teto" saliera al balcón de la intendencia para dar un discurso...

La lista de famosos con intenciones políticas es larguísima, y con nombres tan dispares como Carlos Torres Vila —intendente de San Miguel—, Elio Roca —gobernador de Chaco—, Juan Ramón —intendente de Campana—, Enzo Viena —intendente de San Miguel—, Fernando Siro —diputado nacional—, Silvia Fernández Barrios —diputada nacional—, Juan Carlos Mareco —diputado—, Leo Dan —gobernador de Santiago del Estero—, El Soldado Chamamé —gobernador del Chaco—, Ricky Maravilla —intendente de Salta—, César Luis Menotti —gobernador de Santa Fe—, Luis Brandoni —viceintendente porteño— y el ex jugador Rubén Glaria —intendente de José C. Paz.

Uno de los últimos famosos tentados desde el poder político fue Rodolfo Bebán, a quien tanto el Frente Grande como el radicalismo le ofrecieron la posibilidad de presentarse como candidato a intendente de Morón, para enfrentar a Juan Carlos Rousselot, otro histórico en la alianza farándula y política. Desde un ciclo chimentero de Canal 2, a mediados del 94, se realizó una compulsa general y el actor venció ampliamente al siempre sonriente locutor. De todas maneras, el artista declinó el ofrecimiento asegurando que no tenía vocación política y que esa oferta "era una burla a la gente".

Pero esta especie de travestismo público no es exclusividad de nuestro país. En Estados Unidos, por ejemplo, ningún candidato a presidente inicia una campaña sin tener a su lado alguna cara famosa de Hollywood. Allí, sin ir más lejos, un actor mediocre como Ronald Reagan logró llegar al más importante centro de poder del mundo.

Por estos lares, y por ahora, sólo accedieron a algunas gobernaciones, intendencias y diputaciones, pero tampoco sería extraño que en los próximos años un famoso rigiera los destinos de la nación.

Habrá que acostumbrarse a estas novedades, en un país insatisfecho política y socialmente, terreno fértil para el nacimiento de estos nuevos especímenes. La falta de dirigentes demanda una rápida renovación, y ya no hay candidatos clásicos, nacidos en familias tradicionales o surgidos de alguna universidad de peso. Ahora, para llegar, hay que ser un producto de los medios de comunicación. Si la política se convirtió en un espectáculo, donde algunas interpretaciones merecerían un Martín Fierro, la ecuación inversa es totalmente concebible.

Le gente —que por lo general corre delante de sus representantes— también ironiza con su voto dirigido a los artistas, como una desencantada manera de reprender a sus gobernantes.

En este trastocamiento de roles, ¿veremos a algún "rosquero" tradicional recitando a Shakespeare?

A quedarse tranquilos, mientras estar sobre un escenario o en un set de filmación no produzca "retornos" u otras formas de ganar dinero fácil, algunos políticos seguirán soñando con una gobernación o una simple banca en la Cámara de Diputados.

El trueno entre las sábanas

Ellos también lo hacen

Andy Warhol aseguró que a todos les iban a llegar sus cinco minutos de fama, sobre todo teniendo en cuenta el notable avance de los medios de comunicación, en especial la televisión.

En nuestro país, casi como en ningún otro, existe un culto por las estrellas que sorprende a más de un sociólogo. Muchos sueñan con convertirse en famosos de la noche a la mañana. Algunos lo intentan estudiando y trabajando, sin "transar" y con esfuerzo. Otros se proponen parecerse a lo que ven de sus ídolos a través de las revistas, los diarios o los programas de chimentos. Muchos, se limitan a ingresar por cualquier puerta, de cualquier manera; sin talento pero con muchas ambiciones. Esos, para desgracia nuestra y de Warhol, siempre consiguen más de los cinco minutos profetizados por el artista.

En una época donde la cultura del flash, *de lo efímero, es moneda corriente, la farándula logró un papel determinante en la sociedad. Todos quieren "llegar", aunque sea gracias a una perdida foto en alguna sección de ricos y famosos. Una buena tarea consiste en recorrer las ediciones de los últimos dos años de las revistas de actualidad. Muchas de esas caras, populares en aquellos años, hoy ni siquiera figuran en las fiestas del ambiente. Se queman rápido. Pasan, no quedan.*

La famocracia *—ese poder que detentan los famosos— se*

instaló entre los argentinos y encontró terreno fértil en su cholulismo histórico. La vida privada se convirtió en un buen producto para las revistas del jet set. *Hoy se puede entrar hasta el baño de la figurita de moda y, de su mano, pasear por su habitación y por la cucha del perro. A todos les interesan sus romances, nacimientos, peleas, contratos, éxitos, fracasos y cirugías plásticas. Detrás de una gran cerradura nos escondemos todos, a la espera de encontrar a nuestro admirado actor o actriz en "orsay". A veces ellos saben que están en posición adelantada y se quedan, porque ésa también es una manera de trepar. Los amores —o simples encuentros ocasionales— a veces sirven para ingresar al exclusivo mundo de la farándula, o como se llame este carnaval de la figuración.*

Como dice el viejo refrán: lo difícil no es llegar, sino mantenerse. Si no, que le pregunten a nuestros artistas, que ven con desesperación cómo la televisión, especialmente, se llena de adolescentes, con su acné todavía fresco, a la conquista del ráting y del éxito. Hoy, ser viejo no es negocio para los productores. El talento no es garantía para conseguir trabajo. Salvo en honrosas excepciones.

Por eso muchas estrellas se entregan mansas al nuevo dios farandulero: el bisturí. Ese instrumento, hoy por hoy, logra milagros en la cara y en el cuerpo de los famosos. Una costura más significa, ni más ni menos, que un contrato de trabajo. La supervivencia pasa, exactamente, por el quirófano del cirujano de moda, no por los atributos del artista. El culto del talento es suplantado por el culto del aspecto.

Claudicaciones, romances, adulterios, brujerías, sexo cambiado, fiestas espectaculares, regalos lujosos, cambio de parejas y mutaciones artificiales son parte de esta ensalada del mundo del espectáculo, showbiz *famélico que, ratificando a Enrique Santos Discépolo, tiene a la Biblia junto al calefón.*

Todos estos ingredientes, bajo una mirada casi amorosa, desfilarán a partir de las próximas páginas.

VARON, PA' QUERERTE BIEN

De Julio Bocca se pueden decir miles de cosas: que es el mejor bailarín, que popularizó un género siempre reservado a la alta sociedad, y hasta se puede llegar a jugar con su sexualidad, aunque su nacimiento en el duro barrio de Munro baste para desalentar cualquier sospecha. Sobre todo las de aquellos que, desde hace años, vienen hablando con ironía sobre la amistad que une al bailarín con el actor Víctor Laplace.

Lo que sí se puede asegurar del muchacho es que fue el único que logró concretar el sueño de todos los hombres argentinos: conocer a la mismísima Claudia Schiffer.

Cuando la bella e insulsa modelo tocó por primera vez suelo argentino, miles de gauchos comenzaron a desplegar su ratonil artillería, tendiente a conquistar a la dama más cotizada del mundo. Hasta el propio Bernardo Neustadt, en un reportaje televisivo, dejó al descubierto su lado seductor con la linda alemana. Pero el único que logró subyugar a la modelo fue nuestro bailarín estrella.

Pero, para ser sinceros, no fue el artista nacional quien avanzó sobre la presa extranjera, sino ella quien dio el puntapié inicial. Fue durante la visita de la Schiffer a la exposición Chagall, que por esos días se desarrollaba en Buenos Aires. Mientras recorría los pasillos, la *mannequin* pidió prestado un teléfono celular y marcó con presteza el número particular de Julito. Luego de los saludos de rigor, la damita lo invitó para esa noche a una recepción que le iban a brindar en la disco New York City, uno de los altares donde el *jet set* porteño adora a los dioses nocturnos. Mientras la charla telefónica se iba desarrollando, las tímidas sonrisas de la mujer dieron paso a sonoras carcajadas, que obligaron a sus acompañantes a pedirle un poco de silencio y recato. Dicen los que presenciaron esta escena, que la cara de la Schiffer se transformó en un segundo gracias a la magia de nuestro Bocca.

Esa noche, el eximio bailarín se puso una camisa blanca, un jean roto en sus rodillas y se dirigió al restaurante Marea, donde la modelo apuraba el postre de una cena muy aburrida. En autos separados, se dirigieron al boliche de la calle Alvarez Thomas. Allí una verdadera guardia pretoriana trató de impedir que los *paparazzi* registraran esa escena que, al verla publicada, haría que todos los argentinos pudiéramos sentirnos orgullosos.

En la pista de baile, Julito demostró que se siente más cómodo bailando el Cascanueces que el último tema de Michael Jackson, aunque a Claudia mucho no le importó desde su infartante conjunto negro, que masacró a los que estaban dentro de la disco. En el VIP, los tortolitos cuchichearon todo el tiempo y el bailarín, criado en el barrio, aprovechó la cercanía a que obliga la música alta para propinarle algunos besos en la orejita.

Cerca de las tres de la mañana, la alemana decidió que esa parte de la diversión se había terminado y pidió que la llevaran al hotel Alvear. Pero en lugar de irse en su Mercedes Benz, se subió a la camioneta de Julio Bocca. Eso sí, para despistar, ambos entraron por separado al albergue de la Recoleta, aunque luego se encontraron en la lujosa *suite* de la artista.

Cuando la noche dejó paso al día, un sonriente Julito se despedía de los empleados del hotel.

Nadie supo qué pasó exactamente durante esas horas de intimidad. Los más imaginativos aseguran que el argentino habría dejado bien parado el prestigio nacional. Otros prefieren afirmar que todo se diluyó en una charla formal.

Lo cierto es que, por una noche, hasta los más recalcitrantes hinchas de River gritaron con alegría un gol de Bocca...

* * *

TE ESCUCHO

Una de las fantasías más generalizadas entre la gente es que en la farándula se vive en clima de fiesta casi eterno y que algunas de sus integrantes femeninas se ganan el dinero con su cuerpo y no tanto con su talento. La mayoría de las veces el público se equivoca, pero otras...

Y si no que le pregunten a los productores de un conocido ciclo televisivo dominical, que en cada jornada recibían órdenes de ubicar en las primeras filas de la tribuna a jovencitas de belleza indisimulable y ciertos aires felinos. Las chicas no sólo se destacaban en ese lugar por sus encantos, sino porque desentonaban con una platea repleta de jubilados y conocidos extras televisivos.

Pero las sorpresas más grandes llegaban cuando promediaban los programas y uno de los teléfonos al que el público no tenía acceso no paraba de sonar. Allí llegaban los mensajes de poderosos caballeros que habían divisado entre las niñas a la mujer de sus sueños eróticos y llamaban para pedir turno o enterarse de las tarifas. Cuando terminaba la jornada laboral, las aspirantes a estrellas ni siquiera firmaban la planilla para luego cobrar su salario, sino que raudamente se dirigían a los domicilios que un generoso productor les acercaba pasada la medianoche. Mientras algunos se dedican a encontrar perritos perdidos por televisión, otros prefieren encontrar gatitos...

* * *

QUE LINDOS PIECITOS

Ella es una de las divas más importantes de la televisión criolla y la reina indiscutida del ráting. Además, es envidiada por las mujeres y apreciada por la fauna masculina. A eso hay que agregarle uno de los sueldos más importantes de la pantalla chica —500 mil dólares por mes— y varias propiedades en el país y en Miami. Sin embargo, la reina está triste, ¿qué tendrá la reina?

La respuesta es simple: una obsesión con sus tobillos poco femeninos. Como ningún cirujano pudo arreglar ese inconveniente de la madre naturaleza —y eso que visitó a varios en su vida— la blonda y telefónica dama decidió echar mano a los últimos adelantos técnicos.

Fue así que uno de sus serviles productores le susurró al oído que el canal de las pelotas ya contaba con un generador de efectos —llamado en la jerga televisiva DPM— que podía lograr el milagro de alargarle las piernas y afinar así sus tobillos. Luego de varias pruebas, la estrella dio el *okey* y hoy, cada vez que ella se levanta para recibir a sus invitados, el operador de esos efectos no se olvida de apretar el botoncito que se identifica con solo dos iniciales "S.G.".

* * *

¡OTRO QUE BENNY GOODMAN!

A partir de sus largas y promocionadas charlas con el pan tostado y la manteca, la actriz y a veces conductora se hizo más que famosa. Claro que, anteriormente, en el ambiente también se la reconocía por ciertas aptitudes amorosas, que la llevaron a ser bautizada por un periodista chimentero como "la clarinetista", y no precisamente por su parecido al genial Woody Allen. Cuentan los memoriosos que todo nació cuando, la todavía ascendente modelo, atrapó a un conocido actor de los llamados "serios" —alguna vez funcionario del gobierno radical— y comenzó a desplegar sus dotes con el instrumento. Lo que no tuvieron en cuenta los tortolitos fue que el camarín no tenía techo, y un indiscreto técnico de Canal 9 fue testigo del nacimiento de la leyenda.

Después se agregaron otros datos, como aquella vez que recorrió las calles de Miami junto a un productor argentino y, mientras él hablaba por teléfono con su novia en Buenos Aires, la escultural actriz se recostaba con intenciones *non sanctas* sobre sus piernas.

O aquella otra vez en que un conocido locutor y animador juvenil se topó en un camarín —uno de sus amados lugares— con la rubia dama, y también conoció sus dotes de improvisada música de viento. El muchacho, aún hoy, recuerda esa inusual experiencia con una sonrisa ganadora en su cara.

En aquel momento, sus amigos le sugirieron cambiar el nombre de su ciclo por "la Graci ataca"...

* * *

CANJE

Ellas son muy amigas. Son dos de las caras más conocidas de la pantalla chica. Sus comienzos fueron muy parecidos. Ambas modelos de alto nivel que, con el paso de los años, se convirtieron en conductoras de ciclos televisivos. Tal vez el éxito arrollador fue más generoso con la rubia, aunque la morocha tiene una bien ganada fama a través de su imagen de periodista seria.

Juntas comparten cenas y salidas. Algunas veces solas y otras con el deportista esposo de la blonda dama; aunque él concurre a los ágapes sólo por compromiso, ya que su verdadera pasión está por el lado de los caballos y no de la farándula.

Incluso, cuando alguna de ellas quiere recuperar algunos de los años perdidos, la otra no duda en acompañarla a cualquier punto del mundo donde una clínica abra sus puertas para el embellecimiento femenino. Lo mismo sucede a la hora de tomarse unas reparadoras vacaciones. Juntas disfrutan del sol veraniego como una verdadera bendición.

Pero esta amistad, pura si las hay, sirvió para que las malas lenguas, que pululan por el *jet set* criollo, comenzaran a sugerir algo más que una relación idílica. Las más disparatadas versiones comenzaron a correr y algunos hasta se atrevieron a publicar el run run, dando datos por demás reveladores.

Ellas, sin importarles el qué dirán, recorren las playas. Como aquella vez que en Punta del Este, pensando que nadie las observaba, no tuvieron empacho en tomarse de las manos con la calidez propia de quienes se conocen en lo más íntimo de su ser. Así estaban, ensimismadas en sus respectivos ciclos televisivos —uno telefónico y otro de reminiscencias históricas— cuando un descolgado fotógrafo decidió retratar ese histórico momento en varias tomas.

El *chasirette,* con ese verdadero tesoro en un rollo, de inmediato le mandó las copias a su jefe superior. El periodista, superado el primer momento de asombro y alegría por la excelente primicia que tenía entre manos y que, seguramente, iba a convulsionar el ambiente, decidió consultarlo previamente con el dueño de la publicación dedicada a los ricos y famosos. El muchacho, consciente del material, se comunicó con la diva y le contó las novedades. El ruego de la dama conmovió al editor, quien decidió archivar al amoroso retrato en su caja fuerte personal, para evitar que algún malhechor periodístico se alzara con la exclusiva.

A cambio, la estrella de la pantalla chica no se niega a ningún reportaje de los periodistas de ese medio.

Cualquier cosa con tal de frenar el escándalo.

* * *

TE ESPERO EN EL RECREO

El pasea hoy sus pocas condiciones artísticas por la pantalla chica, haciendo las veces de conductor televisivo en un ciclo periodístico dedicado a ventilar intimidades de los famosos. En otras épocas, en cambio, soñaba con convertirse en cantante de renombre e, incluso, llegó a probar suerte con algunos recitales y salidas en boliches por Buenos Aires y el resto del país.

Por suerte para los que tenían la malhadada idea de escucharlo, el canoro rubio decidió dejar rápidamente su carrera vocal. No obstante, sus visitas a diversos pueblos de provincia no fueron tan poco rentables, por lo menos en materia de sentimientos.

Entre el '90 y el '91, años en que gozó de cierta fama por sus descalabros en televisión, el galancete protagonizó un minirrecital en un boliche de la localidad de Arrecife. Sus canciones no lograron conmover a la platea, pero su figura sí conquistó el corazón de una jovencita del lugar, llamada Marina.

La niña, admiradora consecuente, esperó durante horas a su estrella para entablar una pequeña conversación. El muchacho, enamoradizo al fin, no sólo le brindó unos minutos en el local, sino que también decidió llevarla al hotel donde se alojaba.

A partir de ese momento, entre ambos surgió una relación muy estrecha, que incluía viajes de la bella niña a la ciudad de Buenos Aires para encontrarse a escondidas con su famoso amante. Más de una vez, la parejita fue sorprendida caminando de la mano por algún *shopping* de esta capital, con su mejor cara de enamorados.

Pero en toda historia de amor siempre surgen inconvenientes. Por el lado de nuestro protagonista masculino, el problema era su condición de casado —que años después rompería para vivir un tórrido romance con la madre de la juvenil modelo que inauguró la moda de las "lolitas"—, y no tardaron en llegar violentas peleas con su esposa legal.

Pero el problema mayor llegó del lado de la niña, ya que en esa época tenía dieciséis años y para la Ley era menor de edad, con todo lo que eso implica si de por medio hay una relación pasional. Enterado de estos detalles, el padre de la rubia comenzó a perseguir al personaje televisivo para pedirle que efectivice su relación, o bien que se atuviera a las consecuencias legales del caso.

El progenitor de la chica habría llegado incluso a efectuar algunas denuncias en la ciudad de Arrecife, y a hablar con directivos del canal de la calle Pavón, que lo tenía contratado, para intentar revertir esta situación.

Por suerte nada pasó a mayores, sobre todo por la buena voluntad del famoso patrón de la medianoche, que logró ponerle paños fríos a la difícil situación. Y el asunto terminó allí. Aunque algunos infidentes afirman que de vez en cuando, la muchachita llega hasta Buenos Aires para reverdecer viejos laureles con su polifacético amante.

Claro que ahora el Romeo del subdesarrollo tiene otros horizontes, como convertirse en un político de fuste de la mano del menemismo. Tal vez por eso no pueda brindarle el tiempo necesario a la muchachita, por lo menos para recordar juegos infantiles tan inocentes como la rayuela, las escondidas, la bolita o el "teto".

FRASES CELEBRES

"En este físico gasté cuatro departamentos."
YUYITO GONZÁLEZ.

* * *

"Y los dinosaurios... ¿están vivos?"
SUSANA GIMÉNEZ a los organizadores de una exposición.

* * *

"Sos un buchón de la SIDE."
HUGO G. MARTHINEITZ a MAURO VIALE.

* * *

"Socialismo, las pelotas."
ADELINA DE VIOLA.

* * *

"La primera vez fue en la boca... ¡No!... en el barrio de La Boca."
CLAUDIA BELLO a JORGE GINZBURG.

* * *

"La gente come tartas más allá del círculo al que pertenece."
GINETTE REYNAL.

* * *

"Metete el reloj en el orto."
ZULMA FAIAD a MARIO PERGOLINI.

* * *

"El Riachuelo se va a limpiar."
MARÍA JULIA ALSOGARAY.

* * *

HOMBRE DE BUENA MONTA

No todas fueron rosas en la relación sentimental de Susana Giménez y Huberto Roviralta. Desde su fastuoso casamiento en el Roof Garden del Hotel Alvear, muchos fueron los que intentaron ver a los tortolitos enfrascados en alguna pelea que pusiera punto final a ese romance de película. Los más suspicaces llegaron a relacionar al esbelto polista con una señorita apodada "la uruguaya", que tenía un departamento frente al Hospital Fernández. Los lenguaraces comentaban en forma risueña que el deportista, como una forma de agradecerle los supuestos momentos de placer, le obsequiaba las medias que su famosa esposa promocionaba en su exitoso ciclo televisivo.

Pero tanto fue el cántaro a la fuente que, finalmente, se rompió. Eso sucedió en el verano del '94, cuando una demudada Susana Giménez llamó a conferencia de prensa para aclarar su posición frente al suicidio de su hermano Jorge Giménez Aubert, internado desde hacía años en el Hospital Borda. Entre la nube de periodistas, varios le preguntaron por Huberto y ella tuvo que aceptar que la distancia se había interpuesto entre ambos.

Sin embargo, en compañía del nunca bien ponderado Jazmín —el famoso perro de la diva—, un fin de semana de marzo, la actriz y su andante caballero decidieron intentar una reconciliación en unos campos de Bahía Blanca, lugar elegido por el polista para competir en un campeonato de su especialidad.

Lo que no tenía en cuenta el pobre Roviralta era que en el aeropuerto de la sureña ciudad se iba a encontrar con la bella Dolores Benedit, una modelo y especialista en relaciones públicas que, durante los aciagos días de la separación, sirvió como generoso calmante a sus ansiedades.

Por suerte, un amigo del polista logró convencer a la Giménez de lo conveniente de adelantarse en el camino a la estancia, y dejar a su esposo terminando los trámites del equipaje. Allí, y por espacio de quince minutos, el deportista explicó que su relación debía terminar y que todo había sido parte de una confusión. El llanto de la despechada niña se oyó en todo el aeropuerto y obligó a Roviralta a huir del lugar para evitar el escándalo.

Susana, por supuesto, estaba enterada de todo pero prefirió callar. Como en aquella ocasión, cuando su hermano Patricio debutó como cantante y en el mismo lugar estaba Marta Mc Cormack, ex novia de su marido.

Lo que se dice, una Lady.

* * *

LA PUERTA INDISCRETA

Desde hacía tiempo el cantante de la sonrisa permanente y el "gracias" a flor de labios desconfiaba de su segunda esposa. Alguna vez pasaron una fuerte tormenta, sobre todo luego de ciertas fotos de la niña mostrando sus prendas íntimas en una de las tantas fiestas de la noche porteña. Pese a todo, el caballero la perdonó como para no destruir su reputación familiar, un valor que mamó desde su infancia en Coronel Suárez.

Pero un día los rumores de infidelidad lo cansaron y decidió corroborar un dato que lo obsesionaba: "Ella tiene una historia con un abogado".

Con la dirección en la mano, el artista llegó presuroso al edificio de Perú 590 y, casi corriendo, subió por las escaleras hasta el bufete del leguleyo. Ni siquiera llegó a tocar la puerta. Desde el otro lado, una música suave y gemidos femeninos auguraban una velada más que agradable. Claro que para el canoro la cosa no era tan linda. Esos suspiros coincidían con la voz de su pareja.

Sin esperar el final de la historia, el hombre se fue y sólo atinó a comunicarse con su ex por teléfono para decir: "Te llamo para despedirme"...

* * *

¡NO VA MAS!

Pese a estar acostumbrado a la timba y las apuestas fuertes, por primera vez el importante productor televisivo se tuvo que contentar con perder.

El hombre fuerte de la pantalla chica y muy cercano al poder, mantenía desde hace tiempo una relación clandestina con una mujer muy bella que era la envidia de sus amigos. Junto con los mimos también llegaron, para la agraciada, las recompensas materiales. Primero fue un automóvil importado y después, como ya es un clásico, el departamento en Barrio Norte para los encuentros clandestinos.

Todo marchaba bien hasta que la damita, atenta a la fortuna que manejaba el animador, decidió ir más allá y jugarse todas sus cartas a una mano muy brava: un embarazo.

Fue así que, análisis en mano, se presentó frente a su famoso amante con la novedad y un pedido. "Arreglamos o se pudre todo", dijo la muchacha con un tono digno de los claustros de Harvard.

El productor se tomó su tiempo para buscar las palabras justas y desde su habitual soberbia le dijo: "¡Cómo te atrevés a chantajearme, si sos una pobre prostituta!".

Sin desanimarse la chica visitó a su abogada llamada Silvia y juntas iniciaron los trámites para una acción legal. Sin embargo la causa no llegó nunca a Tribunales ya que el abogado del hombre de la pantalla chica —ex juez para más datos— se puso en contacto con la ofendida para frenar el escándalo. Después de arduas negociaciones, el tema fue cerrado y nunca llegó al periodismo.

Hoy la mujer anda por la vida con la figura de siempre, sin un hijo y con 150 mil dólares en el bolsillo.

A su amante, por primera vez, le tocó perder y sin revancha.

* * *

GOMAZO

Desde hacía tiempo se venía manejando la posibilidad de divorcio del famoso animador y de su esposa, conocida públicamente con el cariñoso mote de "Bruja". Incluso se especulaba con que el caballero efectuaba reiteradas incursiones amorosas en una *suite* del Sheraton, en compañía de una de las bellas bailarinas que lo acompañaban en su ciclo del domingo.

Pese a todo, la pareja se seguía mostrando en público, intentando aparentar una felicidad que era, a simple vista, un *blooper* más en la medianoche. Pero alguna vez todo se tenía que terminar.

Y se terminó.

Después de una de sus habituales salidas con Paula y varios compañeros de trabajo, el "goma" llegó a su casa de San Isidro con las primeras luces del alba. Para evitar los gritos de su esposa o despertar a una de sus hijas, el conductor decidió entrar por una de las ventanas de la cocina. Sintiéndose el inspector Clouseau, el "cabezón" ingresó en puntas de pie, con los zapatos en la mano y, cuando creía que llegaba sano y salvo a su habitación, de pronto la luz se encendió.

En bata y con cara de dormida, su mujer lo estaba esperando. Después de mirarlo por unos segundos con cara de perdonavidas, la blonda dama le espetó: "Miráte, parecés un boludo entrando por la ventana".

Congelado como un dibujito animado, el animador se limitó a contestar: "Tenés razón. Soy un boludo. Me voy ya de casa".

Y de esta manera, "Marce" armó sus valijas, se compró su piso junto al campo de polo y legalizó su relación con la bailarina.

¡Pum, para arriba!

* * *

PIÑA COLADA

La primera trompada fue la que más le dolió. Las que siguieron también lo lastimaban, pero no las sentía. Su mente sólo se ocupaba en descubrir por qué esos dos pesados lo estaban castigando con tanta bronca.

Como entraron, los "monos" se fueron sin dejar rastros. El empresario —conocido por su relación sentimental con la hermana de una famosa animadora televisiva conocida como "La señora televisión"—, de inmediato llegó a la comisaría y denunció el presunto robo seguido de golpiza. Durante días, los medios trataron el tema de Pablo Maciel con pelos y señales, aunque las pistas cada vez eran más difusas. Hasta que un día todo quedó en el olvido. Y con eso le volvió la tranquilidad a un reputado hombre de negocios ligado al alfonsinismo y a los medios de comunicación.

En los mentideros se comentaba, con certeza, que la feroz lluvia de trompadas que recibió en aquel entonces el ex de Raquel tenía el sello del director de una popular radio AM. Cuentan que el directivo, enterado de la infidelidad de su esposa durante un caliente verano con el golpeado, decidió consultar con su gran amigo y ex funcionario sobre los pasos a seguir. "Dejálo en mis manos que yo le mando unos muchachos. A ese no le van a quedar ganas de joder con la mujer de los demás." Dicho y hecho, los guardaespaldas se encargaron de escarmentar al Don Juan, y brindarle una fama en la página de policiales de todos los medios.

Salvo en la radio que manejaba el esposo engañado.

* * *

VAYA Y DIGALE A ESE INGRATO...

Muchos fueron los productores televisivos que intentaron unir, sin éxito, una de las parejas más rentables de la pantalla chica: Andrea del Boca y Gustavo Bermúdez. Todavía hoy se recuerda el éxito arrollador que lograron con las telenovelas "Celeste" y "Celeste siempre Celeste". Hasta los hombres paraban sus tareas para seguir las alternativas de los libretos de Quique Torres. Y si alguno se lo perdía, podía escucharlo al otro día en los impagables comentarios del Bebe Granados en la radio.

Como una rara paradoja, ese boom televisivo fue lo que terminó por separar a la ex niña prodigio y al recordado protagonista de la juvenil tira "Pelito".

Cuentan los memoriosos que todo se desencadenó cuando la novela "Celeste" se hizo acreedora al preciado Martín Fierro. En aquella ocasión, Andreíta no había concurrido a la entrega, despechada porque en ediciones anteriores se había quedado con las ganas de llevarse el gauchesco galardón, pese a figurar en varias ternas. Grande fue su sorpresa cuando escuchó que su compañero de rubro se olvidaba de colocarla a ella y sus padres en la larga lista de agradecimientos a la hora de recibir el premio.

Con la bronca a flor de piel, la del Boca concurrió días después a una cena que organizó el elenco para festejar tamaño acontecimiento. Al promediar la velada la joven actriz hizo irrupción en el lugar y, al pasar por la mesa de Gustavo Bermúdez, se encontró con la mano extendida y la mejilla, presta para el beso, del galán. Pero lejos de devolver la atención la damita le clavó su mirada y olvidando sus gráciles papeles le espetó con resentimiento: "Sos un hijo de puta. Cómo te olvidaste de nombrarnos a nosotros que te dimos la oportunidad".

El galancito esperó que algún asistente dijera "corte", como en las telenovelas, pero esa era una escena de la vida real, la última que reunió a la pareja más taquillera de la pantalla chica. A partir de ese momento el apellido Bermúdez se borró de diccionario de la familia del Boca.

* * *

AQUI BANCO YO

Aquella noche del 24 de diciembre de 1994 amenazaba con convertirse en una más para los empleados del casino del Hotel Nogaró de Punta del Este. Cerca de la dos de la mañana, la mesa número uno de Punto y Banca estaba en su mejor momento. En un rincón jugaba Gerardo Sofovich acompañado por su esposa y su hijo. En el otro extremo se encontraba René Jolivet, ex interventor de ATC.

Todo se desarrollaba con normalidad hasta que el sabot pasó a manos del clan Sofovich desde el sector de Jolivet. Junto con algunos comentarios, llegaron miradas insinuantes y luego gritos destemplados. Nítida surgió la voz de Gustavo Sofovich que, levantándose de la mesa, amenazó al ex funcionario televisivo con un vaso.

"Te partiría este vaso en la cabeza, pero me parece que el agua que tiene adentro vale más que vos", fue la frase que usó el fornido muchacho para justificar su humanitaria acción.

De inmediato las autoridades del casino decidieron sacar del lugar a Jolivet.

A nadie se le hubiera ocurrido hacer lo propio con el productor. El es uno de los pocos que pueden superar el límite de apuestas sin pedir permiso, y tiene la mejor ubicación en la mesa principal de Punto y Banca.

Rusia: uno. Francia: cero.

* * *

SEÑORITA: LOS MALOS SON ELLOS

Durante todo el año 1991, la farándula criolla vivió momentos de incertidumbre debido al descubrimiento de los ya famosos autos "truchos". Varios fueron los investigados, pero sólo dos casos ganaron los primeros planos: los de Susana Giménez y Ricardo Darín.

Uno de los verdaderos fiscales de ambas figuras fue un reconocido periodista de espectáculos, que en aquel momento conducía un ciclo de muchísimo éxito, basado en la vida privada de las estrellas. Desde su espacio en Telefé, el oriental se dedicó a descubrir todas las trapisondas de ese dúo de artistas, especialmente de la telefónica diva.

Pero un día el animador se encontró con un grupo de Investigaciones, que respondía a una denuncia involucrándolo en un hecho muy parecido a aquél en que se regodeaba día a día. Decían que el caballero del jopo poseía dos Mercedes Benz, uno de ellos aparentemente de origen incierto.

Luego de varios días de seguimiento y búsqueda, los sabuesos se dieron por vencidos. Ni una pista, ni una prueba. Nada para enjuiciar al verdugo farandulero.

El hombre pudo respirar tranquilo.

También el dueño de una cochera del barrio de Núñez, a pocas cuadras del domicilio del uruguayo, donde descansaba un Mercedes Benz con chapa diplomática. Hasta allí lo había llevado el cuñado del conductor, gestor de la compra y, casualmente, chofer del embajador de Indonesia en Buenos Aires.

Precisamente, de ese país oriental salió ese lujoso móvil que a punto estuvo de ensuciar la moral del fiscal de las vidas privadas.

Cazador... casi cazado.

* * *

LA PURA VERDAD

Ella es la diva más importante de la televisión. El es su esposo y, de acuerdo con sus declaraciones, trabaja de polista; aunque su *handicap* es uno de los peores del circuito nacional. Ambos representan la felicidad matrimonial, más allá de alguna separación o peleas circunstanciales. Su intimidad es bastante conocida por la gente, debido a la incidencia de la prensa del corazón en sus vidas. Ellos hablan de todo, menos de su vida sexual. Allí nadie puede averiguar nada.

Claro que siempre existe una amiga envidiosa o un ex empleado despechado que se decide a contar cosas realmente jugosas. Como por ejemplo que a la blonda animadora no le gustan mucho los encuentros físicos, ya que repercutirían directamente en la lozanía de la piel, todo de acuerdo a una extraña teoría que habría suplantado a aquella más vieja y efectiva de: “Hoy no que me duele la cabeza, querido”.

Pero el colmo llegó un día en que ambos tortolitos viajaban en su auto y se vieron mencionados en una nota periodística. La misma aseguraba que su vida más íntima apenas se remitía a un round semanal, y con suerte.

El deportista intentó una tibia explicación, pese a demostrarse indignado por tamaña afrenta a su virilidad. La actriz, más canchera, sólo se limitó a mirarlo a los ojos, mostrarle el ejemplar y decirle con total sinceridad:

"Vos no le habrás contado la verdad, ¿no?".

* * *

UNA COSA ES UNA COSA...

Mucho se habló y comentó sobre la separación del ex niño prodigio Pablo Rago. Lo que pocos conocen son los detalles casi insólitos que rodearon ese conflicto conyugal.

Sandra Petobello, su ex, al tomar conocimiento del amor clandestino de su esposo con la apetecible Paola Krum, decidió tomar una posición ante el hecho realmente sorpresivo.

Todo estalló cuando la mujer, preocupada por los rumores de la prensa, decidió recolectar más pruebas. Fue así que una noche, mientras el protagonista de "Amigos son los amigos" dormía plácidamente, ella se dedicó a buscar el teléfono móvil para escuchar los mensajes. Cuando ya abandonaba una infructuosa búsqueda, encontró el aparatito escondido dentro de una de las zapatillas de Pablito. Al ingresar a su casilla de mensajes descubrió que la mayoría eran de su compañera de trabajo en "Inconquistable corazón". Con tranquilidad encendió la luz —eran las tres de la mañana—, le tiró un bolso y lo invitó a irse del departamento de la Avenida Libertador.

Claro que Sandra, de inmediato, cayó en la cuenta de que se quedaría sin el 50 por ciento que le correspondía del jugoso contrato de Rago. Entonces fue ella quien le consiguió una habitación en el Apart Hotel de Recoleta —por el que abonó casi 10 mil dólares por un mes de residencia—, hasta que él consiguió el departamento de Barrio Norte.

Como si todo esto fuera poco, ella se ofreció a compartir alguna salida como para cubrir las apariencias de los nuevos tortolitos e, incluso, le llegó a polarizar los vidrios al auto de su ex con el fin de facilitarle sus encuentros amorosos. Todo se prolongó hasta que Pablito decidió dar a conocer su nuevo romance.

De todas maneras, no sería la primera vez que en el mundo del espectáculo la palabra *amor* rime con *especulación.*

* * *

¿*LA PRAIRE*, DIJO?

El famoso sueño de encontrar la fuente de la juventud parece que se convirtió en realidad gracias a la famosa clínica suiza *La Praire,* lugar donde se hospedan casi todos los famosos del mundo que buscan quitarle algunos añitos al calendario personal.

El *jet set* internacional lo hace. Ergo, las estrellas argentinas no podían faltar a esa cita de honor.

Conocedores del cholulismo extremo de algunas faranduleras nuestras, los delegados de los doctores suizos en Buenos Aires cursaron invitaciones a ciertos apellidos conocidos. Entre ellos figuraron los de Susana Giménez y Teté Coustarot, amigas entrañables, que aprovecharon el convite no sólo para iniciar el oneroso tratamiento, sino también para profundizar sus lazos amistosos hasta rincones insospechados.

El plan de rejuvenecimiento integral dura, aproximadamente, una semana. Al llegar, ambas divas televisivas tuvieron que alojarse en un hotel cercano a la clínica, donde se les realizó una serie de análisis para establecer su condición física, para comprobar fehacientemente si las invitadas eran capaces de soportar el rígido tratamiento de belleza.

Al superar la exigente prueba, las internadas pasan a ocupar una de las habitaciones —no demasiado lujosas pero con todas las comodidades posibles— y reciben la visita del médico, que les explica en qué consiste el tratamiento: una aplicación de inyecciones intramusculares de partículas orgánicas fetales, finamente picadas y molidas. La extracción se hace de fetos de cordero.

De esta manera el cuerpo recibe los elementos necesarios para su estimulación, como proteínas, hormonas naturales, vitaminas y ácidos nucleicos.

Más tarde, un osteópata establece si las residentes tienen problemas reumáticos. Inmediatamente se someten a una estricta dieta diseñada especialmente para cada caso. Al otro día, a las siete y media de la mañana, las pacientes reciben una inyección subcutánea a base de placenta fetal, para ver si existe alguna reacción alérgica. Media hora después, con los resultados en la mano, comienzan una sesión de otras inyecciones con diferentes tipos de células. Durante todo ese día deben permanecer inmóviles y sólo se pueden levantar para realizar sus necesidades fisiológicas. No pueden bañarse, ya que el agua caliente puede provocarles algún tipo de reacción en la piel.

Todo esto se complementa con un tratamiento de belleza y gimnasia antiestress. Al finalizar, se les realiza un nuevo estudio que incluye análisis de sangre completo. Dicen los especialistas que el tratamiento recién se nota tres meses después de realizado, y aconsejan que el mismo se realice cada diez años.

Tanto Susana como Teté lucieron a su regreso una inmensa cara de felicidad, producto del tratamiento y también de las largas charlas nocturnas que mantuvieron durante toda su estadía. Eso sí, al regresar tuvieron que relatar con lujo de detalles las bondades de la clínica suiza. De esa manera, se ahorraron los miles de dólares que cualquier mortal debe pagar para parecerse a su ídolo.

Tal vez alguien tenga la peregrina idea de parecerse a su estrella favorita, o al político que aún le debe alguna promesa electoral. Si tiene ganas de transformarse, tenga en cuenta que necesita bastante plata para un recauchutaje general.

Por ejemplo, si quiere un *lifting,* tiene que calcular no menos de 5.000 dólares.

Si su sueño es *agregar* un poco de busto, la suma a desembolsar rondará entre los 3.500 y 5.000 dólares.

Si en cambio lo único que quiere es *levantar* la parte delantera, con 2.000 o 3.500 dólares es suficiente.

Parar la cola, en cambio, le costará casi 5.000 dólares y algo de dolor.

Una lipoaspiración para eliminar la grasa sobrante rondará los 2.000 dólares.

Los párpados se cotizan entre 1.500 y 3.000 dólares.

Quitarse la papada, por su parte, le saldría entre 2.500 y 5.000 dólares.

Pero si la plata no le sobra, lo mejor es hacerse un *peeling*

—un perfeccionamiento de cutis—, por el que no gastará más de 1.500 dólares.

Es decir que con unos 25 mil dólares uno puede convertirse en el personaje de moda. Tal vez alguno de ellos aparezca en esta crónica del bisturí. Por las dudas apúrese a encontrarlo, elija, porque ya le puede estar haciendo efecto la anestesssssssiaaaa...

* * *

LA HERENCIA

Daniel Tinayre era, además de un hombre de carácter irascible, una persona que tenía toda su vida ordenada. Meticuloso y detallista, el director francés, al presentarse el cuadro de hepatitis que finalmente causó su muerte, decidió poner al día todos sus bienes, como para evitar males mayores a su esposa.

Tal vez por eso, Mirtha no se sorprendió al no encontrar en una caja de seguridad secreta a nombre de su esposo nada de valor, pero sí un papel prolijamente escrito. La actriz descubrió que su marido le había dejado detallado cada uno de los bienes materiales que poseían y la forma de llegar a ellos. Inmuebles, automóviles, empresas y cuentas corrientes, comenzaron a desfilar frente a los ojos de "Chiquita". Hasta le indicaba de qué manera se confeccionaba un cheque, tarea que él se encargaba personalmente de realizar en cada ocasión, ya que quería que Mirtha se dedicara nada más que a conducir su ciclo televisivo.

Lo que no pudo prever el director de cine fue que, meses después de su muerte, su clan familiar se encontraría frente a la disyuntiva de repartir los bienes. Luego de varios trámites judiciales, la pequeña fortuna que había amasado Daniel Tinayre desde su desembarco en Buenos Aires, fue dividida entre su viuda y sus dos hijos, Marcela y Danielito.

Aparentemente la sucesión se habría realizado en paz, aunque algunas voces cercanas a la estrella televisiva hablan de inconvenientes a lo largo del trámite legal. Dicen que a la Legrand le habría molestado sobremanera que sus hijos, a solo dos meses de fallecido su padre, iniciaran los trámites para la división de los bienes de manera personal. Por lo general, este tipo de trámite se inicia con la presentación de un escrito en forma conjunta por todos los herederos, y con un mismo abogado patrocinante. Sin embargo, en este caso, el expediente número 114.827 que inicia la causa de sucesión fue pedido de manera expresa por las doctoras Mónica Villafañe y Laura Inés Dutari, asesoras legales de Daniel Andrés Manoli Tinayre, el hijo de Mirtha.

Los que conocen a fondo la "interna" de la familia dicen que la actriz y animadora habría acusado en la intimidad al doctor Roberto Gerosa, socio de su vástago en una veterinaria, de ser el verdadero cerebro de esta apurada trama judicial. Parece que esta desconfianza de la conductora hacia el profesional tiene su historia, sobre todo cuando la relación, meramente comercial, de su heredero con este señor sirvió para que algunos suspicaces tejieran historias prohibidas, tal vez a caballito de la inmaculada soltería de Danielito.

De todas maneras, el notable acercamiento que se produjo entre Mirtha y su hijo durante la enfermedad y la posterior muerte de Tinayre —muy pocas veces se separaron— sirvió para que se fumara la pipa de la paz. Incluso, el día que la Legrand regresó a sus clásicos almuerzos en 1995, dedicó a su hijo algunas palabras en pantalla. Esto sorprendió a propios y extraños, ya que el muchacho nunca ocupó demasiado lugar en los afectos públicos de la señora, algo que sí recibió constantemente Marcela, su otra hija.

La misma sorpresa, dicen, le habría causado al veterinario vástago el oír su nombre del otro lado de la pantalla. Colaboradores de la diva aseguraron que, inmediatamente, Danielito se comunicó con el Canal para pedirle a su madre que evitara nombrarlo.

Pese a todos estos rumores de pasillo, la división de bienes se produjo finalmente el miércoles 31 de mayo de 1995, bajo sentencia del doctor Diego Carlos Sánchez, titular del juzgado Civil Nº 90.

A la hora de la sucesión, la familia finalmente pudo ponerse de acuerdo pese a que Marcela, en un principio, se negaba a aceptar algo. De acuerdo a las leyes argentinas, el 50 por ciento pertenece a la viuda y el otro 50 por ciento a los hijos, detalle que habría invalidado en parte un pedido expreso del cineasta, en un testamento redactado antes de su fallecimiento. En él, el artista no sólo incluía a su mujer y sus hijos, también mencionaba a los cuidadores de su casa de verano en Punta del Este, llamados Sonia y Edgardo. Apenas se enteraron de esto, los dos empleados renunciaron a sus trabajos y a cualquier implicancia en la herencia. En una carta, la pareja explicó sus motivos asegurando que "extrañaremos mucho al señor Daniel. Sin él, este lugar ya no será el mismo y por eso preferimos irnos".

Otro detalle sugestivo fue que en ese escrito, el director habría solicitado que sus bienes no fueran a sucesión, tal vez presintiendo que algún inconveniente podría haber. El pedido judicial de Danielito echó por tierra con cualquier deseo de su desaparecido padre.

Pese a que no tenía la fortuna que la gente y los medios imaginaban, Daniel Tinayre logró asentarse en una buena posición económica, cimentada por sus largos años de trabajo detrás de cámaras, y por la reciente producción de los almuerzos de su esposa. Esta empresa productora, llamada Aplausos S.A., había facturado en los últimos años sumas realmente importantes para el medio televisivo. La sociedad, formada por el esposo de Mirtha y el también empresario Carlos Rottemberg, nació en 1982 con el fin de producir y comercializar espectáculos teatrales, cinematográficos y televisivos. Esta empresa devino de otra llamada Manufactura del Mouton Dore SACEI, que vio la luz en 1970 para explotar actividades textiles, y luego dejó paso a emprendimientos algo más frívolos. En febrero del '95, esta asociación cambió nuevamente de nombre para pasar a llamarse Aplausos Producciones Sociedad Anónima, y allí sí ya figuraría en forma directa Mirtha Legrand y tres caballeros más, llamados Federico Bosch, Alvaro Pérez Veiga y Alfredo Pérez Veiga, además de Carlos Rottemberg.

Entre los bienes repartidos figura el departamento de Avenida del Libertador 2802, cuarto piso, con 350 metros cuadrados. En su interior el mobiliario es de estilo Luis XV y Regence, con cuadros de firmas famosas como Basaldúa, Soldi y Lascano. Este piso quedó, por decisión de los hijos, para usufructo personal de su madre, y ellos se comprometieron a no gravar la parte que les corresponde. De todas maneras, la diva se habría desprendido de este inmueble para comprar un piso a estrenar en la calle Cavia, valuado en una suma casi parecida al que habitó junto a su esposo.

También se consigna la famosa Casa Blanca de José Ignacio, en el Uruguay. De todas formas esta propiedad no saldría a la venta y quedaría para uso familiar, tal vez para recordar los magníficos veranos que Mirtha y Daniel pasaban allí. O aquellas emotivas fiestas para despedir el año, que servían para reunir a todos sus amigos.

En ese mismo acuerdo se le habría otorgado a la Legrand la titularidad de los dos automóviles que usaban tanto ella como su esposo. Se trata de un Honda Civic blanco, modelo 94. El otro es también un Honda, pero Prelude, modelo 93. También hay un Volkswagen Quantum bordó y un Fiat Uno gris, modelo 95.

En los mentideros se asegura que también existiría un Mercedes Benz que Tinayre habría comprado antes de su muerte. El mismo, por pedido de su dueño, habría sido retapizado completamente en madera. Este coche no aparece en la sucesión y algunos piensan que estaría en Uruguay, o bien se habría vendido en una concesionaria de San Isidro.

Finalmente, el director tenía también cuentas en diversos bancos de la Capital Federal y en el exterior. El monto total se repartió de acuerdo a la usanza de las leyes nacionales, es decir 50 por ciento para Mirtha, 25 por ciento para Danielito y 25 por ciento para Marcela. Cuentan que este último porcentaje no fue aceptado por la conductora de "Utilísima", y que fue cedido a su madre.

Luego de terminada la sucesión algunos afirmaron que la repartición de bienes y de dinero que Daniel Tinayre forjó a lo largo de una envidiable y laboriosa carrera artística, habría dejado heridas en el núcleo familiar.

Rumores, certezas y líos judiciales que rodearon la figura de uno de los más talentosos y polémicos directores de nuestro cine nacional.

* * *

NANO... NONES

Silvia Pérez había logrado, por fin, integrarse a un proyecto importante de la televisión luego de varios años —precisamente, después de la muerte de Alberto Olmedo— de deambular sin mayor repercusión por diversos ciclos. Su oportunidad llegó de la mano de una patética maldita, en la recordada telenovela “Nano”, donde Gustavo Bermúdez encarnaba a un poco creíble personaje de superhéroe del subdesarrollo que vivía en un acuario, y su compañera de rubro, Araceli González, a una muda bastante querible.

Lo cierto es que, la ahora gimnasta y admiradora de Sai Baba, de a poco fue ganando un importante espacio en la trama escrita por Enrique Torres. Pero cuando su carrera volvía a levantar vuelo, el acoso sexual de uno de sus importantes compañeros de tarea terminó por cortarle el camino. El acosador, hombre con cara de bueno y con imagen de familiero, intentó por todos los medios conquistar a su *partenaire*. Pero como él era el galán del momento —cosa que ni soñaba cuando llegó de su Rosario natal—, aparentaba que no le importaba la ex *vedette* y le pedía a un amigo que le hiciera el “puente” para llegar a un momento de intimidad. Como Silvia rechazó constantemente los avánces del actor, su rol en la telenovela fue decayendo, hasta que el autor la mató de manera imprevista en uno de los capítulos.

Al enterarse de esto, la blonda actriz se acercó a su compañero y le dijo muy suelta de cuerpo: “Vos te creés que porque tenés éxito y sos lindo te vas a ganar a cualquiera; para mí sos un reverendo boludo”. La muerte en la pantalla, obviamente, fue lo menos que le deseó el galán preferido por las mujeres.

El, mientras tanto, intentó lavar sus culpas poniendo sobre el escenario una de las clásicas obras maestras de William Shakespeare que, por supuesto, se encargó de destruir con sus escasas cualidades artísticas.

Algo huele a podrido en Buenos Aires.

* * *

INDIO QUERER CAMARA

Si algún muchacho se podía dar el lujo de asegurar que entre sus conquistas figuraban una famosa cantante y la hija de un gobernador argentino, ése era el pelilargo con cara aindiada que durante meses ocupó las páginas de las revistas dedicadas a los avatares del corazón.

Pero lo que pocos conocen es la verdadera historia de la llegada del caballerito a los primeros planos de la información.

Amigos del modelo afirman que su llegada a Europa se produjo de la mano de un importante directivo de una de las dos empresas que actualmente explotan los servicios telefónicos argentinos. Durante una fiesta privada, este empresario de origen francés quedó deslumbrado ante la salvaje belleza del chico, al punto que de inmediato entabló una cálida amistad con él y eso finalizó en un viaje a París. En la Ciudad Luz, el representante nacional comenzó tímidamente su carrera como modelo, gracias a la ayuda de su ocasional mecenas.

Pero el muchachito quería llegar a los Estados Unidos, el corazón del *fashion* internacional. Y para eso, no tuvo mejor idea que conquistar el corazón de otra poderosa figura del mundo económico, pero esta vez del sexo femenino. Su objetivo —finalmente realizado— fue una veterana dama que también cayó rendida ante el influjo del simpático adolescente. Al que no le cayó nada bien fue a su anterior "amiguito", quien, en una escandalosa escena, lo echó de su casa. De todas maneras al protagonista de esta historia no le importó mucho, ya que el país de Bill Clinton lo esperaba con los brazos abiertos...

Abierta, pero no precisamente de brazos, lo recibió en esas playas la escandalosa Madonna, quien lo eligió personalmente de un *casting* de cientos de aspirantes a convertirse en el protagonista de su *video clip* "Rain". Luego de un extenuante rodaje, la blonda cantante lo escogió también para que se convirtiera en su compañero inseparable durante quince días. Y cuando Madonna dice inseparable, es *inseparable.*

Con ese antecedente figurando en su *currículum,* el aindiado muchacho se asentó en la ciudad de Miami, donde no sólo comenzó a desfilar y a cimentar su carrera. Su estadía le sirvió para conectarse con el nutrido grupo de argentinos que vive en esas playas. Entre ellos el hijo mayor del ex gobernador, quien pronto se hizo amigo inseparable de su compatriota por ciertas afinidades personales y artísticas que fueron descubriendo.

Gracias a esta relación, el pelilargo se hizo primero amigo y luego novio de la bella y pulposa heredera del otrora cantante. La pareja, de inmediato, viajó a Nueva York y allí posaron para una importante revista dedicada a los ricos y famosos, efectivizándose así un noviazgo que ya era la comidilla del chimenterío argentino.

Al único que nunca le gustó demasiado esta tierna relación fue al famoso padre de la niña. Tal vez consciente de los antecedentes de su hipotético yerno, el artista y político desde un principio le bajó el pulgar. Incluso, algunos periodistas recuerdan que la presentación oficial se realizó en el salón VIP del Aeroparque porteño, cuando el por entonces gobernador fue a buscar a su familia. La cara de asombro del dirigente fue más que patética, lo mismo que el frío apretón de manos que prodigó como saludo. Durante todo el viaje, el ex changuito cañero le recriminó a su heredera el aspecto de su nueva conquista.

La ruptura definitiva, para alegría de los padres, llegó cuando los tortolitos no tuvieron mejor idea que posar, para una revista de distribución limitada, como Dios los trajo al mundo. Los gritos del cantante se escucharon hasta los confines del país y la separación llegó como una consecuencia lógica.

De todas maneras, el pelilargo logró su efímera fama en base a ciertas relaciones peligrosas con el sexo y el poder.

Y de esa extraña mezcla, nadie sale sin ser salpicado.

* * *

CUALQUIER COLECTIVO

Ella es una de las mujeres más deseadas del país, no sólo por su inocultable belleza sino también por su poca afición a tapar sus partes íntimas. Miles son los hombres que morirían por pasar una noche junto a ella, aunque más no sea para escuchar sus interminables peroratas filosóficas, que en todo el ambiente se comentan con cierta sorna.

Pero lo que pocos saben es que la mujer, además de ser una verdadera vampiresa, tiene una mente muy amplia a la hora de sus placenteras diversiones, tal vez por su educación y sus constantes viajes al lado de su ex marido. Lo cierto es que la bonita dama podría contar en su haber amoroso con ciertos encuentros cercanos con otras famosas artistas, tan amplias de criterio como la argentina.

Algunos memoriosos periodistas recuerdan aún el viaje de la ex modelo a Brasil, en 1981, para alentar a Carlos Reutemann en la carrera de Interlagos. El "Lole", en esa época, comenzaba a pelear el famoso título mundial que finalmente perdió en manos de su compañero de escudería, Alan Jones, con el polémico cartelito en el medio. La dama, fanática de los "fierros", fue como simple espectadora todo un fin de semana. Lo que no imaginaba la actriz era que, entre vuelta y vuelta, iba a conocer a una de las *sex symbol* latinoamericanas, la bella Sonia Braga.

De inmediato, ambas mujeres comenzaron a desplegar todos sus atributos de seductoras y lo que comenzó como un jueguito, parece que finalizó como una velada por demás calurosa. Al menos, eso fue lo que en su momento contó la rubia a varios periodistas, apenas volvió de su incursión brasileña. Entre risas, relató su encuentro y aseguró que era la primera y la última vez que se sometía a ese tipo de experiencias.

Sin embargo, el cumplimiento de las promesas parecería ser una de las virtudes más flacas de la chica.

Los productores del ciclo "Loft", que condujo sin pena ni gloria Nicolás Repetto desde Miami, recuerdan aún hoy el reencuentro de ambas mujeres durante una de las emisiones del programa de Canal 13. Otro testigo fue el pobre Charly García, que quedó en medio de un verdadero arsenal de frases subidas de tono, sin entender demasiado qué era lo que pasaba a su alrededor. Las mujeres, seguramente felices porque el destino las había vuelto a reunir, habrían decidido echar por tierra cualquier propósito tendiente a no repetir la historia, y juntas se perdieron en la inmensa, fastuosa noche de Miami. Esta vez, la beldad argentina habría preferido no contar su nueva *performance*.

Claro que allí no habrían terminado las incursiones a contramano de la ahora conductora televisiva.

En el año 1992 desembarcó en estas tierras Isabel Pantoja, más famosa en España por su condición de viuda del torero Paquirri que por sus dotes como tonadillera. La hispánica no sólo dio una serie de recitales en la ciudad de Buenos Aires, sino que también realizó una presentación muy especial en la provincia de Misiones. Allí un importante empresario dedicado a los medios de comunicación organizó una velada de gala con la presencia de la cancionista. Como para darle un marco importante al evento, el hombre decidió organizar un *charter* de famosos encabezado por Mirtha Legrand. Junto a ella, también viajó esta protagonista de románticas historias.

La cena transcurrió sin mayores sobresaltos entre aplausos y copas de langostinos. Pero el show extra habría llegado cuando los postres iban dejando paso al café, ya que la española se sentó a la mesa principal para compartir los ecos de su notable actuación. Cuando la madrugada ya había ganado la tranquila ciudad de Posadas, nuestra amiga comenzó a juguetear con la visitante ilustre, tal vez conociendo ciertos antecedentes escandalosos en su país natal que la unían, oh casualidad, con una conductora de la Madre Patria.

Al principio, la famosa viuda no quiso darse por enterada del despliegue seductor de su ocasional acompañante de mesa, pero luego le habría prestado una atención desmedida que, dicen, se habría convertido en personalizada, horas después, en una de las *suites* de un posadeño hotel. Esta historia, a los pocos días, se convirtió en el tema central de las redacciones dedicadas a develar la intimidad de los famosos.

Pero como la blonda actriz tiene carnet de inimputable en la farándula criolla, todos estos deslices le fueron perdonados, en medio de sonrisas cómplices y algunos ratones sueltos entre la vasta audiencia masculina.

Lo que sí, nadie puede endilgarle discriminación.

* * *

¡NI CONTARLO!

No sólo las integrantes femeninas de la perfumada colonia artística tienen entradas a contramano por el sexo. También algún atildado caballerito podría romper las ilusiones de aquellas que admiran su varonil condición.

Ese podría ser el caso de un exitoso conductor televisivo que, desde la pantalla chica, gusta seducir a las mujeres con comentarios algo subidos de tono. En los mentideros criollos se asegura que, pese a su innegable condición de ganador, el muchacho habría incurrido en experiencias que podrían dejar una mancha indeleble en su *currículum* de conquistas. Sobre todo si se tiene en cuenta que por su historia amorosa pasaron y siguen pasando las más hermosas y deseadas mujeres del ambiente, entre cantantes, conductoras y modelos.

Pero parece que el muchacho, durante un cálido verano en Punta del Este, habría decidido olvidar un reciente fracaso matrimonial volcándose de lleno a los placeres de la vida agitada. Los cronistas que cubrieron aquella temporada estival en la costa uruguaya todavía aseguran que el caballero manejó una especie de doble vida. Mientras a la luz del día se dejaba fotografiar con dos infartantes modelos —una de ellas conocida por su romance con el hijo de un famosísimo político y la otra por sus extremas medidas corporales—, por la noche intentaba ahogar sus penas en los brazos de un íntimo amigo.

El otro protagonista habría sido un famoso diseñador de modas que, casualmente, también se había separado en aquellos tiempos de su esposa y socia en un emprendimiento textil de bastante éxito en el mercado local. Tal vez como producto de algunos tequilas, el viril animador no se dio cuenta de que esos frágiles brazos que lo rodeaban no eran de una adolescente, sino de su peludo compañero de desventuras. Pero como la tristeza no tiene fin, ambos caballeros habrían decidido ahogar los malos tragos contándose muy de cerca y al oído sus cuitas de amor.

Entre los periodistas y fotógrafos del corazón, que en aquel momento cubrían la temporada, se jugaban apuestas para saber cuál, cuál era el nombre de esa verdadera faena amatoria.

* * *

ESTA BOCA ES MIA

"A mi perro le encanta el blues."

PAPPO, *Caras*.

"Cada día deberíamos escuchar un breve *lied,* leer un hermoso poema... y, si fuera posible, decir algunas palabras razonables."

J. W. GOETHE.

* * *

"Este es un país bananero, te prestan atención si 'salís con'. Pero yo no soy la que hace las reglas del juego."

MARÍA VÁZQUEZ, *Clarín*.

"El uso más aceptado no siempre es el mejor para ser seguido."

LOUISE MAY ALCOT.

* * *

"Yo mismo soy un producto. Un producto que supera al tiempo."

ANTE GARMAZ, *Clarín*.

"Dios perdona. La naturaleza, nunca."

CARMEN SYLVA.

* * *

"Me cuesta poner en palabras lo que quiero expresar. Creo que eso se debe a un problema con el idioma y la gramática."

EMANUEL ORTEGA.

"La aplicación es la escuela en la que las grandes virtudes se adquieren..."

GOLDA MEIR.

MI NOVIA, EL...

Si las aventuras de contramarchas sexuales son casi moneda corriente, la historia de un famoso animador televisivo tiene aristas algo más oscuras y retorcidas.

Cuentan que este diminuto conductor, un buen día decidió marcharse de vacaciones a Brasil con el fin de descansar y, además, tratar de conseguir alguna niña que lo ayudara a ahogar sus penas amorosas. Antes de irse, el profesional del micrófono le aseguró a un grupo de amigos, que ocupaba una oficina en la avenida Las Heras, que de las cálidas tierras brasileñas iba a volver del brazo de una "garota". Por supuesto que los muchachos de la barra no creyeron para nada en las palabras de su famoso compañero de juergas, sobre todo porque físicamente no es demasiado agraciado.

Pero como los milagros existen, el regreso de su periplo por las cálidas tierras del rey Pelé, el muchacho —conocido en el ambiente como "cortito" por un personaje que compuso en la pantalla chica— lo hizo acompañado por una impactante mulatona que le cortó la respiración a más de un caballero.

Durante los primeros meses esta relación fue el comentario de todo el ambiente, sobre todo teniendo en cuenta que la diferencia de altura entre ambos tortolitos era abismal, lo mismo que la contextura física. Incluso estos detalles, sirvieron en su momento para que se comenzaran a tejer extrañas historias sobre la posibilidad de una confusión del locutor con respecto al sexo de su pareja, sobre todo teniendo en cuenta que, en Brasil, algunos "traviesos" superan todos los métodos usados por los expertos catadores en mujeres.

Y también en este caso la realidad superó a la ficción, cuando la grandota brasileña fue a pedir trabajo a una conocida peluquería de la zona de Recoleta. Allí la encargada del local, a la hora de formalizar su ingreso, se encontró con una pequeña sorpresa en el renglón referido a sus datos personales. Al arribar al nombre, la "muchacha", sin ningún tipo de pudor, dijo en voz clara: "Jorge". La empleada, por supuesto, quedó con los ojos en blanco, sin saber cómo reaccionar.

Cuando los amigos del pequeño y simpático animador se enteraron de que sus temores eran una dura realidad comenzaron a entender otras extrañas actitudes de la pareja. Como que “ella” era la que recogía la leña para los asados, o que nunca tomaba sol en traje de baño, pero sí con una especie de pantalón de fútbol. Incluso, alguno dijo que ahora podrían creer las versiones que afirmaban que ese mismo personaje televisivo habría participado de algunas fiestas *non sanctas* con una famosa familia de políticos, en una convulsionada provincia del Noroeste argentino. Allí el locutor tenía un importante cargo en la emisora oficial.

¡Hay cada travieso!

* * *

TWIST Y GRITOS

El era uno de los locutores radiales más famosos del país y un verdadero maestro para sus colegas. Su irrupción revolucionó el medio, a tal punto que se lo considera un verdadero pionero.

Ella era, en aquellos tiempos, una *ídola* de la juventud, desde su irrupción en un ciclo dedicado al baile y a la recreación de temas famosos. Su cara también aparecía en los avisos más importantes de la década del 70, sobre todo en un recordado *spot* de cigarrillos.

Los dos se conocían simplemente por sus actividades profesionales y por algún cruce ocasional en fiestas del ambiente. Pero nunca intercambiaron ni un saludo de rigor para iniciar una charla.

Sin embargo, el profesional radial conocía al dedillo cada tono de voz de la bella modelo de boca grande y dientes en fila. En su cabeza resonaban a cada rato los gemidos que la niña emitía desde un grabador que tenía en su poder un conocido cantante, que luego abandonó su carrera para llegar más cerca del poder.

Cuentan amigos de aquellos dorados años 70, que el cantautor, exitoso entre las mujeres del ambiente artístico, tenía un extraño hobby a la hora de prodigarse sexualmente con sus ocasionales compañeras: grabar en una cinta todos los detalles de esos horizontales encuentros. Después, en rueda de amigos, el provinciano artista ponía los distintos *cassettes* para beneplácito de sus compañeros, entre ellos un conocido técnico de fútbol —en aquel momento jugador de un equipo de primera, pero no muy santo— y el mencionado locutor matinal que era un *cacho* de ternura.

Parece que los gritos de la bella modelo comenzaron a rondar los pensamientos del animador, a tal punto que los deseos de conocer más de cerca las piruetas eróticas de la chica lo llevaron a pedirle a su amigo que se la presentara.

El día llegó, la pareja se conoció, el casamiento y la dicha familiar también fueron llegando. Así, el profesional del micrófono tuvo cada noche la misma función que meses antes sólo escuchaba desde ese desvencijado grabador.

Esto fue, sin dudas, el antecedente más directo de las hoy famosas *hot lines*.

"Sucundún, sucundún..."

* * *

DAÑOS Y PREJUICIOS

En el ambiente artístico, el tema de la brujería, las malas ondas y las cábalas está a la orden del día. Muchas veces, artistas de renombre no son aceptados en algunos elencos por ser catalogados como "mufas". En otras, no se permite silbar en los camarines porque es signo de mala suerte. Todos, más o menos, tienen una forma de explicar las malas rachas que de vez en cuando les toca transitar.

Precisamente, por un supuesto acto de magia negra, se habrían distanciado definitivamente dos conocidas actrices de nuestro medio. En realidad, la enemistad entre ambas rubias se habría producido muchos años antes, cuando una de ellas comenzó a ser reconocida por sus incursiones publicitarias y en algunas películas de poca monta. Como era lógico, la dama —hoy dedicada a la intimidad de los famosos— comenzó a ser reporteada por todas las revistas de actualidad y en los interrogatorios se le preguntaba sobre alguna de sus colegas. En todas las respuestas la chica se mostró mesurada, pero a la hora de hablar de Susana aseguró muy suelta de cuerpo que "se debía retirar para darle lugar a las chicas más jóvenes, como es mi caso". La destinataria de esa cruel respuesta nunca se pudo olvidar de la afrenta y juró que algún día se la iba a cobrar.

La venganza llegó años después, cuando la actriz y *vedette* se puso al frente de un ciclo telefónico en la emisora estatal. Allí, en una de las primeras reuniones de producción, aclaró a sus colaboradores que ciertos personajes nunca estarían entre sus invitados. Los dos más famosos eran un cantante meloso y la mencionada actriz.

El intérprete musical fue receptor de las iras de la diva porque antaño habrían vivido un cálido romance, que el muchacho de Coronel Suárez habría roto sin el consentimiento de su famosa pareja. Después de varios años, la interdicción del caballero fue levantada y pudo ir a cantar sus soporíferas canciones al ciclo de mayor ráting de la televisión argentina.

En el caso de la ahora animadora y filósofa de vuelo bajo, su prohibición sigue vigente. Incluso, el caso se agravó cuando una reconocida hechicera, que atiende a la farándula criolla, se acercó a la reina de los telefónicos con una foto suya y algunos alfileres clavados en la misma. En un extenso relato, la pitonisa le aseguró que ese retrato estaba en manos de otra esotérica compañera, que había sido contratada por su archienemiga con el fin de "hacerle daño". La blonda animadora, muy afecta a creer en este tipo de supercherías, de inmediato le pidió a su interlocutora que revirtiera esa situación para evitar males mayores.

Desde ese entonces, brujas de por medio, el odio llegó a niveles extraordinarios.

En vez de la paloma de la paz, por ahora reinan las lechuzas.

* * *

DESCUIDO

Algunas famosas estrellas vernáculas se enorgullecen de las supuestas amistades internacionales que cosecharon a lo largo de sus carreras. Directores famosos, músicos internacionales o actores de Hollywood son las figuras más recurrentes a la hora de contar anécdotas de viajes y encuentros en festivales.

Una de esas famosas anécdotas fue protagonizada por la sensible Graciela Borges, una de las actrices más reconocidas fuera de nuestras fronteras. Durante años, "Gra" se dedicó a matizar cada una de sus cenas con su famoso relato del encuentro con Pablo Picasso en una cena europea. Hasta allí había llegado la adolescente actriz para presentarse en un clásico festival de cine, cuando en un concurrido restaurante se topó con el insigne pintor español.

La historia continuaba cuando el artista, deslumbrado por la proverbial belleza de la argentina, se inspiró para realizar uno de sus conocidos dibujos en una de las servilletas que tenían los comensales. Con timidez, el caballero se acercó a nuestra compatriota y gentilmente le regaló su obra de arte. Sonrojada la actriz la recibió, la trajo al país y nunca más la mostró.

Cansados de escuchar la anécdota y nunca poder apreciar el ya famoso dibujito, sus amigos aprovecharon una reunión en la casa de la diva para que les mostrara la servilleta. Acosada por la insistencia de los invitados, la actriz se dirigió a uno de los muebles de la habitación y... extrajo la codiciada tela.

La sorpresa llegó cuando la desenvolvió y todos se encontraron con una inmaculada servilleta, que no tenía ni rasgos de la existencia de algún dibujo del genial Picasso. Echando mano a todo su histrionismo, la Borges simuló enojarse con sus empleadas domésticas al grito de: "¡No lo puedo creer! ¡La muchacha es tan distraída que creyó que estaba sucia y la lavó!".

Las risas todavía se escuchan por toda la Avenida del Libertador.

* * *

EL ESPEJO Y LA ARAÑA

Bernardo Neustadt, además de ser uno de los hombres con más influencia en el poder, es un amante de las antigüedades, hobby que probablemente le inculcó su esposa, la bella Claudia Cordero Biedma. Tal vez por eso, la famosa pareja más de una vez fue vista recorriendo las calles de San Telmo como dos tiernos y acaramelados enamorados.

Durante una de esas caminatas por la calle Defensa, los tortolitos quedaron deslumbrados ante la visión de un fabuloso espejo antiguo, en forma de luna plateada, que casi les sonreía desde la coqueta vidriera de una casa llamada "Loreto".

El profesional de los medios, demostrando una muñeca admirable, ingresó al local, preguntó el precio y de su billetera sacó un adelanto como seña. Incluso ni siquiera pestañeó cuando la vendedora le dijo que el espejito costaba la nada despreciable suma de 4.800 dólares. Bernie, sin dudar, dejó 3.000 dólares y pidió que le prepararan el ornamento para pasar a buscarlo días más tarde.

Pero el destino siempre le reserva al pobre Bernardo alguna carta marcada.

Cuando su grácil esposa se dirigió una semana después a buscar el regalo de su marido, se encontró con que el mismo ya no existía, aparentemente producto de una rotura. Desconsolada, Claudia no aceptó ningún otro espejo, pero sí un par de arañas de época. Como para compensar, la mujer del conductor de "Tiempo Nuevo" solicitó que del precio final descontaran los tres mil dólares dados con anterioridad. Acto seguido se retiró, esperando que el tintineante juego de luces apareciera por su casa de San Isidro.

Pasaron los días, la semana y ni la araña, ni el espejo y mucho menos la plata aparecieron por el domicilio particular de Bernardo. Cansado de esperar, puso en manos de un abogado y finalmente el juez Rodolfo Ricotta falló en la causa.

Por primera vez, Neustadt no lo dejó ahí.

* * *

CAIDO DEL CIELO

El juez Francisco Trovatto tenía en sus manos uno de los casos de más resonancia y de menos pistas de los últimos años: el asesinato de "Poli" Armentano, dueño de las discos "Trumps" y "El Cielo". Miles de hipótesis se tejieron desde la muerte del denominado "Rey de la noche": desde un ajuste de cuentas de un traficante de drogas preso en Inglaterra, hasta la venganza de algún amante despechado por el proverbial donjuanismo del empresario nocturno.

Preocupado por la poca información que tenía, su señoría intentaba, por todos los medios, encontrarle la punta al ovillo. Tal vez por eso fue que no se sorprendió cuando un llamado anónimo le avisó que si concurría a la inauguración de la "Disco Süller", que precisamente la ex esposa de Silvio Soldán inauguraba en el barrio de Recoleta, se iba a encontrar con alguna sorpresa.

El juez, conocedor de los vericuetos que tiene la información en casos tan difíciles como éste, se puso su traje color crema, camisa y corbata al tono y un pañuelo rojo en el bolsillo del saco, como para cortar el monocromático atuendo, y se marchó a la *boîte* acompañado por algunos de sus colaboradores.

Mientras la velada transcurría y nadie se acercaba al leguleyo, el hombre se divirtió observando el siempre generoso escote de Silvia Süller y a alguna de sus compañeritas. Cuando ya se aprestaba a retirarse, el juez sintió que alguien le tocaba el hombro y le daba un sobre.

"Esto es lo que le prometí. Seguro que acá va a encontrar la punta del tema. No me debe nada", le dijo el extraño caballero que, finalmente, cumplió con su promesa.

Al otro día, con la información anónima en su mano, el titular del juzgado comenzó a efectuar algunos arrestos que lograron, en parte, comenzar a desentrañar la madeja de incógnitas que aún hoy envuelven al asesinato de "Poli" Armentano.

* * *

UN *PLAY BOY* SOBRE RUEDAS

Hoy con un perfil más bajo, Manuel Antelo extrañará la época en que se paseaba con las mejores modelos o, más allá en el tiempo, cuando se mostraba desnudo en su casa de piedra construida en la isla Mykonos, en Grecia.

El empresario automovilístico es, sin dudas, uno de los máximos exponentes de esa nueva generación de "yuppies" que llegaron de la mano del menemismo, como lo fue en su momento el banquero Marcos Gastaldi. Exitoso en sus empresas, el hombre no descuidó nunca sus salidas nocturnas y la elección de su compañía femenina, como lo registraron las cámaras fotográficas durante los tres últimos años. En casi todas las ediciones de las revistas dedicadas a los temas del corazón, aparecía un retrato del galante caballero junto a alguna agraciada señorita, siempre del rubro de las modelos.

Licenciado en Ciencias Económicas en la exclusiva Universidad de La Sorbona, el hombre, que dejó Rosario a los dieciocho años, un día se encontró con el exitoso Luciano Benetton y le preguntó de qué manera se podía bailar con amigas y no salir luego en las fotos. Tal vez creyendo que estaba frente a un extraterrestre, el italiano lo miró fijo y le espetó: "No yendo a lugares públicos, caro amigo". Allí, seguramente, Antelo aprendió la lección y... la cumplió al revés.

En Buenos Aires, a la cabeza de la empresa Ciadea, el simpático empresario comenzó a crear un verdadero emporio y a convertirse, de paso, en un integrante más del exclusivo *jet set* porteño. A fuerza de gracia, buenos modales y algunos auspicios en fiestas importantes, el atildado hombre comenzó a ser una figurita repetida en la noche de Buenos Aires. De allí a conquistar alguna modelo *top* fue un solo paso que, por supuesto, le ayudó a dar un amigo inmerso en las relaciones públicas.

Primero intentó, sin suerte, conquistar a Raquel Mancini en el tórrido verano del '94, en Punta del Este. La protagonista de "Brigada Cola" no le dio ni la hora. Lejos de desalentarse, Antelo decidió juntar fuerzas y esperar la temporada oficial en la City porteña.

Tras mucha paciencia, el empresario dedicado a los "fierros" pudo lucirse junto a una bella señorita. La que cayó en sus finas redes fue Daniela Urzi, en aquel momento una de las más famosas "lolitas" que representaba Pancho Dotto. El primer encuentro se produjo en la disco "Caix", de la Costanera; luego fueron a cenar al restaurante "Gardiner". Era mayo y desde ese momento, la pareja se mostró con toda formalidad. El soltero más codiciado parecía haber encontrado la horma de su zapato pero...

Siempre hay un pero en las historias de amor. No podía ser la excepción el caso de este pobre mortal, amante de las buenas mujeres y de los libros de Gabriel García Márquez y Herman Hesse.

Cuando octubre de ese mismo año llegaba a su fin, igual destino corría la pareja formada con Daniela. Enjugando sus lágrimas con una celeridad asombrosa, el acaudalado empresario decidió olvidar el mal paso de la mejor manera: conquistando otra modelo.

Como la frase dice que un clavo saca a otro, el Don Juan del Río de la Plata se abalanzó sobre Vicky Fariña, ex pareja de Charly Alberti, baterista de Soda Stereo.

Por intermedio de amigos en común, la parejita se conoció en una fiesta del ambiente. A los pocos días decidieron cortarse solos y fueron a comer a "Bice". Luego de una opípara cena y algunas bedidas sin alcohol, los nuevos amigos decidieron terminar la noche en "Blades", cerquita de la embajada de los Estados Unidos. Al finalizar la velada, los tortolitos se encontraron con algunos fotógrafos en la salida. Como para despistar, el hombre se fue en un taxi y la niña en un automóvil que, casualmente, era un Renault. El amor, como decía el Tanguito de celuloide, es más fuerte.

A fin de evitar otra situación difícil como la de los autos separados, el hombre de negocios decidió invitar a su nueva pareja a pasar la tradicional fiesta de Halloween nada menos que en Nueva York. Allí, distendidos, los enamorados se pasearon en ropa deportiva —ella con un buzo enorme y él con una camiseta blanca— por el Central Park y se refugiaron en el hotel Park Lane. Pese al hermetismo, sus paseos pudieron ser presenciados y retratados por algunos *paparazzis* que, casualmente, estaban en la ciudad norteamericana.

Días antes de este viaje relámpago, Antelo aprovechó, en su calidad de empresario, una visita oficial al presidente Carlos Menem para presentarle, casi oficialmente, a la bella Vicky Fariña como su nueva pareja.

Mientras esto ocurría, en Buenos Aires su ex Daniela Urzi se mostraba sonriente junto a Patricio Giménez, hermano menor de Susana Giménez con ínfulas de cantante. Juntos estuvieron en la Sociedad Rural, en una cena a beneficio del

Teatro San Martín. Juntos también se fueron a la hora de los postres.

Claro que todavía faltaba algún capítulo más en esta historia rosa de encuentros y desencuentros.

El calendario marcaba diciembre y en ese mes se efectuaba la boda del financista Jorge Terrado, amigo común de Antelo y de su ex, Daniela Urzi. Como dos personas adultas —aunque él, en realidad, doblaba en edad a la "lolita"— los otrora felices novios decidieron concurrir juntos a la fiesta de enlace que se realizó el miércoles 7. En ese lugar, tal vez emocionados por el clima de felicidad que reinaba, ambos tomaron la decisión de reiniciar su romance. Antes de fin de año, los reconciliados personajes de esta aventura se dirigieron un fin de semana a Punta del Este, en compañía de Valeria Mazza y su novio Alejandro Gravier. Allí también se encontraron con Marcos Gastaldi y su esposa María José, días antes de que el maldito "Efecto Tequila" arrasara con su banco Extrader, y con él a varios integrantes de la farándula vernácula.

La alegría, como las mejores cosas, le duró bastante poco al galante caballero. Densos nubarrones y la aparición del astro futbolístico Diego Maradona hicieron que Daniela decidiera, definitivamente, abandonar a su acaudalada pareja. Otra vez la desazón llegaba al dueño de Ciadea, amante de descubrir inteligencia en bellas modelos.

Herido en su *ego,* Manuel Antelo decidió poner la proa de sus sentimientos hacia la promocionada Dolores Barreiro, la *top model* del momento y novia de Pancho Dotto. Primero fue un acercamiento en las doradas playas de Cancún, donde ambos fueron a buscar un poco de paz y tranquilidad.

Tranquilidad, precisamente, fue la que perdió el representante y media naranja de la modelo, cuando vio salir a los dos del *free shop* de Ezeiza con una inocultable sonrisa.

"Nada que ver Pancho, nos encontramos en el aeropuerto y nos pusimos a conversar. Yo te quiero a vos", intentó explicar la profesional de la moda, sin demasiado convencimiento.

Dotto, especialista en excusas, no creyó mucho en la que le daban, pero como un *gentleman* la pasó por alto.

Lo que no pudo evitar fue que nuevamente Antelo y Dolores se encontraran, esta vez en la bella ciudad de París. Allí llegó primero la Barreiro junto a su familia, en plan de descanso y para comprar alguna ropa. Días después llegó, también por obra y gracia de la casualidad, el empresario. Para despistar, reservó durante varios días pasajes en diversos vuelos de línea, para optar finalmente por volar un domingo a media tarde en Iberia rumbo a Madrid, y de allí a la Ciudad Luz. Mientras ellos seguramente paseaban por las callecitas parisinas, el pobre Pancho intentaba en Buenos Aires parar los rumores y acusar a la prensa de persecución.

A su regreso, el hombre de negocios nuevamente se mostró a la conquista del mundo de la pasarela, tal vez para evitar un posible escándalo. Durante la presentación del Peugeot 306, puso sus ojos en la frágil figura de Moira Gough. Otra famosa "lolita" se cruzaba en su camino. La niña, lejos de darle importancia, decidió arrojarse en brazos de Emanuel Ortega, el famoso hijo de Palito y Evangelina.

Con una copa en la mano, alejándose de la pista, seguramente Antelo guardará en algún momento su pilcha de *play boy* y decidirá meterse de lleno en sus empresas. En ese momento, habrá comprendido que su suerte corría por los mismos carriles que el menemismo. Cuando se entere, quizás esté solo.

Las chicas, mientras tanto, seguirán cubriendo las páginas de las revistas con la misma sonrisa que alguna vez le regalaran a él.

* * *

UNA PASION EN LA NIEVE

En el invierno de 1993, la revista *Tele Clic* invitó a una de las más bellas actrices argentinas —hoy dedicada a la conducción de programas periodísticos— a realizar una nota "caliente" en la nieve. El lugar elegido por la publicación fue Chapelco, y hacia allí se dirigieron la rubia artista y los enviados especiales de la revista: Nora, una simpática periodista de pelos colorados y pechos generosos, y Henry, uno de los fotógrafos más reconocidos entre sus colegas por su valentía.

Ni bien se encontraron en Aeroparque, Gracielita le echó

el ojo al fotógrafo, joven apuesto y vital. Antes de embarcarse, la figurita femenina ya le había hecho una radiografía de pies a cabeza. Le dedicó algunos mohines seductores y luego se marchó hacia el micro que conducía a la aeronave del brazo de la cronista, con quien compartiría el asiento hasta la llegada a destino. El *chasirette,* por su parte, se sentó varias filas más adelante, sin chance de escuchar los cuchicheos de las damas.

Minutos después del decolaje, la ahora hilandera de vidas privadas lanzó su primera estocada a fondo con el fin de conquistar su presa.

—Che, Nora, ¿qué onda tenés con el fotógrafo?

—¿Cómo qué onda tengo? ¿A qué te referís? —contestó la periodista sin entender demasiado el origen de ese interrogatorio.

—Digo si salís con él, si tenés algo que ver o te lo querés transar...

—No, nada que ver.

—Mirá que te lo pregunto en serio, ¿eh? No te estoy jodiendo.

—Y yo también te lo digo en serio. No tengo nada que ver con él y tampoco me atrae. No es mi tipo.

—¡Andá! No me digas que no te gusta. Fuera de joda. ¿No te lo voltearías?

—No, ni ahí.

—Mirá que si no, me lo transo yo...

—Y dale.

—¿Me das permiso?

—Seguro. Ahora, hay que ver si él quiere.

Habrían sido tres noches lujuriosas al máximo, sobre todo la primera, que dicen fue infernal. Se propusieron, dicen, hacer el amor sin descanso hasta el amanecer. En la cama de roble con sábanas de seda, en la alfombra, en los sillones, en el *jacuzzi* color beige, en todas partes.

Las dos noches siguientes habrían sido más románticas, a tal punto que habrían llegado a encender velas alrededor del mencionado *jacuzzi.*

También dicen que, como la relación estaba blanqueada frente a la cronista, se animaron a llamarla para que les tomara una fotografía de recuerdo.

Al regreso del viaje, la rubia conductora tuvo que hacer un

viaje relámpago al exterior por no más de cuatro días, regresando justo para la edición de la producción periodística y fotográfica. Vio las fotos, eligió las que más le gustaban para que acompañaran el reportaje y para que le hicieran copias personales. Antes de irse llamó a su reportero gráfico favorito, que se encontraba en su sección, ubicada en el primer piso de la editorial.

Cuando el improvisado Romeo de la nieve entró a la redacción, su famosa Julieta los llevó, a él y a la periodista testigo de la jornadas de amor, a una oficina que estaba desocupada. Cerró la puerta y le entregó a cada uno un primoroso paquetito.

—Esto es para ustedes, gracias por haberme hecho pasar un fin de semana tan lindo...

La cronista recibió una cámara de fotos con la que, seguramente, habrá podido inmortalizar otros romances fugaces.

En el paquete del fotógrafo había un reloj costosísimo, precedido de un beso tibio, húmedo e intenso. Un beso que se prolongó mucho, mucho... hasta que un indiscreto redactor osó abrir la puerta sin golpear.

* * *

YA TIENE COMISARIO LILIANA

Además de ser uno de los peluqueros de los famosos, Miguelito Romano es algo así como un Cupido criollo. Como todo buen... *coiffeur,* el caballero tiene vocación por despertar amores entre sus amigos. Fue él, precisamente, quien sirvió de enlace para que se conocieran dos personalidades tan diferentes como Liliana Caldini y el subcomisario Luis Patti.

Ella llegó a la fama a los dieciocho años como modelo, y luego conmocionó a la opinión pública casándose con Cacho Fontana, a quien convirtió en padre de dos bellas hijas. El también tuvo sus minutos de fama, al ser procesado por apremios ilegales en Pilar y luego presidir la investigación del crimen de María Soledad en Catamarca, por expreso pedido del presidente Carlos Menem.

Nadie, *a priori,* podría haber apostado por un romance entre ambos. Ni siquiera a una amistad de compromiso. Sin embargo, en ese asado en una lujosa quinta de Ingeniero Maschwitz, comenzó una relación que después también saltaría a los medios.

Del policía, lo primero que llamó la atención de Liliana fueron "las manos y la dulzura de su mirada. Es más bueno que el Quaker", tal cual lo definió ante un grupo de amigas que le cuestionaban sus encuentros secretos.

Al terminar la velada en la quinta, se despidieron con cierta formalidad. El ni siquiera le pidió el teléfono, cosa que a ella le extrañó un poco. Mucha más sorpresa demostró cuando, días después, sonó el teléfono de su casa y del otro lado se escuchó la inconfundible voz del subcomisario. Como hombre ducho en obtener información, el caballero supo de qué manera encontrar a la mujer que le había quitado el sueño desde aquella comida campestre. En ese momento la Caldini estaba conduciendo un ciclo en ATC llamado "Cinco Mujeres", y con la excusa de invitarlo al programa, quedaron en encontrarse en Vía Veneto, una confitería ya desaparecida del pasaje Schiaffino, en plena Recoleta.

El policía nunca fue al programa, pero ellos se volvieron a encontrar varias veces, incluso en una parrilla de Tortuguitas. En ese lugar, dicen algunos memoriosos, se produjo un robo a mano armada en el preciso momento en que ambos tortolitos se encontraban degustando unas entrañitas. En ese suceso a Patti le fue sustraída el arma reglamentaria, lo que le costó una sanción disciplinaria. Dicen que el hombre con fama de duro, no habría reaccionado por temor a lastimar a su famosa acompañante.

A partir de allí se hicieron casi inseparables y la ex modelo decidió blanquear su situación frente a sus hijas, a tal punto que cada vez que la pasaba a buscar, él se sentaba en el living a mirar tele o a charlar con las mellizas Ludmila y Antonella.

Pero el romance llegó a convertirse en un fuerte rumor cuando el subcomisario fue arrestado en la comisaría de Florencio Varela —de la cual era titular—, por fuertes declaraciones que hizo contra el entonces jefe de la Policía bonaerense, Osvaldo Somohano. Hasta allí se trasladó en varias ocasiones la bella Liliana, para acompañarlo en ese difícil momento.

La relación comenzó a fortalecerse, pese a que él seguía insistiendo en que no se había separado y seguía conviviendo con su mujer.

Precisamente esas afirmaciones del policía hicieron estallar una crisis en la recién formada pareja. A eso se le sumaron ciertos dichos de los hijos de Patti, quienes sostenían que "papá y mamá duermen juntos".

El lío había estallado, y el funcionario policial no sabía de qué manera arreglarlo. Por suerte recordó que durante su estadía en Catamarca había conocido a una regordeta cronista dedicada al espectáculo —hoy trabaja en un ciclo chimentero— y de apellido de signo zodiacal. De inmediato la llamó, y apelando a los buenos momentos profesionales y humanos —muchos más de éstos— que pasaron en aquella provincia, le pidió que intercediera por él.

Fue así que a bordo de su Regatta —él, vestido de uniforme— el subcomisario, la conductora y la periodista estuvieron durante varios minutos tratando de arreglar el entuerto. La reportera se convirtió en testigo único y privilegiado de ese encuentro, porque habría amenazado al subcomisario con contar ciertas intimidades suyas durante su paso por la provincia de Catamarca. Más precisamente, ciertas batallas amorosas con algunas cronistas, entre las cuales habrían figurado ella misma y otra conocida en el ambiente como "La Polaca".

Deshaciéndose en disculpas, el caballero aseguró que nunca había negado su relación.

"¿En serio pudiste pensar que yo dije eso? Lo que pasó fue que me apuraron y yo no quiero tener líos. Imagináte las cosas que podrían decir mis vecinos de mí", fue la tibia defensa que esgrimió el acusado de torturas. La tormenta con Liliana parecía haber pasado, pero todavía faltaba el coletazo entre sus colegas de armas.

Casi de inmediato, Luis Patti sufrió arresto por cuarenta y cinco días por viejas declaraciones contra el juez Borrino. En la interna policial se asegura que, en realidad, la decisión llegó porque el subcomisario no guardó el decoro necesario como miembro de la repartición. Es más, cuentan que cuando le confirmaron la sanción, su superior en ese momento le puso frente a sus ojos las notas, publicadas en *Gente* y *Tele Clic,* sobre su romance con la ex mujer de Cacho Fontana.

De a poco la situación comenzó a complicarse. El policía entró en una grave crisis de salud, que lo llevó primero a ser internado en el hospital de Campana y luego en el Argerich. Había sufrido un cuadro de gastroenteritis, con vómitos de sangre incluidos, y severos dolores en el pecho.

Mientras estuvo convaleciente, Liliana Caldini nunca fue a visitarlo. En aquel momento se dijo que lo había hecho para evitar el acoso periodístico. La verdad estaría más cerca del lado de una llamada telefónica del oficial, avisándole que la relación se había terminado debido a las presiones que venía sufriendo por parte de sus colegas y su familia. Su esposa, tal vez olvidando los momentos pasados, le llevó manzanas verdes al hospital, lo único dulce que permitía su rigurosa dieta. Ignacio, uno de sus hijos, lo agasajó con un Oso Panda.

Atrás habían quedado aquellos interminables fines de semana en la casa de Liliana, en Punta Chica, cuando la pareja y las dos mellizas se bajaban varios tarros de dulce de leche mirando la televisión. Lo que ella nunca le perdonó fue que no la haya mirado a los ojos para decirle que ya no la quería. El, que se jactaba de no quitarle la vista a los ladrones más pesados.

Una mujer había conquistado y roto el corazón de un duro.

* * *

¡ESA LENGÜITA!

Ella es una de las modelos *top* del momento. Alta y esbelta, la niña se convirtió en la profesional más buscada a la hora de realizar producciones gráficas o figurar en la tapa de alguna revista de actualidad. De la nada llegó a la cima de su carrera casi por arte de magia.

Entre sus colegas, sin embargo, se asegura que su inusual trepada a la fama tendría más que ver con sus relaciones peligrosas con la fauna masculina que con sus verdaderas dotes sobre una pasarela. Primero se señala su relación con un profesional dedicado al manejo de las carreras de las modelos, quien en varias ocasiones se presentó como su novio.

Los otros dedos acusadores señalan directamente a un importante e influyente hombre de negocios, que se maneja en el exclusivo mundo de los "fierros" como el hacedor de esa brillante carrera de la "dolorida" *mannequin.*

Claro que entre las demás niñas que desfilan, la envidia y los rumores juegan un papel preponderante a la hora de referirse a esta triangular relación. Ellas dicen que su compañerita tendría una enfermedad que no le permite bajar en ningún momento sus ansiedades sexuales, por lo que sus encuentros masculinos se reproducen casi sin solución de continuidad.

La ascendente modelo tiene otro defecto: una lengua larga y filosa a la hora de hablar de sus parejas o novios.

De su media naranja oficial, la dama no tuvo empacho en asegurar que su masculinidad es una de las más importantes, pero con ciertas dificultades para erguirse a la hora en que los himnos resuenan marciales. Incluso, sus faenas se podrían contar con un segundero, siempre de acuerdo a los dichos de esta profesional de la moda.

También en rueda de amigas, cuando se concentran para salir a escena, la mujer se refiere a su amigo automovilístico como todo un caballero, pero muy lento a la hora de avanzar sobre las acciones íntimas. "Es más, viajamos juntos y el tipo ni siquiera me tocó un pelo. Es muy divertido estar con él, pero yo necesito algo más de emoción", aseguró muy suelta de cuerpo, ante las sonrisas cómplices de sus amiguitas.

Como se ve, es mejor ser atropellado por un camión que caer en el campo de acción de las filosas lenguas del modelaje nacional.

* * *

"VAMOS DE PASEO, TI... NE... LLI"

Los primeros encuentros amorosos entre Marcelo y Paula Robles no fueron, precisamente, todo lo ortodoxo que le gustaría a la chica. Un poco por miedo a ser descubiertos por los *paparazzi* y otro poco por ciertos recuerdos adolescentes de

Bolívar, el popular animador decidió protagonizar sus escarceos casi al aire libre.

El primero de ellos fue en uno de los pocos "guindados" que aún se conservan en la zona de los lagos de Palermo. Allí, a bordo de su viejo Peugeot 505, los tortolitos iniciaron un cálido acercamiento con suave música de FM de fondo.

Sin darse cuenta —el amor borra todos los límites horarios— el amanecer casi los sorprendió con la radio encendida y... ¡la batería del auto gastada! Vanos fueron los intentos del muchacho para hacer arrancar el vetusto automóvil. Empujándolo, lo sacaron del guindado y esperaron que un solidario *tachero* les diera un empujoncito. Oculto tras un árbol, Marcelo observó con alivio cómo su auto al fin arrancaba. Eso sí, el taxista nunca recibió el saludo del animador.

El otro encuentro casi campestre se produjo más precisamente en la recordada zona de "Villa Cariño". Allí Tinelli y su novia, luego de una cansadora jornada en "Videomatch", se dedicaban a observar las estrellas y a hurgar sus anatomías con premura casi infantil.

Embarcados estaban en ese conocimiento carnal, cuando una extraña luz los enceguecíó. La linterna del oficial de la policía enfocó al rostro del hombre. Luego, el agente no lo pudo creer: la cédula que tenía en su mano decía "Marcelo Hugo Tinelli".

"En serio sos vos. Hacéme el favor, andáte de acá rápido. Esta vez no te hago nada. ¿Sabés la cantidad de robos que hay por acá?", preguntó con estupor el oficial.

A partir de ese momento, la pareja decidió pasar sus ratos amorosos de manera más convencional, es decir entre cuatro paredes y, en lo posible, sobre una cama.

* * *

EL ANICETO Y LA FRANCISCA

En el *jet set* local se comenta casi con extrañeza la fuerte amistad que une a María Julia Alsogaray con Leonardo Favio, sobre todo teniendo en cuenta las posiciones políticas que en su momento los tenían en veredas diferentes.

Los eternos memoriosos, sin embargo, recuerdan que esa sin par relación habría nacido en 1972, más precisamente, durante el rodaje de esa mítica película llamada "Juan Moreira".

Cuentan que todos los días, la recordada funcionaria llegaba a la ciudad de Lobos —lugar elegido para la filmación— a bordo del Mustang de Tito Hurovich, productor del filme. Durante horas, María Julia se quedaba observando las tareas de la gente, y esperaba paciente un alto para encontrarse a solas con el director.

Como para alejarse de las miradas indiscretas —y sobre todo de la férrea marca personal de Carola, esposa de Leonardo— la parejita iba a descubrir lugares ocultos en el paisaje bonaerense, o bien se quedaba dentro del automóvil, empañando vidrios y charlando, seguramente, de las andanzas de ese gaucho matrero.

A tanto llegaba la amistad, que en un momento dado la filmación estuvo a punto de naufragar y fue María Julia quien salvó el mal momento. Un día la dama se presentó en el despacho de Saturnino Montero Ruiz —en aquel momento director del Banco Ciudad— y solicitó un crédito. Grande fue la sorpresa de los productores cuando, veinticuatro horas después de ese casi milagroso pedido, apareció el dinero constante y sonante.

Después del estreno, y como para seguir festejando, la parejita se encontraba a solas en un departamento que Leonardo Favio tenía en el 2836 de la calle Arenales. Allí, casi en un sueño, los tortolitos recreaban esa última y magnífica escena de "Juan Moreira".

¡Chirinoooo...!

* * *

CELOS

Las estrellas de televisión tienen algunas actitudes que rozan el divismo de la época de oro de Hollywood, cuando, por ejemplo, las actrices consagradas no compartían ni cartel, ni camarín, ni escenas con otras que se parecieran a ellas.

Esa extraña forma de trabajar la tuvo, en su momento, Luisa Kuliok.

En Canal 9 recuerdan cuando, a los gritos, le exigió primero al productor y luego a Mario Bovcon, gerente de programación de la emisora, que echaran a una actriz porque su peinado se parecía mucho al negro y enrulado que ella usaba. Por supuesto, la ignota artista tuvo que teñirse el pelo y, a partir de ese día, una anónima orden dejaba en claro que sólo Luisa podía tener ese cabello. Las demás, que se joroben o se tiñan.

Algo similar sucedió, hace poco, entre Susana Giménez y Soledad Silveyra. Ambas actrices comparten las tijeras del farandulesco Miguelito Romano, quien a esta altura del partido no recuerda muy bien qué tipo de cortes le realiza a sus famosas clientes. Fue así que el *coiffeur* no tuvo mejor idea que aplicarle a la recordada protagonista de "Rolando Rivas", la misma tintura importada que exclusivamente le aplica a la conductora de "Hola Susana".

Grande fue la sorpresa de la telefónica diva cuando vio a su colega con el mismo tono de pelo que ella luce todas las noches desde las pantallas de Telefé. El pobre Miguel tuvo que escuchar los gritos de doña "Su", mientras esperaba ingresar como invitado al ciclo de entretenimientos. Después de amenazarlo con cambiar de peinador, la Giménez logró la promesa de Romano de cambiarle el teñido a la pobre "Solita".

Susana se olvidó, en ese momento, el loable trabajo que realizó el bueno de Miguel Romano cuando la artista del *tubo* comenzó a ver cómo se le caía peligrosamente el cabello. El fue quien le recomendó un tratamiento. Mientras los capilares crecían con fuerza, el peluquero la embellecía con miles de extensiones que cubrían su incipiente calva. El crecimiento final del cabello, por lo visto, fue inversamente proporcional al de la gratitud.

En el Olimpo, hay que dar examen todos los días.

* * *

ESTA BOCA ES MIA

"Sólo los lindos son triunfadores, y si no tienen capacidad, no importa."

NANCY DUPLÁA, *Flash*.

"Lo que es bello es bueno, y lo que es bueno no tardará en ser bello."

SAFO.

* * *

"Ser hipócrita y diplomático es un arte."

PATA VILLANUEVA, *Clarín*.

"La verdad es prueba de sí misma, y no necesita más retoques."

BEN JONSON.

* * *

"En realidad, descubrí las ganas de divertirse y de romper las rutinas de las señoras que me llaman."

NICOLÁS REPETTO, *Gente*.

"El mundo es embustero. Promete una felicidad que no puede dar."

MARQUESA DE POMPADOUR.

* * *

"Por lo único que me interesa este trabajo es por la plata."

GUSTAVO BERMÚDEZ, *Clarín*.

"Por qué contentarnos con vivir a rastras, cuando sentimos el anhelo de volar."

HELEN KELLER.

Y EL PESCADO SIN VENDER

Carlos Andrés Calvo es, sin dudas, uno de los hombres más codiciados en la farándula criolla. Pero también es una de las intrigas sentimentales para los periodistas que intentan desentrañar las cuestiones de los corazones famosos.

Siempre mentiroso, Carlín oculta con pasión todos y cada uno de sus romances, salvo claro está, aquel ya mítico con Luisina Brando, única mujer que casi logra llevarlo al altar. Después, por su vida pasaron muchas mujeres. La última, dicen, fue la agraciada Emilia Mazer, actriz que nunca aportó demasiados datos para los buscadores de chimentos debido a sus actitudes de artista "seria", salvo un desliz sentimental con Fabián Vena, recordado pelilargo de "La banda del Golden Rocket".

Lo cierto es que la niña logró cautivar el inconquistable corazón de Calvo, al punto que a principios del '95, decidieron realizar un largo y accidentado viaje a Chile para atemperar su pasión y, de paso, escapar de los *paparazzi* locales.

La idea del galancete era pasar solitos el 22 de febrero, día en que la Mazer cumplía años. Los tortolitos emprendieron su periplo transandino a bordo del auto importado del actor, sin temor a recorrer los 1.700 kilómetros —con paso de cordillera incluido— que nos separan de tierra chilena.

Su primera escala importante —precisamente el 22 de febrero— se produjo en la ciudad de Potrero de Funes, donde los enamorados pasaron el día comiendo, brindándose arrumacos y sorprendiendo a los turistas —la mayoría de la tercera edad— que acertaron a pasar por allí.

Pero las desgracias llegaron cuando la parejita arribó al mejor hotel de Viña Del Mar. Allí Carlín, de manera imprevista, decidió poner paños fríos a la ardiente relación, generando una agria discusión con la actriz, ávida de seguir encontrando felicidad sexual.

Esa misma noche la pasaron en camas diferentes. Ella intentando dormir. El mirando por televisión un intranscendente partido de la Universidad Católica de Chile.

Al otro día, la hecatombe.

Apenas se despertó, el galán comprobó que su compañera había abandonado la habitación. Creyendo que se trataba de un capricho pasajero, esperó pacientemente su regreso. Al llegar la noche se dio cuenta de que esto era algo imposible. Solito, sin más compañía que su lujoso auto, Carlos Calvo emprendió el regreso por esos 1.700 kilómetros que lo separaban de su departamento en la Avenida del Libertador. Los que lo divisaron por la ruta aseguran que vieron palpable la imagen de un *play boy* perdedor. Sin compañía y con sueño, Carlín tuvo que esperar tres días más para que su evaporada amiga regresara de la tierra de Pablo Neruda.

Nunca un viaje de regreso tardó y dolió tanto.

* * *

UN HOMBRE POCO DISCRETO

Muchas veces las informaciones más jugosas son aquellas que nunca llegan a publicarse. En el periodismo lo que se calla siempre, o casi siempre, es más importante que lo que llega al lector. Ese fue el caso, por ejemplo, de una demoledora declaración brindada por un ciudadano español, llamado Manuel Sotelo, contra un conocido periodista dedicado a la farándula.

Por aquellos tiempos —finales de 1992—, el dueño de Editorial Atlántida se hallaba embarcado en una pelea personal con este conductor de sangre charrúa, debido a su insistencia con los autos *truchos,* delito con el cual el empresario se había visto relacionado. Como una manera de vengarse, el editor decidió inmiscuirse hasta el fondo en la vida privada de este verdugo artístico.

Fue así que un grupo de periodistas dio con "Nolo" Sotelo —años después conocido por su romance y simulacro de casamiento con Silvia Süller—, y se encontró con un hombre que había sido de suma confianza del animador y que, por una extraña razón, estaba dispuesto a contar todo lo que sabía.

Sin saber con qué se podían encontrar, los escribas se sentaron frente al galaico sujeto y pudieron escuchar una declaración realmente estremecedora y que nunca vio la luz. Hasta hoy...

—Al incorporarme a su equipo, me transformé casi en su

mano derecha. Estábamos juntos las veinticuatro horas y, obviamente, compartíamos las salidas nocturnas. En esa época yo salía con Alejandra Pradón, y él estaba muerto con su hermana Poupée. Quería que le hiciera gancho, que le programara un viaje juntos. Cuando me negué se enojó mucho y me trató bastante mal. Pero después se le pasó, porque a él le vuela la cabeza una gatita paraguaya que se llama Julia Ortiz. Es su amante desde hace dos o tres años y físicamente es una versión morena de Alejandra Pradón. La ve periódicamente y yo mismo organicé y participé de esos encuentros.

"En julio pasado (se refiere al año 1992), por ejemplo, nos hicimos una escapada a Río de Janeiro. Viajamos juntos porque Julia fue con Verónica Barboza, una amiga suya que estuvo conmigo. Como siempre yo coordiné todo. Compré los pasajes en Centro Turístico, una agencia de Corrientes y San Martín. Allí me atendió la señora Susana Peón, quien extendió nuestros pasajes y se encargó de enviar los de las chicas a Asunción. Porque nos encontramos en Río. Nuestro avión llegó antes, así que nosotros las esperamos en el Hotel Sheraton, donde ocupamos las habitaciones 805 y 806, en el décimo piso. Ese fue el viaje en que salió desnudo por los pasillos...

"Una noche, totalmente alcoholizado, salió desnudo de su habitación para pedir hielo. No es chiste: anduvo en bolas y borracho por los pasillos. Apareció el gerente del hotel y se armó un lío bárbaro. Incluso se cayó una botella y le lastimó el pie a la chica que estaba conmigo...

"Julia y Verónica son dos mujeres espectaculares, morenas, exuberantes. Recuerdo que en Río había mucha gente de Mendoza y yo tenía que caminar solo con ellas, porque a él lo podían ver y decirle algo. La noche que fuimos a bailar a Plataforma Uno, fue un infierno. Pero al final alguien nos vio. A nuestro regreso, la chica que pasa la moda en su programa nos dijo que una amiga suya nos había sacado fotos a los cuatro juntos en el Corcovado. El se enloqueció, pero al final arreglamos para decir que nos habíamos cruzado accidentalmente y zafamos...

"Quince días después, ya en Buenos Aires, me pidió que le hiciera una reserva en el appart hotel Edificio Suipacha (Marcelo T. de Alvear entre Suipacha y Esmeralda) y que lo acompañara a Uruguay. El tenía que patentar un auto y, de paso, pensaba aprovechar para ver a Julia Ortiz. Me negué a acompañarlo, pero no pude evitar hacer la reserva y sacar los pasajes por Pluna a mi nombre. Esa era su coartada para no quedar pegado. Los pasajes eran para ellos, pero los pagaba yo. La habitación era para ellos, pero los pagaba yo con mi tarjeta Visa (muestra el comprobante con fecha 30-8-92, por un total de 390,82 pesos)...

"...La Ortiz llegó al aeroparque a las 16.40 del jueves 26 y se alojó en el appart a las 17.30. El viernes 27, a las 9, ella y él abordaron el vuelo hacia Montevideo y regresaron el sábado 28 a las 10.30. Ocuparon la habitación 304 del Suipacha y ella abandonó el lugar el lunes 30 a las 9.30.

"A esa Julia Ortiz le dicen 'Suelen', en el ambiente de los gatos. El la conoció hace tres años en Athos y le dio vuelta la cabeza. En el último viaje a Río le regaló 3.500 dólares para que se comprara un autito y hasta llegó a ofrecerle plata a Verónica, la chica que estaba conmigo, para que hiciera como que era mi novia y, de esa manera, seguir viendo a Julia.

"—Ustedes, ¿cuándo se pelearon?

"—Hace un mes y medio atrás, en el canal. El había dicho que yo había intentado levantarme a Graciela Alfano y que tenía un asistente especial para recoger la baba... Al final discutimos y me fui. Más tarde me llamó a su oficina y me dijo que nunca nadie le había hecho un desplante como éste... y que si llego a contar las cosas que hicimos juntos, todo ese asunto de viajes y mujeres, me va a pegar un tiro...

"—¿Hizo alguna denuncia policial?

"—No, lo hago público a través de ustedes.

"—¿Pero fue una amenaza o no?

"—Podía ser una amenaza, ya que a él lo estaban siguiendo por esta mina Julia Ortiz. Parece que un comisario lo estaba siguiendo por intermedio de no sé qué revista. Según él, tenía mucha banca. Un día lo acompañé hasta la Casa de Gobierno, donde lo esperé en la puerta. Dijo que lo había atendido Adelina de Viola y unos días después, cuando lo llamé por teléfono, me comunicó que, de ahí en más, ese comisario iba a dirigir el tránsito en la Patagonia...

"Realmente tengo miedo porque sé que es un hombre violento. En realidad, él es de insultar todo el tiempo. Sus empleados pueden dar fe (...)."

Cuando terminaron de charlar con "Nolo", los periodistas se dieron cuenta de que tenían entre manos una nota escandalosa. Incluso encontraron algunas fotos de la gatita paraguaya. De inmediato tipearon la nota y se la enviaron al dueño de la editorial.

Después de varios días, el empresario la devolvió con una calurosa felicitación a los escribas, pero con orden de no publicarla. Además de las deudas entre ambos personajes, también existían historias que no debían ser contadas. Como ésta que nunca pudo ser leída por nadie...

Hasta ahora, claro.

* * *

INTEGRACION

Desde todos los sectores políticos se viene intentando, con distinta suerte, una verdadera integración económica con Brasil. Los desvelos de los vecinos, nos quitan el sueño a nosotros. Pero hasta el momento, todos los intentos de unión chocan con diferentes escollos. Para todos, menos para un hombre lejano al poder político pero con el as en la manga, que significa un éxito televisivo. Ese hombre es Marcelo Tinelli.

Tal vez, sin proponérselo, el conductor de "Videomatch" logró por un instante que las fronteras se borraran, gracias a los latidos del corazón. Del suyo y el de la bella Xuxa.

Mucho se habló y escribió sobre el supuesto romance del animador y la reina de los bajitos. Pruebas, ninguna, más allá de sus chanzas en pantalla o sus mensajes encubiertos.

El, desde su separación —algunos aseguran que su amistad con Xuxa generó más de un conflicto con Soledad Aquino— solamente se mostró con Paula Robles, la espigada integrante de las "Tinelly's".

La brasileña, por su lado, acredita en su haber un largo romance con el astro futbolístico Pelé, otro con el malogrado corredor de autos Ayrton Senna y un *affaire* con su médico norteamericano. De relaciones fijas, nada, pese a las siempre vigentes sospechas de cierta inclinación sexual hacia el lado de las mujeres, con denuncia de acoso sexual a sus "Paquitas" incluida.

Encuestas en las revistas y en programas televisivos aseguraban que la pareja conformada por Xuxa y Tinelli eran lo más cercano al ideal. Incluso, algún extraviado tuvo la peregrina idea de ofrecerles encabezar una película y una tira televisiva. Lo que la gente desconocía era que esa supuesta telenovela ya se había cumplido lejos de cualquier mirada indiscreta.

Como todos los años, Telefé organiza en los primeros días de enero la maratón "Juntos por un amiguito", con el fin de recaudar alimentos para los niños más necesitados del interior del país. Todas las figuras, durante un fin de semana, se hacen presentes en los estudios de la calle Pavón, y una de las que nunca faltan es la rubia brasileña.

Precisamente en enero del '93, la damita se acercó a Buenos Aires para formar parte de esta cruzada. Tinelli, sensible a las necesidades infantiles, también hizo su aporte a ese programa, que logró reunir cifras realmente sensacionales. Esto dio pie a un gran festejo entre todos los componentes. Algunos lo hicieron con cenas masivas. Otros prefirieron la intimidad de una *suite* de hotel...

Esta última alternativa, dicen, habrían elegido la impactante brasileña y nuestro compatriota. Cuentan que la férrea custodia de Xuxa, la noche del domingo, recibió una insólita orden de Marlene, la representante de la cantante: "Durante tres horas nadie puede molestar a Xuxa. Ella va a estar en su habitación y no quiere ser interrumpida. Por nadie...".

Claro que sólo un hombre quedó exento de esa drástica orden y pudo subir a la lujosa *suite* del hotel Alvear. Con su simpatía y su sonrisa permanente, el muchacho de Bolívar accedió a esos aposentos y fue recibido con alegría.

Lo que no esperaban los tortolitos, ni los guardaespaldas, era que otra persona podía también eludir el férreo sistema de seguridad.

Una ex "Paquita", echando mano a todo su poder de seducción, logró llegar hasta la *suite* de Xuxa con el fin de saludar a su ex jefa. Creyó que lo lograría cuando vio entreabierta la puerta de la habitación. Con su mejor sonrisa, asomó la cabeza y se encontró con un inesperado panaroma: Xuxa, luciendo unas democráticas calzas negras y sin pintura, mantenía su rostro pegado al del animador televisivo. Por debajo, sus manos buscaban algún lugar acogedor y cálido. La pareja quedó sin aliento al verse descubierta. De inmediato, la otrora empleada fue desalojada del lugar por los encargados de seguridad, quienes recibieron una severa reprimenda.

Marcelo, sin dudas, maldijo ese momento y recordó otro en el que también fue descubierto en posición adelantada. En aquella ocasión, todos los presentes a la ya mencionada recepción de Xuxa en el Palacio Sans Souci de San Isidro se sorprendieron al ver en primera fila el enorme ramo de rosas que llevaba la firma de Tinelli. Los organizadores, apostando tal vez a ese jugoso romance, decidieron dejar en evidencia al muchachito de Bolívar.

Por una vez, el Mercosur funcionó a la maravilla. Por lo menos en el tema de los sentimientos...

* * *

EL AUTO TRUCHO

"¿Qué haría yo en tu lugar? No se me ocurre nada. ¿Por qué no lo tirás al río?"

Susana escuchó con asombro la frase y se preguntó, para sus adentros, qué estaba haciendo en ese lugar y en ese momento. Había llegado hasta la quinta desesperada ante el acoso judicial y periodístico en torno de su, hasta el momento, supuesto Mercedes Benz *trucho*. Lo que nunca habría imaginado era que su excepcional consejero, muy suelto de cuerpo, le sugiriera algo que desde hacía semanas se le venía cruzando por la cabeza. De inmediato se dio cuenta de que esa no era la solución. Resignada, abandonó la quinta y se fue a su departamento del barrio de Belgrano. La sombra de las licencias para discapacitados la seguía persiguiendo como un fantasma.

Todo comenzó cuando el actor Ricardo Darín fue sorprendido por la policía, en la esquina de ATC, con una camioneta supuesta ilegal. Trasladado al Departamento Central de Policía, Darín —que en ese momento encabezaba una telenovela en la emisora estatal— comprendió que la compra del automóvil por un precio menor al de plaza encerraba, en realidad, un hecho ilegal. Durante todo ese fin de semana en que permaneció encerrado, el artista tuvo tiempo de reflexionar, y la Justicia de comenzar a desenrollar un carretel que los conduciría a descubrir que los ricos y famosos, a la hora de ahorrar unos pesitos, no son muy detallistas.

A partir de ese momento los nombres de personajes del *jet set* nacional comenzaron a correr entre las redacciones periodísticas y los corrillos judiciales. Así cayó Constancio Vigil y su Mercedes blanco —la "heladera" como cariñosamente lo llamaban los custodios de la Casa Rosada cada vez que llegaba a la explanada— chapa B 2268591, que figuraba a nombre de un empleado de su editorial. A las pocas semanas, el hábil empresario pidió disculpas públicamente, convirtiéndose así en el primero y el único que reconoció su error. Eso, por lo menos, sirvió para hacer olvidar a los encargados de la Justicia el momento que vivieron en el domicilio del caballero, cuando llegaron y descubrieron algunos repuestos comprados pocas horas antes, con el fin de volver a transformarlo en un coche para discapacitados.

La larga lista de compradores "truchos" se amplió con los nombres de Cristino Ratazzi, hijo de Susana Agnelli, dueña de Fiat y Alfa Romeo. Precisamente un auto de esta última marca, chapa C 1482945, fue la perdición del joven hombre de negocios.

Pero, sin dudas, el nombre que sorprendió a todos y le dio un cariz interesante al tema fue el de Susana Giménez. Lo que al principio fue un rumor, con el correr de la investigación, a cargo del juez Enrique Lotero, demostró ser una cruda realidad.

La punta de la trama comenzó a soltarse cuando tres vecinos de la platinada artista se comunicaron telefónicamente con la fiscal Fátima Ruiz López, asegurándole que el Mercedes en el que la Giménez se desplazaba era de dudoso origen. O por lo menos, eso era lo que aseguraban las chusmas del barrio, incluso en uno tan paquete como Belgrano.

Al principio, la telefónica diva decidió no darle importancia al asunto y, haciéndose la distraída, invitó a su ciclo de entretenimientos —por aquel entonces en Canal 9— a su ex pareja Ricardo Darín, quien ya había pasado por el mal trago de un fin de semana carcelario. Como una broma, la actriz intentó romper el hielo de la entrevista haciendo referencia al hijo del actor, presente en el estudio, diciendo "a ver si estudia Derecho, para sacarte".

El chiste no le cayó muy bien al hombre, que sería finalmente sobreseído. Lo que desconocía la dama era que el hijo de Darín, de estudiar Abogacía, también la hubiera podido defender a ella meses después.

Pese a hacerse la desentendida, "Su" sabía perfectamente que ese Mercedes Benz gris, chapa C 1330130, era de los llamados "rengos". Ella lo sabía, aunque José Steimberg, el hombre que se lo había vendido, le juraba que era totalmente legal. La Giménez lo conocía muy bien desde la época en que él representaba a Monzón y ella era su novia oficial. Su desconfianza se convirtió en realidad cuando revisando los papeles, advirtió que la transferencia todavía no estaba a su nombre y sí al de un desconocido llamado Cayetano Ruggiero.

Seguramente, en ese momento, la actriz se habrá arrepentido de no haber aceptado el pedido de dinero que a fines del '90 le había hecho el ahora popular lisiado.

—El "rengo" de tu auto pide tres mil dólares para hacerte la transferencia. ¿Qué hacemos, Susana? —dicen que le dijo "Cacho" Steimberg a la Giménez.

—Ni loca. No le doy más de dos mil. Si le gusta que lo agarre, sino que se joda. Dos lucas es muy buena plata —parece que le dijo la diva a su vendedor preferido.

—Entonces no le damos nada a Cayetano —finalizó el ex representante de Monzón, dando por terminado el tema.

Cuentan que el "maldito" automóvil ingresó al país a fines de 1987, para ser entregado al empresario Carlos Sergi, titular de Celulosa Argentina. Por alguna extraña razón, el hombre de negocios desistió de adquirirlo. José Steimberg, entonces, se lo ofreció a Susana. La dama juntó los dólares necesarios y se quedó con el regalito.

Cuando ya expiraba 1990, también lo hacía la excepción para discapacitados, por lo que el auto, legalmente, podía pasar a nombre de Susana. Pero parecer ser que Ruggiero no aceptó los dos mil dólares ofrecidos por Steimberg para firmar la transferencia y pidió, en cambio, tres mil. Susana, que no es precisamente de bolsillo generoso, se negó a desembolsar la irrisoria suma y dejó todo como estaba. Nunca imaginó lo que ese error iba a acarrearle. Todo por mil dólares. Y, encima, con la ley a su favor.

Cuando superó el primer momento de miedo, la telefónica diva pensó que lo mejor era sacar de circulación por un tiempo el lujoso automóvil. Por lo menos hasta que las aguas se calmaran un poco y pudiera aclarar su situación lejos de las indiscretas miradas de los periodistas.

Como en su casa no lo podía guardar —por obvias razones— su por entonces productor general, Ovidio García, se ofreció para guardarlo en una de las cocheras de su casa en Belgrano. Pero antes, el hombre intentó convencer a la actriz de la conveniencia de poner todo en manos de la Justicia y asumir el error.

—Susana, por qué no llevás el auto y las llaves a la comisaría y lo dejás ahí. Es la mejor manera de sacarte de encima el quilombo que se viene —dijo su productor.

—¡Estás loco! ¡Mirá si voy a perder 90 lucas por una boludez como ésa! —contestó, entre sollozos, la diva.

Ante la imposibilidad de convencerla, el coche quedó varias semanas en el hogar de don Ovidio. Una mano generosa, de vez en cuando, lo ponía en marcha como para que no se le carbonizaran las bujías.

Un año después, el pobre García se arrepintió de haberle prestado su mano solidaria a la artista ya que ésta, al pasar a las filas de Telefé, no sólo lo dejó en el camino sino que además se quedó con el título de "Hola, Susana". Aún hoy sigue vigente un juicio de casi un millón de dólares por los derechos de autor sobre la idea.

Después de varias semanas en esa cochera prestada, Huberto decidió que era hora de dejar el auto alemán fuera de la Capital. Fue así que una noche, junto a Eduardo Celasco —yerno de la Giménez— se llevaron la poderosa "Mecha" al campo que la familia del polista posee en el exclusivo country Tortugas. Allí estuvo por un lapso prolongado hasta que Inés Maura, madre del Roviralta, pidió a los gritos que se lo llevaran, porque los ilustres socios del country comenzaban a murmurar. De todas maneras, bien conocida era la inquina de la dama hacia Susana, a tal punto que fue una de las pocas que faltó al promocionado casamiento de la conductora. Las diferencias sociales eran inaceptables para la patricia familia.

Pero la estocada final llegó de la mano de un anónimo ciudadano, sediento de justicia, que dejó en la puerta del Juzgado de Lotero un sobre de papel madera. Dentro de él se podía ver una foto de Susana saludando desde la tapa de *La Revista,* apoyada en su Mercedes. Claramente se vía la chapa del coche. Comenzaba la búsqueda.

Con la Justicia pisándole los talones, la blonda Giménez decidió llevar su Mercedes Benz a otro lugar seguro. Su esposo volvió a tomar cartas en el asunto y a trasladar el coche maldito a otro campo, también propiedad de su familia, cerca de Pilar.

Una noche, el empleado Norberto Latorre se encontró con su patrón y el oneroso automóvil en las puertas mismas de la casa.

"Tomás, guardálo por unos días en el cañaveral. Que no le pase nada, sino Susana me mata", fue la extraña orden que recibió el petisero.

Hombre acostumbrado a cumplir el mandato de su patrón, Latorre de inmediato colocó el Mercedes en un cañaveral cercano a la propiedad —para más precisiones, a la derecha del casco principal— y allí lo tapó con un plástico celeste, para evitar que las inclemencias del tiempo dañaran la carrocería.

Durante varias semanas durmió allí, pero una seguidilla de tormentas hizo peligrosa la continuidad del automóvil en ese lugar y decidieron llevarlo a un galpón lindero a la casa. Esa fue su morada definitiva, hasta que el implacable juez Enrique Lotero lo descubrió un viernes por la noche.

Pese a todas las desmentidas posteriores, lo cierto es que el Mercedes apareció en ese establo, tapado con el plástico azul y con algunos fardos de paja encima, como una forma de esconderlo de cualquier tipo de mirada insidiosa.

Quien esto escribe fue testigo directo, por razones profesionales, de todo el operativo posterior. Después, algunos amigos de la diva intentaron hacer creer que el tema de los fardos fue un invento del periodismo y que, incluso, un cronista de televisión —en este caso yo— habría tenido la malhadada idea de poner la paja en el auto ajeno. La policía, en todo momento, evitó que la prensa se acercara al lugar. Imposible, desde esa distancia, acertar con el heno en el cuerpo del delito.

Lo que nunca supieron Susana y Huberto fue que un asado quemado se convirtió en el detonador de su caída.

Quien denunció la extraña presencia del Mercedes en el campo del polista fue, precisamente, una empleada doméstica llamada Lidia Correa. La muchacha, un domingo por la tarde, fue duramente reprendida por el esposo de la actriz al haber osado dejar quemar unas mollejas y algunos chinchulines. Pecado mortal para la familia Roviralta, por lo que la muchachita, al otro día, fue a parar con sus petates a la calle.

Durante varios días, la empleada pensó de qué manera podía vengarse de su patrón. La solución le llegó cuando, por los medios, se enteró que la Justicia estaba intentado localizar el supuesto coche "trucho" de la Giménez. Allí recordó a la "Mecha" que dormía en el granero, y de inmediato se comunicó con su novio.

Su media naranja era, nada más y nada menos, que un suboficial de la Policía bonaerense y chofer del jefe de la Unidad Regional de Mercedes, comisario inspector Alberto Pacce. Con el dato en la mano, y tal vez pensando en su ascenso, el rubio Córdoba se dirigió a su superior contándole la verdad. El comisario se atragantó con el mate cocido que estaba tomando y de inmediato se comunicó con la Capital Federal.

Del otro lado de la línea, pero en su caso atorándose con un té, el juez Lotero no podía dar fe a lo que estaba escuchando. Cuando cortó, sólo atinó a decirle a sus secretarios: "¡Bingo, encontramos el auto de Susana Giménez!".

De inmediato el magistrado y sus colaboradores se dirigieron al campo de Huberto, pese a que la noche ya estaba cayendo sobre la ciudad.

Al llegar al lugar señalado, la comitiva judicial —acompañada por la policía, el suboficial "Cacho" Córdoba y la empleada despechada— se dirigieron al cañaveral señalado. Cuando no encontraron lo que buscaban se sintieron defraudados. Pero un corto interrogatorio al petisero Latorre finalizó con el descubrimiento del automóvil.

"No sé, hace tres meses que está acá", fue la inocente respuesta del peón del polista.

Al abrir el granero, la Justicia se encontró con el tan buscado automóvil.

El trámite para la comisión judicial no fue fácil. El coche tenía una complicada clave computarizada antirrobo, que impedía ponerlo en marcha. El juez pidió auxilio al Automóvil Club Argentino, pero el empleado se negó a remolcarlo ya que para ello se necesitaba un burocrático trámite. Con la noche encima, el magistrado decidió dejar una guardia policial y posponer el último paso para el sábado por la mañana.

Ese día sí, con la prensa en la puerta del lugar, una grúa policial pudo acarrear el Mercedes y llevarlo al corralón oficial del barrio de Flores. Paradójicamente, ese lugar fue usado por los militares de la dictadura como un campo de concentración llamado "El Olimpo".

Pese a las evidencias en su contra, Susana Giménez nunca terminó de aceptar el acto ilegal que la había tenido como protagonista. Por aquella época, la estrella televisiva sólo se limitaba a declarar públicamente su inocencia en el tema, asegurando que estaba dispuesta a pagar para salvar su error. Claro que cuando un cronista le preguntó si estaba dispuesta a oblar 400 mil dólares de multa, la dama, casi a los gritos, aseguró:

"¡Eso es una locura! ¡Un disparate! Aparte que ni los tengo, no los podría pagar nunca. Prefiero ir presa cinco años antes que pagar eso".

Incluso, echando mano a su condición de famosa, la diva expresó:

"Me duele no poder hablar, me duele verme juzgada, me duele que se le dé la importancia que no tiene. No estoy hablando del público, porque a ellos les importa un comino. No es tan boluda la gente... Acá no hay una muerte, no hay drogas, no hay estafa, nada... Será un error aduanero, una infracción aduanera... Entonces me duele verme sojuzgada, perseguida... Que se agrande por mi condición de famosa, entre comillas... siendo que están sobredimensionando el hecho...".

Sin la suerte de llegar a los medios, el pobre Cayetano Ruggiero —el lisiado que prestó su nombre para la transacción comercial— se encontró con una fama no demasiado querida. El hombre, empleado de ADELMA, la mutual de la Empresa Líneas Marítimas Argentinas, fue perseguido durante días para robarle alguna declaración. Incluso sus compañeros de trabajo, antes de que se descubriera el hecho, lo "cargaban" diciéndole "seguro que vos también te compraste uno", desconociendo aún que ese oscuro contador —que apenas ganaba cinco millones de australes de aquella época—

fue el que prestó su nombre y su condición de lisiado para la venta del Mercedes Benz.

Finalmente, este desgraciado capítulo en la vida de la animadora televisiva tuvo un final casi feliz en materia judicial. El juez en lo Penal Económico Marcelo Aguinsky decidió, el lunes 10 de octubre del 95, sobreseer definitivamente a la diva por el promocionado caso del auto trucho. En realidad, el magistrado dicta la sentencia por prescripción de la causa a pesar de que, *prima facie,* está probado el hecho en que se la imputó en ese momento.

De todas formas, al igual que en el sonado caso de la estrella del fútbol americano, O. J. Simpson, la telefónica diva no fue declarada inocente, sino que fue hallada "no culpable", lo que significa que delito, hubo...

La fiscalía ya había solicitado la prisión preventiva de la estrella y la declaración de su esposo Huberto Roviralta, quien la habría ayudado a ocultar la prueba.

Hoy, el famoso Mercedes Benz duerme tranquilamente en el galpón del Banco Ciudad, en la calle Deán Funes al 1700. El auto, que tantos problemas le trajo a la diva, está allí desde el 5 de noviembre de 1991 y, cada veinte días, un hombre llamado Mariano Carramiñano tiene el poco remunerado trabajo de lavar su carrocería. Gracias a la labor de este común mortal y de tres empleados de seguridad que no dejan que nadie se acerque, el automóvil aún conserva el aire señorial que lucía cuando "Su" se paseaba oronda por los campos de polo, que regaba un transpirado Huberto Roviralta. Mientras tanto, el mudo testigo de las desventuras de su famosa dueña, espera que la Justicia decida devolverlo a su patrona o bien salir a remate judicial.

Lo cierto es que, finalmente, un asado quemado sobre la parrilla fue el detonante para que Susana Giménez cambiara su figuración en la sección "espectáculos", por la de "policiales".

Gajes del oficio...

Siento ruidos de pelota

Las tablas y los tablones

Ellos también son parte de la farándula. Sus caras hoy son muy conocidas. Las cámaras de televisión cada vez están más cerca de las líneas de cal que limitan las canchas de fútbol. Se los puede ver cabeceando, insultando a un rival, pegando alevosas patadas, festejando un gol y hasta desnudos en un vestuario, como le pasó al pobre Carlos Mac Allister, el aguerrido defensor de Boca.

La televisión entró de prepo en el fútbol y lo convirtió en show. *Hasta los relatores se amoldaron y ahora ya no rezan como una letanía "Corner número..." o "A la derecha de su pantalla, señora". La modernidad exige que palabras como "Crazy", "¡Qué culo, Macaya!" o "¿No vas a mojar, Manteca?", formen parte de este espectáculo que protagonizan, casi todos los días, veintidós jugadores.*

Antes, las mujeres le huían a los partidos transmitidos por televisión. Los domingos se convertían en un verdadero campo de batalla por el manejo del control remoto. Hoy, en cambio, ellas son las que ansían que sintonicemos los encuentros. No es que se hayan transformado en barras bravas de alguno de los equipos en competencia, sino que gracias a las indiscretas cámaras, pueden apreciar los moldeados músculos de los jugadores, como una buena oportunidad para hacerse los ratones.

Los jugadores, conscientes del poder que puede brindar la

pantalla chica, no tienen empacho en tomar cama solar, vestirse con la ropa de última moda o lucir vinchas o colitas para alimentar más su belleza y... su ego.

En un principio, los jugadores no le daban importancia a la vestimenta y se ponían medias largas y hasta boinas. Hoy, los modernos gladiadores exigen la mejor "pilchita". Hasta hay camisetas de seda para los más exigentes. El recio Bernabé Ferreyra, si volviera, se tiraría de cabeza otra vez en la tumba, para no ver a ciertos herederos de su calidad de goleador.

Allá lejos y hace tiempo, los jugadores viajaban al exterior y casi no salían de los hoteles. Los paseos se limitaban a ciertos museos y lugares históricos para, por lo menos, incorporar algo de cultura. Hoy los deportistas se conocen al dedillo y de memoria todos los shopping *del planeta. Recitan las mejores marcas de ropa, de perfume o de equipos de audio.*

La farándula, que siempre está ávida de conseguir carne fresca, descubrió esta debilidad de los futbolistas por la fama, y la explota casi al límite. La seducción mutua existe gracias a un canje muy simple: los artistas les ofrecen popularidad; ellos su vigor físico.

Si bien con otras connotaciones, es cierto que, desde siempre, el mundo del espectáculo se vio relacionado con los deportistas. Labruna, Pedernera, Muñoz, Moreno y tantos otros eran habitués de los cabarets porteños. En dulce montón se dirigían a Marabú, para ver tocar al ya legendario Aníbal Troilo. O esperaban a las vedettes *a la salida del Maipo. Después, se despachaban una raviolada y se dirigían a la cancha.*

Los "carasucias" de San Lorenzo, liderados por Héctor Veira y Narciso Doval, también hallaban tiempo en las concentraciones para hacerse una escapadita con las chicas de la noche. Si hasta el hotel que elegían para descansar estaba ubicado en plena calle Lavalle, a metros de todos los antros *habidos y por haber.*

A varios jugadores de la selección campeona del mundo en el '78, por ejemplo, conocidas actrices y animadoras los iban a visitar para alentarlos de manera más íntima. Incluso con visitas nocturnas a las concentraciones.

Y no sólo pasa en el fútbol.

Todos fueron testigos de los apasionados besos que Susa-

na Giménez le estampaba a Carlos Monzón cada vez que ganaba una pelea. Se habían conocido durante la filmación de La Mary *y sólo se separaron cuando la actriz, cansada de la violencia que ejercía sobre ella el boxeador, decidió abandonarlo.*

O ese romance que llenó de orgullo a todos los argentinos; el de Guillermo Vilas con Carolina de Mónaco, un triunfo que se gritó más que el de "Willy" en Flushing Meadows. Sus fotos con la heredera de Rainiero en una isla griega todavía decoran las carpetas de estudios de algunos compatriotas.

El "Conejo" Tarantini, uno de los futbolistas que más suspiros femeninos despertó, cayó bajo el influjo de la modelo "Pata" Villanueva.

Hasta el "Bambino" Veira, un solterón y mujeriego incorregible, decidió pasarse al club de los casados con otra modelo, en este caso llamada Sonia Pepe.

Estos deportistas, los de la aldea global *de Mc Luhan, tendrán que agradecer de por vida los beneficios que les trajo la televisación de los partidos. Además de la plata salvadora, sus caras se hicieron conocidas. Las estrellitas de turno hoy sueñan con ellos. Y, a veces, esos sueños se convierten en realidad.*

Claro que no siempre los encuentros entre faranduleros y deportistas se producen abiertamente. Muchas veces se realizan lejos de los paparazzis *o los indiscretos informantes.* Vedettes *y actrices con futbolistas, por ejemplo, configuran un tipo de unión muy común y, a veces, transitoria.*

Estas asociaciones son las que, a continuación, saldrán por el túnel rumbo al campo de juego.

LOS MUCHACHOS DE LA BARRA

Durante varios meses, la sociedad argentina se vio conmovida por la muerte de dos hinchas de River Plate en manos de un sector de la "barra brava" de Boca Juniors. Todos los medios se encargaron de censurar el crimen y de organizar sus propias investigaciones en busca de los delincuentes. Pero un periodista se llevó todos los laureles gracias a su incansable trabajo desde sus ciclos de la mañana y la tarde en el canal estatal.

Sin embargo, su loable actitud se vio algo empañada por una sospecha que rondó los amplios y menemistas pasillos de la calle Tagle. Por aquellos tiempos, se juraba y perjuraba que el chofer que todos los días llevaba al otrora comentarista deportivo era ni más ni menos que integrante de una barra brava futbolera. Su nombre de guerra era "Matraca" y era ampliamente conocido en el mundillo del fútbol.

Como para enrarecer aún más el tema, la empresa de remises pertenecía a un conocido árbitro de fútbol, aún en actividad y constante censor de las tropelías de los belicosos hinchas de fútbol.

¿En qué quedamos?

* * *

CARRE DE CHANCHO

El equipo de River Plate, aprovechando su bien ganada fama de campeón, inició una redituable gira deportiva por España e Italia. El cuadro millonario pasó sin pena ni gloria por la Madre Patria, pero el periplo por la península itálica reservaba a los jugadores una experiencia extraordinaria.

Por aquellos años Rafaela Carrá, rubia cantante y bailarina, gozaba de extrema fama en los pagos del Dante. La dama era admiradora de los fibrosos muslos de los deportistas, en especial de aquellos que vinieran desde las lejanas pampas, tal vez recordando su paso por la Argentina y por algunas concentraciones. El caso es que la artista solicitó conocer al *team* criollo.

Intrigados por la especial invitación, parte del equipo se acercó al estudio de grabación, donde la intérprete se encontraba trabajando en un número especial. A la cabeza de los deportistas nacionales se encontraba su habilidoso número diez, el belicoso y ronco cinco, el morocho número ocho y un veloz puntero derecho, conocido por su afición a la bebida.

Apenas ingresaron al *set* televisivo, los jugadores se dieron cuenta de que el inminente encuentro con la itálica diva iba a superar lo social para llegar a algo más íntimo y carnal.

Lo único que molestaba a los musculosos criollos era las insinuantes miradas de los afeminados bailarines del ballet que acompañaba a la cantante.

De todas maneras, y luego de algunos minutos de espera, nuestros compatriotas vieron cómo todas sus fantasías sexuales se convertían en realidad.

Al llegar a la concentración, el cuarteto de beneficiados por la italiana se abocó a narrar todas sus piruetas eróticas. Claro que los héroes del momento no contaban con que el veterano puntero derecho, desde su inocencia, iba a decir: "Todo muy lindo, pero para llegar a la Carrá tuvimos que voltear algunos bailarines...".

El que quiera celeste...

* * *

CON AROMA DE MUJER

El representante de itálico apellido no sólo se preocupa por el futuro económico de sus representados, sino que también les proporciona placer y esparcimiento. Con algunos intereses en la recordada selección colombiana del humillante 5 a 0 del estadio Monumental, el caballero decidió que esa aciaga noche sus "muchachos" se llevaran un recuerdo de la carne argentina, y no precisamente la que se pone sobre la parrilla.

Eufórico por el triunfo y por las perspectivas de ubicar a varios de sus chicos en el exterior, el canoso empresario decidió contactarse con una famosa ex modelo, alguna vez relacionada con el fútbol, para que le brindara alguna alegría a los herederos de Juan Valdéz.

A los pocos minutos, sorteando la vigilancia del hotel, la señora en persona con otras dos famosas damas del ambiente se hicieron presentes en el lugar. Dicen que entre al "pibe" Valderrama y Freddy Rincón volvieron a repetir varios goles, aunque por precaución, éstos no fueron gritados como en la cancha.

* * *

FESTEJO

Después de varios años de angustia, el plantel de Boca Juniors había logrado conquistar un campeonato de la mano del técnico uruguayo Oscar Washington Tabarez.

Felices por el logro, los jugadores decidieron realizar una gran fiesta en una concurrida cantina de la Avenida Córdoba, local visitado con asiduidad por los futbolistas locales. Todo transcurría con normalidad, hasta que hizo su ingreso al comedero una pulposa *vedette,* hoy dedicada al más rentable negocio de las bailantas, y notable por dos poderosos detalles que la llevaron a ser reconocida como "La Tetamanti", gracias a la inventiva de Jorge Corona.

Junto a la escultural artista arribaron varias señoritas más y de proporciones muy similares a ella. Después de saludar a todo el mundo, iniciaron algunos pasos de baile, para alegría de todos los presentes.

El organizador de tal especial velada fue, nada más y nada menos, que un relator de fútbol conocido por su simpatía por el club de la Ribera y por sus inclinaciones religiosas. Pero a salvo de estas últimas y lejos de agradecerle al cielo por la presencia de las chicas, varios jugadores del equipo decidieron realizar proezas mucho más terrenales.

Fue así que el arquero y un defensor de reconocido paso por el fútbol francés —hoy retirado y trabajando como representante de futbolistas—, se dirigieron rumbo a un departamento donde el champagne y el sexo reinaron hasta las primeras horas de la mañana.

Otra vuelta olímpica para festejar.

* * *

¡VA TOMA...!

River, bajo la batuta de Don Angel Labruna, estaba atravesando por una de sus mejores campañas futbolísticas y se encaminaba una vez más al campeonato, como aquel de 1975.

Pese a no ser demasiado exigente a la hora de entrenar, el técnico concentraba a sus jugadores con anterioridad a los partidos difíciles, algo que molestaba mucho a los jugadores de mayor cartel y predicamento dentro del grupo.

Ese malestar se notaba sobre todo en su centrodelantero, quien desde hacía un tiempo vivía un apasionado romance con una importante y conocida actriz. El hombre, famoso por su desempeño en el Mundial '78 y por sus prominentes bigotes, no aguantó el encierro y llamó por teléfono a su amada pidiéndole que ella, por esa única vez, se acercara al estadio Monumental.

La artista, reconocida por su elegancia y por ser una de las preferidas del cineasta Raúl de la Torre, primero se negó. Pero luego, recordando sus fogosos encuentros con el santafesino, partió rauda a la cancha de la Avenida Figueroa Alcorta. Los hombres de seguridad le franquearon la entrada y avisaron al deportista que la dama lo estaba esperando.

Apenas se encontraron, los tortolitos intentaron hallar un lugar tranquilo y solitario para descargar algunas de las energías acumuladas. Al no encontrar ningún recoveco apto para el romance, el delantero optó por ingresar al vacío recinto de la confitería del club. Allí, acurrucados bajo una mesa, el centrodelantero revalidó el rendimiento que lo hizo famoso en todo el país.

Por suerte, los gritos de la actriz no despertaron al bueno de Labruna, que se durmió creyendo que sus muchachos pensaban en el partido clave de la fecha.

¡Angelito querido!

* * *

UNA MUÑECA, UNA QUEBRADA Y VOLVEMOS

Pese a que en el mundillo del fútbol se jura y perjura que la homosexualidad no existe, lo cierto es que algunos jugadores son proclives a dejar caer constantemente el jabón al piso en las duchas. De otra manera no se puede entender el revuelo que produjeron, en el verano del '94, las declaraciones del "Indio" Solari sobre esas liviandades sexuales entre los musculosos adoradores de la número cinco.

Este director técnico puede hablar con propiedad de los deslices de algunos deportistas porque él se convirtió, involuntariamente, en protagonista de una recordada historia en un club del Sur del Gran Buenos Aires.

Todo sucedió, cuentan algunos cronistas futboleros, cuando desde la habitación que ocupaban un famoso arquero y un joven delantero con apellido similar a uno de los últimos candidatos a presidente —del Sur, para ser más precisos—, comenzaron a escucharse gritos y quejidos. Cuando algunos compañeros y el cuerpo técnico llegaron hasta el cuarto, se encontraron con una imagen poco habitual. El fornido guardametas se encontraba, como Dios lo trajo al mundo, desparramado en el suelo junto al hábil goleador. Había sucedido que la cama, bajo la excesiva presión del forcejo de los jugadores, cedió y se rompieron sus elásticos. El escándalo, por supuesto, se diseminó como reguero de pólvora por todo el copero club, y por los corrillos futboleros del país.

El entrenador, que ya tenía sospechas del número uno desde que encontró en su guardarropas revistas pornográficas con muchachos desnudos, decidió cortar por lo sano y habilitar el pase del atleta descarriado al fútbol español.

Pero no terminaban allí las correrías del muchacho.

A su regreso al mismo equipo desde la Madre Patria, el guardapalos puso sus ojos en la humanidad de un joven y rubio defensor. A tanto habría llegado el deslumbramiento del deportista, que un buen día decidió regalarle un coqueto Peugeot 205. Claro que el obsequiado, apabullado por las bromas de sus otros colegas, decidió polarizar los vidrios del coche para guardar las apariencias. Además, el pobre muchacho comenzó a rondar a la *vedette* Alejandra Pradón, como para dejar bien en claro que en el tema sexual su decisión estaba en el camino correcto.

* * *

EL ELEFANTE Y LA HORMIGA

También entre los jugadores existen ciertas leyendas sobre la potencia sexual o sobre la longitud de las pasiones masculinas. Uno de los deportistas que se llevó casi todos los aplausos fue un potente delantero que paseó sus goles por River Plate y Vélez y que, lamentablemente, falleció de una afección cardíaca.

Cuentan que durante su exitoso paso por el equipo millonario, el "Búfalo" —tal era el sobrenombre con el que se lo conocía— había tenido varias peleas con el médico del equipo por sus eternos problemas de sobrepeso. Cansado de lidiar con el goleador, el doctor le suplicó al técnico Héctor Veira que hiciera algo para que el puntano bajara de peso.

Después de pensar unos minutos, el controvertido entrenador recordó su fama sexual y entre sonrisas le dijo al profesional de la salud: "Tordo, por qué no se lo corta y con eso le sacamos los kilitos de más que tiene el chico...".

Quien podría dar fe de los atributos físicos del malogrado

jugador es una recordada *vedette* y actriz que hizo su fama junto a Alberto Olmedo. Por aquellos años de plenitud, el potente rompedor de redes vivió una cálida amistad con la morocha señorita.

Cuentan que, luego de una extenuante sesión amatoria, la pulposa y deseada dama tuvo que concurrir a un servicio de urgencias, al encontrarse con dificultades manifiestas al sentarse.

Lo que no es cierto, es que no pudiera doblar el cuello.

* * *

PEAJE

Esa misma *vedette* y actriz ya había cosechado la amistad de otros jugadores de fútbol. El primero de ellos fue un conocido arquero, cuya fama llegó de la mano de sus habilidades para detener penales. Incluso, su relación amorosa fue tapa de algunos semanarios dedicados al periodismo del corazón. Pero por esos contornos femeninos, también alguna vez paseó el mediocampista de un equipo de primera línea, nacido en el Sur del Gran Buenos Aires y campeón del mundo junto a Carlos Bilardo. Pero lo que pocos saben es que, para llegar a la morocha, los deportistas tenían que atravesar un peaje poco común.

Los que querían conquistar a la dama debían antes mantener sesiones amatorias con el productor gráfico de una conocida revista de actualidad que, a su vez, trabajaba junto a la exuberante damita. Casi todos aceptaban a regañadientes el pedido, salvo el mundial mediocampista, que no sólo aceptó la instancia con el caballero *gay,* sino que se enamoró perdidamente de él y a tal punto, que cuando jugó una final intercontinental en Japón le trajo un costoso reloj pulsera como muestra de cariño.

Lo que no podían prever los deportistas era que, años después, el pobre productor fallecería enfermo de SIDA. Por suerte, y luego de varios análisis, los jugadores pudieron respirar tranquilos, porque la enfermedad no les afectó.

El único que en algún momento fue rozado por la duda fue

el pobre guardametas, que por un tiempo tuvo que salir a explicar que era un chico sano.

Desventuras que trae el túnel.

* * *

PELITOS (CORTOS Y LARGOS)

Es el técnico más importante y controvertido del fútbol argentino. Cumplió funciones en uno de los dos más importantes equipos del medio local y actualmente se desempeña en el lugar con el que todos sus colegas sueñan.

Amado y odiado tanto por sus declaraciones como por la elección de sus jugadores, el profesional de la dirección es un hombre atildado y sin demasiados escándalos en su vida. Salvo algún incidente grave con el jefe de la barra brava del club que dirigía o la aparición del algún hijo oculto, el caballero con aires italianos tiene un pasado limpio, como para honrar cualquier *currículum.*

Sin embargo, el profesional, hombre al fin, tiene cierta flaqueza por el sexo débil que intenta hábilmente ocultar. Para eso usa sus constantes viajes al exterior, necesarios a fin de observar a los argentinos apostados en el Viejo Mundo, como una buena pantalla para ocultar sus canitas al aire.

Desde hace tiempo, el otrora aguerrido defensor de la Selección Nacional vive una cálida amistad con una recordada *vedette* criolla que brilló con fuerza en la década del 80 en ciclos tan disímiles como los de Jorge Porcel y la púber tira "Pelito", de donde salieron estrellas como Leo Sbaraglia, Gustavo Bermúdez o Adrián Suar. Su nombre es Alejandra, su apellido comienza con A —es muy parecido a uno de los sinónimos de la palabra caballo— y su carrera se basó en la excelente cola que aún luce. Durante algunos años, la poseedora de luminosos ojos celestes, se radicó en los Estados Unidos, donde realizó en televisión algunos papeles de poca monta.

La relación fue tan fuerte que en sus últimos periplos a Francia e Italia el caballero pagó de su bolsillo el pasaje de su amiga, todo para que se trasladara a la tierra de Luis XV y ambos encontrasen otras sábanas más tranquilas que las porteñas. Por supuesto que la señorita hizo su viaje en otro avión y otro día, como para evitar cualquier suspicacia.

Pero es casi otra ley de Murphy que en todos los lugares del mundo aparezca un argentino con alma de bocón, dispuesto a mandar al frente a sus compatriotas.

Eso le pasó al serio deportista cuando fue sorprendido, en plena Via Venetto, de la mano de su ocasional amistad femenina. De inmediato la noticia llegó al exclusivo barrio de La Horqueta, en el corazón de San Isidro, donde el técnico vive con su esposa. Esta, ni corta ni perezosa, esperó que su famoso marido regresara del viaje y se dignara a contarle las novedades. El ex patrón del área chica, como si nada, sacó algunos regalitos de las valijas, pero la engañada mujer armó las suyas y decidió abandonar el hogar familiar.

Aterrorizado por las consecuencias que podría provocar en su vida profesional este suceso, el entrenador y algunos amigos en común lograron que la señora regresara a su casa. Como cuando el árbitro italiano pitó el final del partido Argentina-Holanda del '78, el *trainer* volvió a respirar tranquilo.

Su novia oculta, por su parte, volvió a atender su negocio en la galería Jardín.

¿Hasta que las aguas se aquieten?

* * *

VOLVER A EMPEZAR

Cuando era entrenador de River Plate, Daniel Alberto Passarella estuvo a punto de desprenderse de un afamado volante de su equipo por presunto consumo de drogas. Bien conocida es la aversión del técnico por esas debilidades. Apenas asumió en el equipo de Núñez borró de un plumazo a un barbado mediocampista, campeón mundial en México, por ese tan especial motivo. Incluso, algunos afirman que la pelea del "Kaiser" con el futbolista más importante del país, tendría el mismo origen.

El entuerto con el volante central se inició cuando el futbolista fue detenido por la policía en un control de rutina, y en el interior de su auto se encontró un raviol de cocaína. Al otro día, ante la reprimenda de Passarella, el muchacho juró que el coche no era suyo sino de su hermano, y que el sobrecito debería ser de él o de alguno de sus desbandados amigos.

El entrenador creyó a medias la versión de su dirigido e inició una investigación propia que duró, exactamente, cinco largos meses. Durante ese período el jugador bajó su rendimiento y, por supuesto, perdió la titularidad.

Finalmente la investigación dio por resultado que el muchacho había vuelto a una vida normal y eso sirvió para que retornara a su puesto. El mediocampista se convirtió en uno de los jugadores que más títulos ganó con la banda roja en los últimos años. El morocho volante también consiguió la confianza necesaria de Passarella para estar con él en la Selección Nacional.

Hidalga actitud. Un tropezón, cualquiera da en la vida.

* * *

Y LOS CAMPOS CUBIERTOS DE NIEVE

Ya no hay ocultamiento posible. Los "papelitos" que llueven sobre las canchas son de variada especie: la lluvia blanca es un hecho.

Un excelente delantero de Argentinos Juniors fue durante algunas semanas el centro de todas las versiones con respecto a su pase a uno de los denominados clubes grandes. Pero vio frustrado su transferencia debido a las diferencias económicas que surgieron a la hora de fijar el precio.

Ante la cruda realidad de quedarse en La Paternal, el chico entró en un profundo cuadro depresivo, lo que lo llevó a consumir ciertos tipos de drogas.

Al darse cuenta de esta situación, el cuerpo técnico comenzó a concentrar al jugador tres días antes de los partidos y fuera del resto del plantel, como para tener un control más efectivo de los pasos de su dirigido. Gracias a este seguimiento, el deportista mejoró su rendimiento, pero no habría logrado superar totalmente su adicción.

Cansados de estos devaneos, los dirigentes decidieron

transferirlo al fútbol mexicano, donde actualmente luce sus habilidades.

Nadie cree en drogas. Nadie quiere hablar de ellas.

* * *

LOCA JUVENTUD

El recurso de las concentraciones no es nuevo en el fútbol. Es una forma de evitar que los jugadores cometan excesos que luego, lógicamente, se traducen en el juego. Lo que sí es novedoso es que un jugador se concentre en forma especial y personal.

Dicen que uno de los más afectos a este tipo de especialidades es Carlos Bianchi, uno de los mejores técnicos argentinos, quien logró los títulos más importantes para Vélez Sarsfield. Su especial atención estuvo dirigida a uno de sus más importantes delanteros, a quien había conocido apenas ingresó al club como un verdadero diamante en bruto, que podría apuntalar la fantástica campaña que finalmente coronó al club de Liniers.

Pero también el entrenador se enteró, en las largas concentraciones, de que toda la potencia que demostraba el chico a la hora de encarar defensores y arqueros podría ser contraproducente si no encarrilaba su vida privada. Con esta información en la mano, Carlitos Bianchi pidió a uno de sus colaboradores que siguiera al goleador a sol y sombra, para averiguar qué había de cierto en los rumores de pasillo. A los pocos días, el empleado le brindó una devastadora visión: exceso en las comidas, prolongadas trasnoches en locales nocturnos y presumible acercamiento a las drogas.

Igual que su compañero Asad, el jugador devoraba todas las porciones de pizza que se animaban a ponerse frente a él, tirando por tierra la dieta balanceada que un buen jugador debe respetar al pie de la letra.

Respecto de la noche, el delantero fue sorprendido más de una vez en varias discotecas de moda y, especialmente, en un local de Santa Fe y Cerrito. Allí las niñas cumplen todas las fantasías sexuales de sus clientes, los cuales deben enfundarse en unas bellísimas batas blancas o amarillas, que facilitan cualquier tipo de acercamiento corporal. En esos lugares, el fortachón muchacho se reunía con algunos personajes de baja calaña, a quienes nadie dudaba en calificar como consumidores de cocaína.

Tomando el toro por las astas, el director técnico tuvo una charla con su dirigido y le advirtió el grave perjuicio que no sólo causaba a Vélez, sino a él mismo. Por eso le hizo una propuesta que el futbolista aceptó, aunque no de buen grado.

A diferencia de sus compañeros, que concentraban el viernes por la noche o en vísperas de un partido, el "Turu" fue sometido a un sistema diferencial de concentración domiciliaria. Desde la noche del miércoles —sólo le dejaban libre el lunes y martes—, el delantero era controlado en su casa por integrantes del cuerpo técnico, que lo acompañaban desde la cena hasta la hora de dormir. A veces se quedaba el ayudante de campo Carlos Ischia, en otras iba el propio Carlos Bianchi y en otras no iba ninguno y se conformaban con una llamada telefónica.

De esta manera el goleador reordenó su vida, se casó, se convirtió en padre y se transformó en uno de los delanteros mejor cotizados del mercado local. Eso sí, de vez en cuando despunta el vicio con alguna admiradora, como aquella vez en Rosario, cuando para firmar un autógrafo tardó media hora en bajar del micro junto a una agraciada hincha.

* * *

SONRISAS, RUMBA Y AMOR

La relación entre farándula y fútbol tiene muchos antecedentes, como aquél que tuvo como protagonista al Argentinos Juniors multicampeón.

Los "Bichitos Colorados" fueron, en cierta ocasión, a jugar un amistoso a la ciudad de Lima. Allí coincidieron en el mismo hotel con el recordado Juan Carlos y su Rumba Flamenca, un grupo integrado por bellísimas señoritas, entre ellas la hoy promocionada Alejandra Pradón.

Algunas de las chicas, además de contorsionarse con sensualidad sobre el escenario, también realizaban trabajitos extras fuera del horario laboral. Sin embargo, los jugadores de La Paternal les cayeron tan en gracia que decidieron tener un momento de *relax* con ellos, sin que mediaran cuestiones de dinero.

Fue así que una noche, en una de las habitaciones de la niñas, se armó una verdadera fiesta entre algunas de las beldades rumberas y tres jugadores: el negro J. J. López, el Nene Comisso y el arquero paraguayo César Mendoza. Al terminar la amigable reunión, cada uno continuó con su vida normal y el hecho pasó a ser una anécdota más. Salvo para el guardametas, que no sólo se quedó prendado de una de las bailarinas sino que al regresar a su casa decidió separarse de su esposa para continuar con su relación clandestina.

* * *

¡GRANDE PA!

En el ambiente futbolístico es común que los padres se conviertan en los representantes de sus hijos, a la hora de firmar o renovar contratos. Ese es el caso, por ejemplo, de un famoso mediocampista de Boca Juniors que, actualmente, se desempeña en un club de segunda línea en España.

El chico, que durante varias temporadas deslumbró a la número doce con su habilidad ganada en un exclusivo country de la zona Norte, un día emigró a la Madre Patria con su fama de sucesor del otro Diego. Quien arregló el traspaso, en el tema económico, fue precisamente su padre, que viajó junto a él y el resto de su familia a la vieja Europa.

Allí no sólo hizo las veces de manager del número diez, sino que también, con el dinero que ganó, puso un restaurante de comidas típicamente argentinas. Todo marchaba bien hasta que el veterano caballero, tal vez cebado por la relativa fama y fortuna que había amasado, no tuvo mejor idea que posar sus ojos en la bella novia española del futbolista.

Al principio, el chico creyó que su padre le estaba jugando una broma, pero cuando su media naranja le aseguró que los lances del hombre ya eran insoportables, tuvo que tomar una decisión drástica: irse a vivir con la señorita a otro departamento y así evitar el acoso paterno.

A partir de ese momento las relaciones entre ambos familiares entró en un *freezer* que, incluso, se asegura sirvió para congelar la vuelta del deportista al club de la Ribera, a principios del '95.

* * *

PATRULLA EN EL CALLEJON

El amor entre los jugadores y las estrellas de la televisión es bastante frecuente, sobre todo desde que la pantalla chica irrumpió en la cancha y los jugadores se transformaron en verdaderos faranduleros.

Un encuentro furtivo, por ejemplo, ocurrió durante los Juegos Panamericanos realizados en la ciudad de Mar del Plata. Hacia allí se dirigió el equipo nacional de fútbol dirigido por Daniel Alberto Passarella, equipo que finalmente se alzó con la ansiada medalla dorada.

Debido al seguro flujo de turistas ávidos de ver las destrezas de los atletas, algunas compañías teatrales decidieron alargar la temporada estival hasta el fin de las competencias deportivas. Gracias a eso, varios representantes argentinos pudieron hacer muy buenas migas con agraciadas señoritas.

Ese fue el caso de un mediocampista integrante de la Selección Nacional, originado en el club Banfield y apodado en el ambiente como "Patrulla". El chico, en una de las pocas salidas que consiguieron robarle al exigente entrenador, se topó con una de las bellas hermanitas Callejón, beldades que cotidianamente engalanan ciertos ciclos de televisión u obras teatrales de corte picaresco.

Entre ambos nació una inmediata pasión arrolladora, que los habría llevado a esclarecer sus sentimientos de una manera horizontal y placentera. Del encuentro, dicen, ambos salieron totalmente satisfechos y con la promesa de que los detalles no trascendieran, sobre todo teniendo en cuenta que el chico estaba noviando con una jovencita de su barrio.

Pero la tierna amistad llegó a los oídos del implacable Daniel Alberto Passarella, quien no permite que sus dirigidos se tiren canitas al aire. El ex jugador de River y de la Selección campeona del mundo en 1978 tomó entonces la decisión de separar al volante del equipo titular, alargando luego esa sanción disciplinaria con la no convocatoria para otros partidos internacionales.

De todas maneras, al chico, ¿quién le quita lo bailado?

* * *

NO CULPES A LA PLAYA

Mar del Plata es la ciudad donde el mundo del espectáculo y del fútbol hallan un lugar común para los sentimientos. De esto puede dar fe un notable delantero de San Lorenzo de Almagro, reconocido por sus oportunos goles, sus continuas apariciones en la pantalla chica —con tal de salir es capaz de aparecer en "Un momento de meditación"— y por su apelativo galaico.

El shoteador llegó a la ciudad balnearia junto a sus compañeros de equipo con el fin de llevar adelante la pretemporada 1995 que, finalmente, desembocaría en el campeonato que borró veintiún años de amargura a la hinchada "santa".

Todos los deportistas, incluido el cuerpo técnico, se alojaron en el Hurlingham Hotel, un cuatro estrellas ubicado en el Bulevar Marítimo al 4000. En el mismo lugar, y por obra de la casualidad, se hospedaba el equipo periodístico y de producción del ciclo "Indiscreciones", que desde allí conducía Lucho Avilés.

Los futbolistas, concentrados y sin poder recibir visitas femeninas, comenzaron a ver con ojos hambrientos a las niñas que acompañaban al oriental, entre las que se destacaban Alejandra Pradón, Adriana Salgueiro y dos cronistas callejeras. Los futuros campeones, por supuesto, se tiraron un lance tras otro para conseguir que alguna de las señoritas les diera bolilla y poder burlar así el período de abstinencia que les había indicado el preparador físico, Alfredo Weber. Los únicos que no adoptaron poses de *Don Juan* fueron Paulo Silas y Eduardo "Balín" Benett, cuyas convicciones religiosas los mantuvieron aferrados a la fidelidad.

Pese a que surgieron varias simpatías, lo cierto es que sólo entre el delantero de origen gallego y la actriz de bellos ojos celestes habría nacido un cálido y furtivo romance. Los tortolitos se encontraban a cualquier hora del día, preferentemente a la tardecita, entre la merienda y la cena, eligiendo la habitación de la morocha. Ambos intentaron que su relación no trascendiera los cómplices muros. Pero una de las compañeras de ella, celosa de su éxito sentimental, decidió darlo a conocer, para "quemarla".

Esa infidencia de la regordeta cronista hizo que los detalles llegaran a Buenos Aires. Así, la esposa del delantero se enteró del desliz. El intentó de cualquier manera desvirtuar el chimento, asegurando incluso que se trataba de una venganza de otro programa chimentero contra la gente de Avilés.

De todas maneras, cuando se terminó el calor finalizó también la ardiente relación.

"Golondrina de un solo verano", diría Gardel.

* * *

VERDAD Y CONSECUENCIA

Por una infidelidad, otro reconocido jugador casi se convierte en protagonista de un hecho policial. El delantero, reconocido por sus excentricidades, como bajarse los pantalones frente a la hinchada rival o teñirse el pelo cada semana, también es hábil para la conquista permanente de señoritas, algunas conocidas y otras anónimas.

Por culpa de una de estas infidelidades, descubierta, su señora tomó la drástica decisión de ingerir pastillas. De inmediato fue trasladada a un hospital, donde se le efectuó un lavaje de estómago para salvarle la vida. Asustado, el ex jugador de Huracán y Racing decidió no ir por unos días a los entrenamientos, y faltó al primer encuentro de ese campeonato aduciendo un fuerte resfriado.

Dicen que este problema terminó afectando la faz profesional del deportista de apellido español pero apelativo turco. Durante ese año fundió una concesionaria, un restaurante y se le frustró su pase a un club brasileño. Pero tiempo después, el goleador ordenó su vida y hoy pasea su fútbol por tierra santafesina.

Por una vez, pagó caro bajarse los pantalones.

* * *

¿YORUGA, DIJO?

Los jugadores uruguayos son una marca registrada en los campos de fútbol argentinos. Su típica garra no sólo dejó recuerdos en los defensores nacionales, sino también en la humanidad de ciertas señoritas de la noche porteña.

Los "Charrúas", haciendo honor al llamado de la sangre, son muy afectos a descargar energías en locales nocturnos dedicados a los entreveros físicos, a cambio de una módica suma de dinero.

Los orientales, especialmente un mentado trío que alguna vez se desempeñó en la primera de Boca Juniors, eran clientes habituales de "La Saison", "Partenaire" y "Shampoo", lugares donde las mujeres, por arte de magia, pasan de humanas a gatitos.

El "Polillita", "Manteca" y Marcelo Tejera, solían merodear esos sótanos, intentando armar alguna nueva jugada con las nudistas féminas. Ni siquiera una derrota, como una que sufrieron ante River Plate, evitó que uno de ellos fuera, esa misma noche, a ahogar sus penas al local de la avenida Santa Fe.

El puntero derecho, con el apodo lácteo, llegó a enamorarse perdidamente de una chica morocha, muy menuda y simpática, a quien durante varios meses visitó en su departamento particular. La profesional olvidó la regla de oro de no enamorarse de sus clientes, y comenzó a insistir en la posibilidad de provocar un divorcio para vivir juntos. El jugador, aplicando una de sus clásicas gambetas, eludió la férrea marcación de su amante y la dejó en el olvido.

Otro uruguayo que también cayó en las garras del amor por horas, fue un delantero de Argentinos Juniors y River

Plate, pero en su caso con una princesita que se acercaba directamente a su domicilio. Como la chica no cumplía uno de los requisitos básicos del deportista, como era el lucimiento de una delantera pechugona, el noble charrúa decidió poner mano en la billetera y pagarle una operación que rellenara sus pechos. Una vez turgentes y con forma de balón, pudo disfrutarlos en cada encuentro amoroso.

La tierra de Artigas sigue dando guapos.

* * *

LEYENDA DE LA TORRE Y LA PRINCESA

Ella se había quedado deslumbrada por las gambetas y la cara angelical de Dieguito Latorre, el mediocampista surgido en la primera de Boca y que, por un momento, hizo olvidar a la hinchada su amor incondicional por el otro Diego: Maradona.

Como otro de sus clásicos caprichitos, que tanto gustan a su padre, Zulemita decidió llegar a conquistar el corazón del jugador a cualquier precio. Lo primero que hizo fue hablar con la mujer que manejaba, en aquel entonces, la imagen pública de la niña y de su madre. Ella fue la encargada de difundir en la prensa, sobre todo en la sección de chimentos del diario *Crónica,* la noticia del noviazgo de Latorre y Zulemita. La idea era que, ante el alud de rumores, la parejita finalmente se conociera.

El recurso logró resultados, ya que los medios comenzaron a presionar al volante boquense para que confirmara la especie. Sorprendido por la noticia, el muchacho se comunicó con Guillermo Cóppola, por aquellos tiempos su amigo y algo así como su representante, para que lo orientara en ese raro tema. El canoso, sabedor de lo bueno que es aparecer en los medios, esbozó una sonrisa y le dijo: "Quedáte tranquilo que yo te arreglo todo".

Lo que no imaginó Dieguito fue que el arreglo que hizo el empresario fue un encuentro con Zulemita y su hermano Carlitos, a quien ya conocía de alguna salida nocturna previa.

Al principio los tortolitos se rieron de las “mentiras” de la prensa, pero luego se percataron de que entre ambos había algo más que buena onda. Cuando el hábil jugador se quiso dar cuenta, ya estaba subiendo al ascensor de la calle Posadas rumbo al primer encuentro formal con la familia Yoma en pleno. El propio Carlitos Menem hizo las veces de anfitrión y presentador del nuevo novio de la nena. La operación periodística había sido un rotundo éxito.

El presidente, reconocido fanático de River, tuvo que aceptar de buena gana la relación de su hija con el máximo exponente de los “bosteros”.

“Papá no dice nada. A lo sumo bromea con que Diego juega en Boca, pero en general el tema ni siquiera se trata”, decía por aquel entonces la joven heredera.

En esos días, y honesto es decirlo, algunos detractores de la pareja hicieron correr un falso rumor que hablaba de una supuesta maniobra médica para que la niña borrara de su anatomía la huella de sus anteriores relaciones sentimentales, a fin de presentarse ante el eximio futbolista con la integridad que la acompañara desde su nacimiento. Incluso, los más arriesgados y mendaces aseguraban que la supuesta operación se había registrado bajo el nombre de una de las empleadas de la primera dama.

Mientras tanto, la parejita no le hacía caso a los maliciosos rumores y se mostraban cariñosos en las playas marplatenses, en lo que fue su primer y único viaje juntos. Claro que los noviecitos no pudieron quitarse de encima la marca personal de Zulema. La madre acompañó en todo momento a su hija y no dejó solo al dúo ni un instante. Mientras la niña se alojaba en Torre de Manantiales —piso noveno, para ser más exactos—, el pobre Dieguito se tenía que conformar con dormir en un departamento prestado en Punta Mogotes. Enfundada en un *jogging*, Zulema trataba de negar su condición de suegra guardabosques.

“Como madre tengo que ser comprensiva, pero cuando vea algo malo voy a pegar el grito. Los chicos son jóvenes y tienen que tener intimidad. Pero una cosa es libertad y otra libertinaje.”

Eso y un discurso de Torquemada era, cuando menos, similar.

De todas formas, los enamorados lograron burlar un par

de veces la férrea disciplina de la Yoma. La primera, cuando el domingo por la mañana mandaron a la suegra a caminar por Cabo Corrientes para apreciar el paisaje. La otra, cuando volvieron juntos a Buenos Aires en el Escort Cabriolet de Latorre. La suerte estuvo de su lado ya que toda la familia Menem tuvo que volver antes de tiempo, porque Carlitos se había olvidado la llave de la calle Posadas del lado de adentro, y tuvieron que tirar la puerta abajo para entrar.

Pero como esto no es Hollywood y las historias de amor por estos lares por lo general no terminan con un *happy end,* el idilio entre Zulemita y Dieguito un día acabó.

Todo pintaba como para un largo noviazgo. Incluso, el presidente, durante una informal rueda de prensa en la Casa Rosada, confirmó el romance y se mostró feliz de tener al futbolista como futuro yerno.

Ella, demostrando que lo iba a seguir a todos lados, en la buena y en las malas, saltaba de alegría en el palco de Boca cada vez que su media naranja acertaba un gol o daba uno de sus mágicos pases. Besos y camisetas, ofrendadas desde la cancha a la platea, eran un condimento habitual cada domingo. Pero...

Un día, el diez fue vendido al competitivo fútbol italiano, más precisamente al Fiorentina, y allí comenzó el principio del fin.

La familia Yoma convocó a una reunión de urgencia para tratar el tema del viaje del jugador a la península itálica. Zulema, enérgica, aseguró: "Si se van, lo hacen casados". Su hija, con el miedo todavía marcado en el rostro, se comunicó con su famoso novio y casi entre dientes le espetó: "Para que me vaya con vos a Italia tenemos que casarnos ya. Si no, esto se termina acá mismo".

Tal vez esa era la frase que el habilidoso estaba esperando escuchar para iniciar uno de sus habituales piques, pero esta vez no rumbo al arco rival, sino lejos del corazón de la bella. Ese romance le había traído muchos problemas, como el bajo rendimiento en la Selección argentina *sub 23* en Paraguay, equipo que él capitaneaba.

Esa relación también le había valido una pelea a golpes de puño con Fernando Gamboa, compañero del equipo nacional. Cuentan que durante una práctica, el por entonces pelilargo defensor le habría dejado entrever, en tono de broma, una posible relación amistosa anterior con la hija del presidente. Lejos de reírse con el chiste, el diez del Seleccionado y de Boca intentó lavar a las piñas la afrenta a su Dulcinea. Por suerte, sus compañeros lograron separarlos. Pero la relación entre ambos fue catastrófica a partir de ese momento.

Ya distanciado de la heredera máxima, el jugador decidió regresar a los brazos de su antigua novia Marinés, con quien compartía largos paseos por el country *Mapuche*. A ella le confió que, desde su separación de Zulemita, su paranoia con respecto a que lo seguían o interferían sus llamados había crecido hasta límites insospechados. Su ex, mujer al fin, creyó el cuento del muchachito, se apiadó maternalmente, y por unos meses logró consolar la pena del boquense.

La niña, en cambio, nunca más presentó un novio de manera oficial. Sus padres no podrían resistir nuevamente hablar sobre el futuro de la nena y, meses después, ver cómo todo se esfuma. De todas maneras, Zulemita siempre tiene oportunidad de mostrarse con algún joven apuesto, aunque últimamente está cultivando un perfil mucho más bajo.

De lo que nunca va a desistir la joven es de sus intentos por conquistar a Carlos Calvo, su personaje más admirado y amado. Algunos infidentes relatan cierta ocasión en que la niña, munida de alguna herramienta, habría roto un mueble donde una de las empleadas de su madre guardaba celosamente una agenda telefónica. De allí habría sacado el teléfono del inefable Carlín para dejarle, durante semanas, mensajes en su contestador.

El galán, sabedor de los bueyes con que ara, nunca contestó ese tipo de llamados.

Uno huye. El otro no contesta.

* * *

LOS FUTBOLISTAS Y "EL SOTANO"

Las largas concentraciones y la imposibilidad de llevar una vida sexual normal antes de cada encuentro muchas veces llevan a los jugadores a recorrer la noche porteña en busca de amores rápidos.

Uno de los locales más frecuentados por los futbolistas es uno ubicado en una galería cercana a Santa Fe y Cerrito, bautizado en el mundo futbolero como "El sótano", por quedar en un subsuelo, lejos de las indiscretas miradas.

Por esta casa de *relax* desfilaron muchos equipos completos de primera división, eludiendo las férreas marcas de los entrenadores. Pese a las gambetas de los muchachos, algunos técnicos se enteraron de las andanzas de sus dirigidos y decidieron ver con sus propios ojos el lugar.

Ese fue el caso de un reconocido director técnico de un equipo de primera división, y con antecedentes de campeón mundial en la dura época de los militares. El larguirucho, intrigado por la debilidad de los jugadores hacia esa galería comercial, decidió averiguar de qué se trataba.

Envuelto en un impermeable gris y sin dejar de lado su habitual cigarrillo, bajó los escalones que lo llevaban al subsuelo, expectante por lo que le podría deparar el futuro. Ya en el tercer peldaño, poco antes del descanso, pudo percibir un aroma penetrante, un perfume denso, dulzón, que lo envolvió más rápido que la música que se filtraba desde abajo.

Antes de llegar al final de la escalera, junto a una estatua de Apolo delante de una pared espejada, un joven alto y bien parecido, ataviado con saco, corbata, un sobretodo oscuro y bigotes al tono, le regaló un "buenas tardes" de diplomática sonrisa.

—Buenas... ¿Me puede decir qué lugar es éste? —se animó a preguntar, con rubor, el entrenador.

—Pase y véalo usted mismo —fue la respuesta del amable anfitrión, quien hizo una reverencia y condujo al protagonista de esta historia hacia una puerta azul con un cartel de acrílico que rezaba: "Propiedad Privada". Introdujo una llave, dio dos vueltas y lo hizo pasar a una antesala pequeña. Un metro y medio más adelante, detrás de otra puerta de vidrios semipolarizados, estaba el ambiente climatizado de donde provenían las risas y la cadenciosa música.

Cuando se paró junto a otra estatua —esta vez de Venus—, el entrenador no pudo dar crédito a esa inusual escenografía de lujuria.

Sentados en los sillones bajos o en la barra, cinco señores enfundados en otras tantas batas blancas retozaban en el más feliz de los mundos, los brazos enredados en los cuerpos ardientes de varias señoritas de tacos altos y lencería inquietante. Todo esto sumido en una tenue luz negra y bajo los relámpagos de algunas películas porno, que se emitían en varios televisores estratégicamente ubicados en el local.

En la barra, arrodilladas en altas banquetas y de cara a un fortachón *barman* de moñito, otras tres damiselas se codeaban para escudriñar al hombre que, pitando un segundo cigarrillo, se asomaba a ese inexplorado universo.

—Si desea quedarse, contamos con un vestuario muy confortable, con duchas, sauna... —ofreció el inusual *cicerone.*

—No, está bien, por ahí vuelvo en otro momento —contestó todavía atribulado el entrenador.

El César volvió sobre sus pasos, trepó la escalera y caminó los ciento cincuenta metros que lo separaban del hotel cuatro estrellas donde estaba concentrado —por última vez, aunque los jugadores todavía no lo supieran— el plantel entero de Boca Juniors.

Un sudor frío le recorría la espina dorsal. Un tercer cigarrillo asomaba entre sus dedos. Había apelado al empirismo para verificar las maliciosas versiones y el resultado no podía ser más funesto. Allí nomás, a un suspiro del albergue donde descansaban los sueños de campeón de equipo *xeneixe,* estaba un traidor club privado para hombres, el oasis al que varios integrantes del plantel recurrían cuando el cuerpo técnico les otorgaba un par de horas "para ver vidrieras por Santa Fe".

Al renombrado técnico le quedaba un solo consuelo: las *happy hours* no habían comenzado durante su gestión, sino un par de temporadas atrás, cuando el orientador era otro hombre de conducta intachable, el uruguayo Oscar Washington Tabarez.

Fue en pleno mandato del "maestro", cuando el plantel quedaba recluido buena parte del mes porque se disputaban varias competencias al mismo tiempo, que un grupo de jugadores descubrió que la avenida ofrecía más cosas que vidrieras saturadas de ropa informal o electrodomésticos de última generación.

Las visitas al maléfico subsuelo llegaron a tornarse tan sistemáticas que más de uno, acaso para justificar sus inclinaciones pecaminosas, le asignó al lugar propiedades cabalísticas. Una humorada no exenta de un lado realista, asegura que aferrándose a tan placentera modalidad, Boca logró un campeonato después de once años de frustraciones y quedó, además, en la antesala de una copa Libertadores de América.

Una epopeya lograda a fuerza de una cuota apreciable de fútbol, temperamento para torcer la presión asfixiante de una hinchada ávida de triunfos y una inclaudicable fe en esas sacerdotisas que supieron abrirles las puertas del Paraíso.

Créalo o no, hay que bajar al oráculo.

* * *

ASI EN EL CIELO COMO EN LA TIERRA

El talentoso número diez fue, sin dudas, uno de los ídolos máximos de la hinchada millonaria. Con sus gambetas y su amor por la camiseta, logró para su equipo varios de los campeonatos de los últimos años. Habilidoso con la pelota en los pies, el muchacho también era rápido a la hora de conquistar corazones femeninos.

Muchas son las anécdotas que se cuentan alrededor de la figura del jugador, alguna de ellas en sociedad con el morochito número ocho, que durante años lo acompañó en aquel fenomenal mediocampo riverplatense.

Haciendo honor a una vieja frase acuñada por el grande de Angel Labruna —"Para el pito no hay horario"—, los muchachos se dedicaron a tirarse canitas al aire a toda hora y en cualquier lugar. Como aquella vez que el equipo de Núñez viajaba al exterior en una de sus clásicas giras.

En el avión, el oriundo de Los Polvorines simpatizó con una de las bellas azafatas. En aquellos tiempos era el comentario generalizado la escena de la película "Emanuelle", donde la protagonista hacía el amor en el baño de una nave aérea. El futbolista decidió emular la secuencia con su nueva amiga.

Pero, cuando estaban en lo mejor, apareció su morochito compañero y amenazó: "Si no me dejan participar a mí, ya mismo llamo a Angelito y los mando en cana".

Por supuesto que tuvieron que aceptar. La pobre empleada aeronáutica, por ese día, hizo todos los servicios en un solo vuelo.

Ese mismo número diez, en su mejor época, también tuvo *affaires* con señoritas que integraban la farándula local. En aquel entonces brillaba en las carteleras de los teatros de revistas porteños una exuberante *vedette* inglesa llamada Lynn Alisson. La escultural mujer, dejando de lado cualquier tipo de flema británica, decidió vivir una experiencia amorosa con el promocionado mediocampista "gallina". Lejos de hacerle honor a ese mote, el deportista se convirtió en una verdadera máquina de brindar placer a la corista, a tal punto que cada vez que ella se refería a su amante clandestino lo hacía, en su media lengua, asegurando que "él, hace arder conchita".

La lengua es limitada; el amor, universal.

* * *

LOS FUTBOLISTAS Y EL SOTANO II

La noche se consumía lánguida e inexorable. Apenas dos clientes revoloteaban entre una docena de capullos todavía rozagantes. Mucho aburrimiento para las dos de la mañana de un día de semana.

Para aplacar un poco el sopor, el *barman* recurrió al viejo truco del equipo de audio, y puso por enésima vez el *compact* donde Joe Cocker revienta croquetas con el tema principal de *Nueve semanas y media*. Con la música a todo volumen, las muchachas en flor comenzaron a menearse con la sabiduría que da la calle. Exuberante y exótica la brasileña, menuda y contundente la uruguaya. Irresistibles las dos.

Se despojaron de sus prendas con gracia, para comenzar luego un juego erótico que puso los pelos de punta a más de uno. Las lenguas iban y venían, inspeccionando sus valles con la determinación que otorga la experiencia.

En eso estaban las damitas cuando uno de los dueños del lugar cruzó el salón de dos zancadas y se arrimó a la barra para pedir el teléfono.

—Che, ¿cómo está allá? ¿Hay mucha gente? Entonces mandáme todas las chicas que puedan, que recién me avisaron que están por caer los muchachos.

La firmeza de la orden presagiaba una jauría de machos famélicos de placer por horas.

Veinte minutos después, los muchachos se agolpaban en la recepción con la misma ansiedad con que se los suele ver en la manga, antes de salir a la cancha. Ninguno reparó si esta vez entraba con el pie derecho o si se santiguaba con devoción. Pasaron *de una,* como lo haría el mejor cliente de la casa.

Cuando Tito, uno de los empleados del lugar, escuchó el primer "¿Todo bien, fiera?", casi se le caen la medias. La mayoría de los jugadores de Racing —club del cual el veterano servidor era hincha fanático— estaban allí, prestos a calzarse la bata y dispuestos a distenderse después de empatar en un paupérrimo partido nocturno ante Newell's, en Rosario, para la bendita televisión.

El viejo vestuarista tuvo sensaciones contradictorias. Pasó de la emoción por la vecindad de sus ídolos a la ira, por saberlos capaces de semejantes licencias cuando miles de hinchas, esa misma noche, se habían ido a dormir con la bronca que les transmitía un equipo mediocre, que aumentaba la frustración histórica de la Academia.

Estaban casi todos: el arquero de apellido español, el defensor que fue mascota de un glorioso equipo y que es todo un símbolo en Avellaneda, el volante oriental, los ligeritos de arriba y los pesos pesados, esos que saludaban a las chicas de la barra como quien se reencuentra con viejas amigas.

Los solteros disfrutaban de una noche libre. Los casados, en cambio, de una de las pocas jornadas en que el *fixture* les regalaba una excusa para la esposa que dormitaba plácidamente en su casa. La ecuación era sencilla: el micro se demoró en la salida, habían tardado en el regreso por Panamericana y por eso aparecieron tres horas más tarde de lo previsto. Pretexto creíble y de rápida digestión para sus mujeres.

Bebieron champagne, fumaron rubios y negros a discreción, bromearon atragantados entre risotadas, pasaron a los gabinetes arreglados para el máximo placer y, al menos por un rato, dejaron su protagonismo en manos de otras estrellas menos conocidas para la hinchada del tablón.

Esa noche se quedaron a medio camino. Cracks, pero lo que se dice verdaderos cracks, fueron esas minas que entregaron sus redondeces con *generosidad y sacrificio*. Dos virtudes que a los jugadores de Avellaneda le hubieran venido bien en el Parque Independencia.

* * *

MAL Y PRONTO

Miguelito fue un ídolo futbolístico en Huracán, en Boca y en su paso por el fútbol español. Su fama, dicen, no sólo se remitía a un campo de juego, sino que también tenía virtudes en otro terreno. Es más, cuentan que el deportista de los ojos celestes tenía hábitos bastante desgastantes a la hora de hacer el amor.

Aprovechando su amistad con un conocido productor cinematográfico, que aún tiene sus oficinas en avenidas Pueyrredón y Corrientes, el mediocampista se encontraba allí con las bellas aspirantes a famosas que el empresario le presentaba un par de veces por semana. Claro que el jugador, acosado por la hora y su esposa, tenía que realizar su trámite con bastante celeridad, por lo que optaba por bajarse los pantalones y realizar el famoso acto de parado. Mientras hacía eso, Miguelito les gritaba cosas bastante subidas de tono a sus compañeras, para acelerar el ritmo.

El deleite era mucho. Pero luego, ese esfuerzo se veía reflejado en la cancha. Muchos hinchas *xeneixes* deben recordar que en la última etapa profesional del muchacho su reemplazo en los segundos tiempos era casi obligatorio, debido a que sus piernas no respondían más.

Mucho darle a la de cuero.

* * *

LOS FUTBOLISTAS Y EL SOTANO III

Decenas de jugadores consagrados transitaron las baldosas de esa galería, prestos a dejarse caer en el sótano como si se desplomaran en el área chica para fingir un penal y engañar a Javier Castrilli.

Uno de ellos, acaso el más importante que aportó el fútbol argentino en toda su historia, tuvo un pasaje tan fugaz como inolvidable a principios de los 90.

Algo entrado en kilos, con la altanería que ya es su marca registrada y acompañado por su habitual séquito de amigos, el hombre se quitó la colorida camisa Versace y agradeció con un guiño al empleado que le acercó la mejor bata del lugar, esa reservada para los verdaderos *diez* en cualquier ámbito.

Atravesó la puerta de acrílico con el pecho inflado, como en aquel recordado gol en el Campeonato Mundial de México. Escudriñó las redondeces femeninas que estaban en oferta, con la desesperación de un náufrago que ve una mujer después de cinco años de habitar una isla desierta. Antes de dejarse caer en un sillón, pidió dos botellas del mejor champagne, que la casa invitó desde el agrado infinito que provocaba una presencia tan estelar.

En menos de dos minutos, el astro y sus compañeros de correrías fueron rodeados por todas las beldades del *staff*, más sedientas por conocer de cerca al ídolo que por asegurarse el puñado de dólares de un *pase*. Porque en ese lugar, como en el fútbol, todos los goles —o mejor dicho los tickets— valen uno...

El crack bromeó y brindó con todas. Abriendo un poco su inmaculada bata, gritó aquella frase del recordado Olmedo que decía "dale un beso a mi amigo"; repartió caricias con la milimétrica precisión que usaba para meter aquellos majestuosos pases de gol en cualquier cancha del mundo y al final, sólo al final, eligió a la cortesana de su amor efímero.

Sólo ella apreció la austeridad de sus atributos. Sólo ella comprobó su debilidad por buscar el placer transitando senderos no demasiado convencionales. Sólo ella atesoró la descarga tibia, su gemido ahogado, su "Celeste" grito de gol.

FRASES CELEBRES

"Para mí el arquero de Boca no existe."

JOSÉ LUIS CHILAVERT, *Viva.*

* * *

"Con Flores y Assad tenemos una delantera de 180 kilos."

CARLOS BIANCHI, *Clarín.*

* * *

"Qué me va a hacer dos goles, si es un gordito."

HUGO GATTI, antes de que Maradona le hiciera cuatro goles.

* * *

"Del Bambino rescato la facilidad con que le llega al jugador."

RICARDO GARECA, *Clarín.*

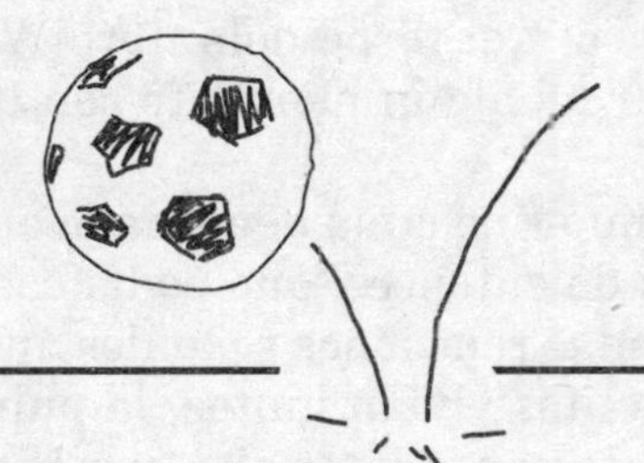

* * *

¡Y OLE!

Pero no todas las anécdotas que unen al mundo futbolístico con la farándula se desarrollaron en los últimos tiempos. También hay hechos que ya forman parte de la historia de este deporte, y que, de vez en cuando, son relatados por los veteranos periodistas deportivos.

Uno de ellos recuerda que cuando Argentina viajó a Chile, para jugar el Mundial organizado por ese país, se alojó en el mismo hotel que el inolvidable Pedrito Rico. El cantante español, además de ser recordado por sus veleidades artísticas, también ganó renombre por sus inclinaciones sexuales, que más de un famoso pudo comprobar en carne propia.

Al enterarse de esta novedad, el excelente mediocampista Pipo Rossi puso el grito en el cielo, y le exigió a los directivos que de inmediato la Selección Nacional se trasladara a otro establecimiento, para evitar cualquier tipo de contacto con el galleguito. Claro que los trámites se demoraron un poco, por lo que todavía hoy se asegura que el cantaor logró establecer algunas relaciones con los fornidos jugadores nacionales.

"*Ná*, te debo, *ná* me debes..."

* * *

LAS PLUMAS Y LOS BOTINES

Entre las *vedettes* y los futbolistas también se dieron siempre relaciones peligrosas. Una de las más comentadas fue la de Silvia Peyrú y el torpe delantero Walter Fernández, que supo brillar en algún momento con la camiseta de Racing.

Cuentan que la mujer no creía demasiado en las recomendaciones del técnico de entonces, que pedía casi a gritos que no tuvieran demasiadas relaciones sexuales antes de los partidos. Como los tortolitos vivían juntos, la pulposa actriz no lo dejaba ni un minuto para tomar aire, por lo que su capacidad goleadora fue mermando hasta lograr que el muchacho desapareciera casi por completo de las canchas argentinas. Lo mismo sucedió, finalmente, con esa tórrida relación.

Otro que se ponía loco cada vez que veía llegar a Mónica Guido a la concentración de Boca era el inefable Juan Carlos Lorenzo. La por entonces ascendente *vedette* —comenzaba a hacer sus pininos junto a Jorge Porcel— vivía una amistad profunda con Carlos Damián Randazzo, un joven delantero que pintaba para convertirse en estrella, y que terminó años después entreverado en un sonado caso policial por el supuesto homicidio de una persona. Su fama de entonces también se basó en su inesperada solicitud de dinero para concurrir a los almuerzos de Mirtha Legrand.

Lo cierto es que la mayoría de las veces, la infartante *vedette* se hacía presente en la concentración de La Candela para ver a su media naranja. El "Toto", cada vez que pasaba esto, se ponía rojo de bronca y le pedía a la gente de seguridad que no les permitiera salir del predio de la localidad de San Justo. Pero la pasión de los jóvenes derriba cualquier precaución.

Sobre todo, cuando se conjugan pelotas y plumas.

* * *

CAFE CON LECHE

La generosa tierra argentina no se limita a brindar placer a los jugadores locales; los extranjeros también tienen su cuarto de hora para el amor, incluso aquellos que ya colgaron en algún momento sus botines.

Ese fue el caso del alabado Edson Arantes Do Nascimento, conocido en las canchas como Pelé. El morocho número diez, desde su retiro, se convirtió en un exitoso empresario y su cara representa a más de un producto, entre ellos gaseosas y tarjetas de crédito.

En una de sus habituales giras de negocios, el brasileño arribó a estas playas en abril de 1993, junto a varios directivos de una importante firma internacional dedicada al crédito plástico. El "negro", reconocido *playboy,* no tuvo mejor idea que agasajar a sus compañeros de ruta con una buenas *partenaires* femeninas. De inmediato recordó su antigua amistad con "Pata" Villanueva, mujer que conoce del tema por haber sido la esposa de César Tarantini, campeón del mundo en 1978. Entonces le hizo un llamado telefónico.

Ese mismo día, cuando las agujas del reloj marcaban las 2.45 de la madrugada, la ex modelo arribó al Hotel Sheraton en compañía de Amalia "Yuyito" González. Al acercarse a la recepción, solicitaron ser anunciadas a la *suite* presidencial que ocupaban en ese momento "o Rei" y los demás empresarios.

Un periodista del diario *Crónica,* que casualmente estaba en el *lobby,* logró escuchar una cálida charla de "Pata" con el brasileño e, incluso, el interrogatorio de la modelo sobre el destino de otras cuatro señoritas, que también habían sido convocadas para ese encuentro cumbre. Ante una respuesta afirmativa, las chicas subieron a las habitaciones superiores y, de acuerdo a lo comentado por algún botones infidente, las beldades criollas habrían bajado pasadas las seis de la mañana, con una sonrisa que hizo imaginar el gozo de alguno de los clásicos goles de Pelé.

* * *

UN DIEZ EN TODO

El es, sin dudas, el mejor jugador que dio el fútbol argentino y, durante muchos años, fue considerado el deportista más importante a nivel mundial. Pero junto a su bien ganada fama dentro de los campos de juego, el muchacho fue conociendo la otra vida, que corre paralela a un hombre de éxito. Dinero fácil, mujeres bellas y papelitos comenzaron a rodear al humilde chico que un día, interrogado en el ciclo de Pipo Mancera, aseguraba que su mayor sueño era jugar en la Selección Nacional. Cosa que cumplió y con merecido triunfo.

Los que conocen bien la intimidad del astro, afirman que sus pasos comenzaron a enredarse con su llegada a Italia, donde su figura y la de su representante eran habituales en lugares no demasiado aptos para un jugador de inigualables condiciones.

Pero su gran golpe llegó en nuestro país, cuando un procedimiento policial sorprendió al genial jugador en un hecho de drogas, en un departamento del barrio de Caballito. Junto a él se encontraban dos amigos, y la imagen del diez abandonando el lugar con su mirada extraviada, pelo largo y barba de varios días, recorrió el mundo entero.

Lo que más llamó la atención en ese momento, fue la presencia de todos los medios de comunicación en el lugar del hecho, algo más que llamativo para este tipo de procedimiento que, por lo general, se hace sin demasiados testigos.

Meses después, un rumor comenzó a ganar con fuerza las distintas redacciones: los muchachos de toxicomanía habrían llegado al lugar gracias a una paciente tarea de inteligencia realizada previamente.

Eso sí, antes de tirar la puerta abajo, los encargados del operativo se comunicaron con un político de mayor cargo, para considerar la posibilidad de parar la detención. Luego de algunos minutos de consulta, la orden se ratificó y los muchachos pasaron entre los cientos de periodistas —incluso los corresponsales extranjeros— y se llevaron al diez sin ningún tipo de miramientos. Una pollera se había cruzado en la carrera del muchacho, y no iba a ser la única.

Ya en Italia, los hábitos del chico eran bastante particulares. En las noches se lo veía por los locales nocturnos del puerto, en compañía de su reducido grupo de amigos íntimos. Años después se supo que en ese círculo se encontraban algunos integrantes de la peligrosa *camorra* italiana.

Quien puede dar fe de las compañías del astro futbolístico es un famoso relator uruguayo, que se desempeña con éxito en el medio nacional. Un día, el profesional del micrófono entró de repente en la habitación del joven y se encontró con un espectáculo digno de una película de Tinto Brass: mientras una niña le arreglaba las uñas, la otra hacía una notable faena en las otras partes del mediocampista. Lejos de asombrarse, el diez invitó al locutor a sumarse a esa nueva forma de acicalamiento por él inventada. El oriental, agradecido por el convite y con los ojos como el dos de oro, se retiró del lugar y aún hoy recuerda esa escena inigualable.

Durante su largo alejamiento del mundo del fútbol, el volante tuvo tiempo para entrelazar amistades entre la fauna femenina nacional. Una de las relaciones más fuertes que logró engarzar fue con una bella y abundante rubia llamada Betty, que vivía, en aquellos tiempos, en el exclusivo barrio River. Pese a su desprecio por el club de Núñez, el chico no tenía ningún empacho en visitar varias veces a la semana a su amiguita e, incluso, quedarse a dormir. Claro que algunas veces olvidaba el pequeño detalle de avisar en su hogar. Desesperada, su esposa llamaba a cualquier hora de la madrugada a un exitoso animador televisivo —el que hizo volver al diez a una cancha de "fútbol cinco", en su ciclo dominical— para que fuera a buscarlo. El conductor, amigo de fierro si los hay, se vestía, iba en busca del futbolista al bulevar Lidoro Quintero y lo convencía de volver a su casa.

Meses después, aquella relación entró en un cono de sombra, pero como a la chica le gustaba relacionarse con los famosos, decidió iniciar una pequeña amistad con "Lanchita" Bissio, en ese momento uno de los integrantes de "Videomatch". Claro que en el cambio, la mujer no demostró un elevado nivel en su gusto.

Por esa misma época, sus amigos llevaron al astro a un local repleto de señoritas dispuestas a entablar relaciones de cualquier tipo sin el "verso" previo. Allí, en Venezuela y Boedo, el muchacho habría quedado prendado de una de las muchachitas, llamada en la jerga nocturna "Celeste" y de bien ganado prestigio en sus tareas. La relación entre ambos no se limitó a esas paredes, sino que algunas visitas se habrían hecho en terrenos neutrales. Lo cierto fue que el deportista, en una noche de desenfreno, se habría olvidado un primoroso calzoncillo de seda italiana que aún hoy figura en la sala de trofeos de la chica. ¡Una reliquia que alguna vez valdrá millones! Lo que nadie sabe es qué excusa puso el futbolista a la hora de llegar a su casa.

Otros memoriosos recuerdan aún la magnífica fiesta que, a modo de despedida de soltero, le efectuaron sus amigos en la *boîte* Trumps. Cosa poco común en él, "Poli" Armentano decidió cerrar el local para que los muchachos pudieran pasar mucho más tranquilos una velada que, dicen, nunca más se volvió a repetir en la historia de ese lugar ubicado en la calle Bulnes.

Chicas famosas, y las no tanto, hicieron un verdadero desfile a lo largo de las varias horas que duró ese particular festejo. Los pocos que pudieron ingresar al boliche se encontraron con imágenes propias de una bacanal. Había de todo y para todos los gustos. Nadie se casa todos los días.

Años después, cuando el diez decidió regresar una vez más al fútbol, en esa portunidad en un club rosarino, su equipo acordó disputar un frustrado torneo internacional en la ciudad de Mar del Plata. Hacia allí fueron todos los jugadores, incluido el oneroso volante.

El cuadrangular no llegó a atraer la atención de los pocos turistas que, en ese febrero de 1994, se acercaron a la Ciudad Feliz. Lejos de deprimirse, el deportista decidió apagar las penas en compañía de varios amigos, con quienes recorrió la agitada noche marplatense. Primero fue a ver un importante partido de básquet, protagonizado por el club Peñarol en el estadio Superdomo de la avenida Juan B. Justo. Finalizado el mismo, los muchachos se fueron a comer unos buenos mariscos y a tomarse unos vinos añejos —algo que no entraba precisamente en una dieta— al restaurante "Los Amigos", reducto farandulero en la época estival. Allí, el mediocampista y su grupo de compañeros de correrías se divirtieron con ganas, pero sin dejar de observar una mesa donde se encontraba Alejandra Pradón. La *vedette,* muy amable, se acercó a saludar al famoso comensal, pero no aceptó quedarse en su mesa para tomar un champagne.

De todas maneras, la noche tenía figura femenina. Minutos después, se hizo presente en el lugar otra bella modelo, de nombre Florencia, que sí aceptó convertirse en compañera de mimos del jugador. Incluso, merced a ese nombre, algunos medios intentaron relacionar al "Pelusa" con la bella Florencia Peña, cosa que nunca ocurrió.

Durante varias horas el paradero del diez fue una incógnita, lo que hizo temblar a los directivos rosarinos, que se aprestaban a regresar a su ciudad sin la presencia de su nueva incorporación. Mientras los empresarios se mesaban los cabellos avizorando cómo iba a ser la futura relación con el astro, él se encontraba plácidamente dormido en la casa de un conocido entrenador de básquet del medio marplatense, que le había prestado su hogar dulce hogar para que el jugador se llevara un excelente recuerdo de la costa atlántica. A partir de allí, un nuevo abandono del fútbol se produjo en la vida del ídolo.

Durante esos días, el mago de la zurda se dedicó pura y exclusivamente a pasear su figura por diversos ciclos televisivos, la mayoría de ellos producidos o conducidos por sus incondicionales amigos, los que le garantizaban, por lo menos, cierta obsecuencia a la hora de las preguntas.

Pese a su alta cotización internacional —al fin y al cabo seguía siendo el mejor jugador del planeta— el "diez" nunca pidió dinero en efectivo para concurrir, y sí en cambio inventó una nueva manera de cotizar sus "bolos" en la pantalla chica. Todavía hoy los jóvenes productores del ciclo sabatino, que conducía por Canal 9 Berugo Carámbula, recuerdan a las dos chicas que, especialmente, tuvieron que convocar para que ayudaran al astro a concentrarse antes de salir al aire. De otra manera, el jugador se negaba a prestarse al interrogatorio periodístico.

Donde no le cumplieron el sueño fue en un exitoso ciclo de Telefé, donde fue invitado a principios del '95. Para concurrir al programa de los mediodías, el mediocampista pidió conocer personalmente a la rubia y simpática movilera que todos los días hacía bailar al público desde el Obelisco. La visita del deportista se frustró, ya que la rotunda negativa de la bailarina se escuchó a lo largo de toda la calle Pavón.

Alejamientos, regresos, un antidoping son algunos de los más recientes jalones de su carrera. A eso hay que agregarle su paso por otras formas femeninas originadas en las pasarelas, y de bien ganado nombre a base de tapas de revistas.

Su última relación clandestina habría sido la de Daniela Urzi, una de las más famosas modelos que integran el *staff* de Pancho Dotto, reconocida también por su prolongado romance con el empresario automovilístico Manuel Antelo.

—¡Che! ¿Quién es esa mina? —preguntó el astro señalando a la endeble modelo que, por esos días, había acaparado la mayoría de las tapas de las revistas de actualidad..

—Guille, andá y traéla para este lado, que la quiero conocer —fue la orden del futbolista para su representante y amigo.

De inmediato, el canoso empresario le pidió a Claudio Lanzetta —más conocido en el ambiente nocturno porteño como "La Clota"— que ejerciera sus poderes de relacionista público de "El Cielo" para atrapar la presa.

Y la presa cayó en las redes mágicas del brillante zurdo.

A partir de ese momento se registraron varias salidas, las primeras formales y las que les siguieron, más íntimas y acaloradas.

Como para evitar cualquier mirada indiscreta, los tortolitos habrían elegido como primer punto de sus encuentros furtivos el piso que Cóppola habita en la exclusiva esquina de Darregueira y Libertador. Allí, por supuesto, tenían todas las ventajas de la intimidad, pero también el riesgo de que la esposa del jugador se enterara de esta amistad creciente.

Sabedor de los peligros de la clandestinidad, el hombre decidió cambiar el campo de juego a otro piso, esta vez ubicado en Salguero y Libertador, propiedad de uno de sus inseparables laderos conocido por el sobrenombre de "Sammy". Este hombre, actual pareja de Marcela Ortiz —quien por esas raras paradojas del destino alguna vez fue la novia del mismísimo Guillermo Cóppola—, es sobrino de uno de los popes de la televisión argentina, cuyo canal se ubica muy cerca del lugar.

Durante varias jornadas, los amigos mantenían allí largas charlas, en las que, seguramente, el muchacho le contaba con lujo de detalles los magníficos triunfos de su carrera profesional.

Claro que la parejita no contaba con que el hermano de Sammy se quejara de esa difícil situación, ya que la misma lo perjudicaba bastante. Sin entrar en pánico, los amantes decidieron trasladarse a otro departamento ubicado en Libertador y Echeverría, también propiedad de esos inestimables amigos.

A tanto había llegado la pasión futbolera de la modelo, que el 30 de julio del '95, el día que debutaba en la Bombonera Claudio Paul Caniggia, se hizo presente con su amigo Claudio Lanzetta en el palco contiguo al del diez. Simulando que todo era una casualidad, los protagonistas de esta historia sólo se dirigían miradas cómplices, mientras Guillermo Cóppola y su hija trataban de cubrir las apariencias.

Algunos exagerados llegaron a soñar con un supuesto embarazo de la modelo. La profesional de la pasarela se adelantó a desmentir la especie con vehemencia, asegurando que estaba sola. Un amigo comedido llegó más lejos y dijo que "eso es imposible porque Dany usa espiral".

Los más arriesgados aseguran que durante la prolongada

estadía del futbolista en la ciudad de Punta del Este, la bella modelo habría intentado visitarlo para calmar un poco el irrefrenable amor que sentía por él. Daniela, aprovechando la inauguración de una sucursal de "Coyote" en Montevideo, viajó a la capital uruguaya y desde allí se comunicó con el astro para pedirle un minuto de amor. El muchacho, sin dejar de correr en su cinta, se limitó a inventar cualquier excusa para alejarla. Parece que su amor se esfumó con el último suspiro de uno de los *match* horizontales. Ella, en cambio, se habría deprimido bastante al sentirse rechazada.

Pese a todas las desmentidas, estas versiones terminaron influyendo en la carrera de la bella chica, ya que su patrón, el siempre *stressado* Pancho Dotto, la habría bajado de categoría, asegurando que una modelo de su nivel "no podía salir con un jugador".

Para terminar con este rosario de amores, los periodistas deportivos que cubren los entrenamientos del club de la Ribera cuentan, con asombro, algunas disposiciones internas del club ubicado en Don Torcuato. Parece ser que cada vez que concurría, el ídolo futbolístico decidía ir hasta la ruta 202, donde tres habitaciones lo esperaban para su descanso. Una para él, otra para su manager y sus amigos y la otra, por si alguna bella señorita acertaba a pasar por el lugar y no encontraba un sitio para dormir la siesta.

"Sei grande, sei grande", fuera y dentro de la cancha.

* * *

UN CAMPEONATO A CUALQUIER PRECIO

Eran más de veinte años sin "mojar" un campeonato. Dos décadas de frustraciones, de pérdida de cancha y hasta de descenso oprobioso a la Primera B. Las cargadas de sus rivales de Parque Patricios no se aguantaban más. Era ahora o nunca, para borrar de un plumazo toda la mufa y los sinsabores. El triunfo estaba muy cerca, aunque algunos nubarrones y sospechas se estaban desplegando en torno de la conquista del primer puesto.

Las versiones más alarmantes afirmaban que una mano

negra no iba a dejar que los “cuervos” llegaran, después de tanto sufrimiento, a dar la vuelta olímpica. No era sólo la buena campaña del equipo de La Plata lo que hacía temer por un fatal desenlace. Los rumores afirmaban que mucho dinero estaba en juego para evitar el festejo de los de Boedo.

Alguien deslizó, sin ningún empacho, la peregrina versión de que el arquero del equipo de Caballito —que en una de las últimas fechas se jugaba todo contra el “Lobo” puntero— habría recibido nada menos que 50 mil dólares para hacerse el distraído a la hora de atajar las pelotas que iban a su arco. Extrañamente, ese domingo un balón sin mayores riesgos se le resbaló de las manos y mansamente se introdujo en el arco. Era el uno a cero final. Meses después este arquero —que ya habría tenido algún antecedente de este tipo— recaló en un equipo de fútbol del interior, que milita en el Nacional B.

Con este dato en la mano, el presidente del club del bajo Flores decidió jugar una de sus últimas cartas: llamar a la estrella televisiva, *fana* del Ciclón, y pedirle que intercediera ante la AFA para evitar cualquier sospecha.

El llamado se habría efectuado, y el titular de la Asociación ubicada en la calle Viamonte habría garantizado la objetividad de la institución. Luego, fueron colocados dos árbitros “blandos” para los partidos finales del club de la Avenida La Plata. Lo extraño es que los soplapitos, desde hace tiempo, son elegidos por sorteo y no a dedo.

Después, otras versiones alarmantes comenzaron a llegar a las huestes azulgranas. “El arquero de Independiente se va a tirar para atrás por cuarenta lucas”, aseguraba en tono arrabalero gente que se decía bien informada. El muchacho, ecuatoriano de origen, iba a jugar su último partido en Argentina, por lo que el rumor no era precisamente descabellado. Incluso, los correveidile aportaban más datos: el guardametas ya habría recibido un adelanto en una importante concesionaria de la ciudad de las diagonales.

Avisados de esto, el mismo distinguido hincha de los cuervos, dicen, decidió reunirse con el arquero y pegarle una pequeña “apretadita”. Luego de aceptar que alguien le habría acercado una suma de dinero para facilitar la tarea de los delanteros platenses, el jugador se comprometió a devolver la plata ante la amenaza de ser “deschavado” y de esa manera cortarle su carrera futbolística. “Además —le dijo el astro televisivo— para cada jugador de Independiente habrá casi 14 mil dólares para que jueguen bien y le hagan fuerza a los del 'Lobo'. La guita la ponen importantes socios del club."

Con estos datos, el guardameta jugó el domingo siguiente el mejor partido de su historia, y colaboró para que sus amigos de Boedo salieran campeones.

Lo mismo hizo el hábil y pelilargo delantero de Avellaneda, quien horas antes del trascendental partido habría visitado las oficinas del farandulero personaje para garantizar que pondría todo para hacer feliz a la hinchada del club de Boedo. Cosa que hizo marcando un excelente golazo.

Como para evitar que el equipo rojo fuera víctima de alguna agresión de los platenses, varios guardaespaldas particulares, que se movilizaban en varias Traffic, se encargaron de custodiar al plantel de Avellaneda. Los casi cinco mil dólares que costó ese operativo también fueron aportados por el socio azulgrana.

Después, en la cancha, los jugadores del club de la Avenida La Plata demostraron que tenían los suficientes merecimientos para salir campeones.

La ayuda extra, de todas maneras, sirvió para calmar los ánimos.

* * *

MASCOTA

Pero también, ese esperado campeonato de los "Santos" tuvo una especie de mascota de la suerte, un ángel encarnado en una platinada y escandalosa *vedette,* reconocida por su promocionada separación de un animador televisivo dedicado a los tangos y a los domingos felices.

Tal vez creyendo que era en realidad un amuleto para espantar tantos años de frustraciones, la dama se habría entregado sin reparos a varios de los eximios futbolistas del club de Boedo.

La artista había llegado en ese tórrido verano del '95 a las playas de Mar del Plata especialmente invitada por un ciclo chimentero. Durante los tres días que duró su estadía, se alojó en el Hurligham Hotel, casualmente el albergue que tenían como residencia los astros de la pelota.

Durante los dos primeros días, el trato entre los deportistas y la pulposa mujer no pasó los límites del reconocimiento mutuo. Pero en la última jornada, cuando ella ya tenía que armar las valijas para regresar a la Capital, sucedió lo que todos temían.

Cuentan algunos botones del establecimiento que, entre la una de la mañana y las siete, media docena de conocidos integrantes del plantel azulgrana habrían desfilado, champagne en mano, por la habitación de la *vedette.* El empleado no recuerda muy bien los apellidos, pero sí reconoció a un recio defensor que supo brillar en varias selecciones de fútbol; a un longilíneo arquero; a un hábil mediocampista, chiquito, pelado y de doble apellido; a uno de sus máximos goleadores, reconocido por su galaico sobrenombre; a otro mediocampista de potente pegada, pelo enrulado y varios minutos netos dentro de la cancha y, por último, jura que entre los que desfilaron habría visto al entrenador, aunque en este caso no sabía si para parar esa sesión extra de *training* o para recordar sus épocas de jugador.

Lo cierto fue que, meses después, esos mismos jugadores lograron conquistar el tan ansiado título y llevarle así una alegría a la sufrida hinchada de los cuervos.

La *vedette,* por su parte, insiste en que su aporte desinteresado a la causa logró romper el maleficio. Incluso, en la actualidad, el plantel de otro grande de nuestro fútbol, que también hace años no puede salir campeón, estaría buscando a la actriz para que les ofrezca la misma terapia grupal.

Por Avellaneda, hay varios que se ofrecieron para hacer el contacto...

* * *

YO, ARGENTINO

Un afamado técnico nacional, hoy al frente del equipo más importante de nuestro país y criticado por alguna de sus órdenes extrafutbolísticas, es reconocido en el medio como un gran seductor, gracias a sus habilidades para conseguir los teléfonos de las señoritas que le gustan.

En Ezeiza se recuerda aún el regreso de ese conjunto nacional luego de un olvidable partido en la Madre Patria. Sucedió que durante esa misma jornada, y casi a la misma hora, también desembarcaba en el aeropuerto el cantante Ricky Martin, por lo que el espigón internacional estaba copado por las fanáticas del carilindo portorriqueño.

Cuando los deportistas arribaron al lugar, algunas de las niñas aprovecharon para sacarse fotos con sus ídolos de la pelota. Una de ellas se destacaba especialmente, ya que su cariño hacia los jugadores era más que expresivo. Para cada uno tuvo un mimo especial y no dudó en aplicarle sonoros besos a los más famosos del plantel. Ni siquiera el serio técnico se salvó de las efusividades de la "besuqueira" criolla.

Sorprendido, el entrenador revolvió cielo y tierra para conseguir el teléfono de la curvilínea fanática, cosa que logró a las pocas horas.

Durante varios días intentó convencer a la muchacha de las bondades de un encuentro cercano con él, tal vez asegurándole que, en su caso, el largo del pelo no era lo más importante. Pero el oscuro objeto de su deseo se negó en cada ocasión, asegurando que él era "muy viejo" para estar con ella. Ni Castrilli le sacó una roja de esa manera.

Pero la táctica del teléfono sí le sirvió para conquistar a una infartante *vedette* —la misma que rompió el maleficio de San Lorenzo— y encontrarse con ella, por primera vez, en un coqueto y concurrido albergue transitorio de la avenida Monroe. Luego de este acercamiento, varios más se habrían producido, pero todos en el departamento que la artista habita en la zona de La Imprenta. Como "muy mimoso y caballero" llegó a calificarlo esta verdadera especialista en la fauna masculina, quien relata casi con admiración, ciertas proezas que el recordado defensor argentino realizaría en esa cancha de fútbol en miniatura que es la cama.

Por lo menos, en algo deja bien alto el prestigio de los argentinos.

Todos unidos posaremos

La botica del Diablo

DE LA CABEZA

Hablemos de peluqueros. Tony Cuozzo, el estilista personal del presidente, tiene más de una anécdota de viaje para contar. A todas las giras, el encanecido profesional lo acompaña sin chistar y con sus petates al hombro. El fue el encargado de arreglar el cabello con extensiones del pasado, así como el más natural —a partir de su operación de carótida— del presente. Gracias a él, chancean los fotógrafos de los medios, aquel retrato del flamante presidente nunca coincide con la imagen actual del riojano.

En realidad, el peluquero llegó hasta las oficinas presidenciales de la mano de Eduardo Duhalde, a quien conocía desde su peluquería en Lomas de Zamora, territorio del cacique peronista. Desde el 23 de enero, el hombre se integró al Senado de la Nación como agente administrativo categoría A-6. El "trabajo" consistía en atender el comunicador telefónico. Pero en lugar del *tubo,* en la mano de Cuozzo sólo se veían las tijeras y los peines con los que acicalaba la cabeza del gobernador bonaerense.

De los viajes presidenciales, "Tony" también se llevaba algunos pesos en el bolsillo como un extra. Durante una gira por Brasil, Colombia y Perú, el peinador se trajo 1.650 dólares en su bolsillo. Por acompañar a Menem un fin de semana en Mar del Plata, embolsó 300 dólares para sus comidas. Otros 1.650 dólares se llevó cuando el presidente visitó Venezuela y los Estados Unidos. Con esas ayuditas y, seguramente, algunos créditos, el barbero presidencial logró inaugurar un nuevo local en plena Recoleta, a metros de la casa de Zulema Yoma, y también comenzar a vender en *franchising* su nombre para diversas peluquerías, algo que desde hace tiempo practican con éxito Roberto Giordano y Rubén Orlando.

Por desgracia, la presencia de Cuozzo llegó a veces a provocar algún incidente de importancia. Eso ocurrió, por ejemplo, en mayo del '94, cuando Menem abordó el buque *Almirante Irizar* para homenajear a los caídos en el hundimiento del crucero *General Belgrano* durante la guerra de Malvinas. El feroz viento del Sur, se anticipaba, iba a librar un desigual combate con la cabellera del presidente, por lo que la presencia del peluquero en el barco era más que imprescindible. Así lo entendieron todos, menos los familiares de los sobrevivientes, que debieron quedarse en tierra y con las ganas de recordar a sus muertos.

De acuerdo a las versiones, sólo sesenta y cinco personas podían subir a la embarcación para dirigirse al lugar exacto del homenaje. Tantos eran los invitados que pugnaban por subir, que el propio secretario de Asuntos Militares del Ministerio de Defensa, Jorge Baeza, decidió quedarse para dejar que otros subieran. Y eso que el hombre fue uno de los organizadores del merecido homenaje a los héroes del *Belgrano*.

Los gritos de los familiares ni siquiera inmutaron al *coiffeur* que, con su valija en ristre, subió al buque ante la mirada aprobatoria del presidente y los esfuerzos de la gente de seguridad para que lo dejaran subir. Pero como todo pecado tiene su castigo, el pobre de "Tony" se ganó un fuerte resfriado en su incursión por los mares del Sur. Su pelea con el viento y los pelos, dicen los que saben, fue perdida por paliza, ya que el mandatario tuvo que recurrir a la palma de sus manos para evitar que su cabello le tapara la visual.

Pero la verdadera guerra que casi pierde Cuozzo fue la que sordamente libró con María Estela Londero, sobre todo cuando el presidente se puso en manos de la peluquera para que le incorporara extensiones y le creara aquel famoso "gato", que fue el tesoro de todos los humoristas del país.

Ella ya era conocida en el ambiente por haberle cambiado el *look* a varias figuras. Una de las más conocidas fue Nacha Guevara, a quien le realizó un trabajo espectacular en su cabellera para una recordada producción fotográfica en la nudista revista *Playboy*. Por ese trabajo la Londero intentó cobrarle doce mil dólares. Como nunca logró juntarse con ese dinero, el romance entre ambas damas se cortó abruptamente. No pasó lo mismo, por suerte, con María Julia Alsogaray, Claudia Maradona, Daniel Scioli, Moria Casán, Silvia Montanari, Graciela Alfano o Marcelo Tinelli. Eduardo Angeloz también se puso en manos de la estilista para que, en las elecciones presidenciales del 89, le cambiara ese antiguo jopo que lo llevara a la gobernación de Córdoba.

Durante aquellos aciagos días que transcurrieron entre el 91 y el 94, el pobre Cuozzo tuvo que aceptar en silencio que su colega y competidora le enseñara, como una "maestra ciruela", las artes ocultas de las extensiones.

La venganza llegó luego de la imprevista operación de carótida de Carlos Menem. El peluquero fue uno de los pocos que logró llegar hasta el lecho del presidente, y arreglarle las desparejas mechas antes de aparecer por televisión, en aquel recordado mensaje para tranquilizar a la población.

Ese gesto y los buenos oficios de Eduardo Duhalde —la lealtad es algo que se le debe reconocer al líder bonaerense—, lograron que el presidente resignara el extraño peinado que le insumía dos horas diarias de arreglos y asumiera la imagen correspondiente a su edad. A partir de ese momento, Estela Londero pasó a mejor vida y Cuozzo retomó su ritmo habitual. De todas maneras, las labores diarias bajaron un poco desde que Menem ya no le da tanta importancia a su aspecto capilar.

No estamos para frivolidades.

* * *

CASA NUEVA

Al primer mundo se llega por convicción o por imitación. Y parece que para el poder menemista, la segunda opción es la más conveniente. Por lo menos, eso es lo que se desprende de la lujosa remodelación del despacho oficial de la Casa Rosada.

Cansado de ver siempre la misma escenografía y de pelear

con los fantasmas de Raúl Alfonsín, que aún se agitaban en el lugar, Carlos Menem decidió pedirle al estudio de decoraciones Paul Gabin un cambio total en la amplia sala. En solamente quince días, los reconocidos restauradores de casas de familias patricias cumplieron con su cometido. El presidente, durante esas dos agitadas semanas, sólo se acercó en contadas veces para supervisar el trabajo. Su desconocimiento en materia de decoración lo obligó a dejar todo en manos de los expertos. Apenas el brigadier Andrés Antonietti aportó algunas opiniones, a la hora de elegir elementos para el despacho.

Durante una quincena, finos tapizados comenzaron a llegar a la Casa Rosada desde París, provenientes de la casa Tassinari & Chatel, reconocida proveedora de casi todos los miembros de la realeza europea y de la Casa Blanca, el verdadero ejemplo a seguir. Los decoradores hicieron un pedido consistente en terciopelo gofrado celeste para los paneles de las paredes, seda natural beige para las cortinas, brocato para el sillón presidencial —Rivadavia se moriría de envidia— y el resto de los sillones.

La vetusta cocina, en cambio, se modernizó con la inclusión de un *freezer* siempre cargado de bebidas, especialmente champagne para brindar por algún decreto, y varias alacenas con comida lista, para saciar el repentino apetito que pudiera asaltar al líder riojano, sobre todo después de alguna de sus habituales y reparadoras siestas.

No todo el retoque salió de las arcas oficiales. Algunos préstamos ayudaron. Por ejemplo, la Secretaría de Cultura cedió el escritorio y la onerosa alfombra persa que luce el lugar. Los cuadros, por su parte, fueron entregados por la conocida Galería Zurbarán. El pedido especial del presidente fue que las obras pertenecieran a pintores argentinos no vivientes. El de mayor envergadura, y el más querido por el político, es un bellísimo Quinquela Martín. Estas piezas de arte, sin embargo, comparten un lugar importante en la decoración con una más humilde estatua de la Virgen de Luján, que se encuentra muy cerca del escritorio presidencial. Lo sagrado y lo profano se dan la mano en el gobierno menemista.

La mesa de trabajo del presidente, donde habitualmente se reúne con sus más estrechos colaboradores, fue bautizada como "El Pentágono", debido a que el cristal grueso que la corona se encuentra apoyado en cinco columnas estucadas. Alrededor de ella se despliega una verdadera parafernalia de teléfonos con DDI, computadoras de última generación, fax, telefonía celular y hasta un helicóptero de juguete para combatir las tensiones del momento.

Todo este lujo es rematado por plantas de seda natural y espejos originales de Bas-Art. Unos bellos perros de bronce dominan el lugar. La idea era que el sitio se convirtiera en algo más alegre, más cercano a la personalidad del presidente.

Un último detalle: toda la iluminación del despacho fue expresamente cambiado por pedido del primer mandatario. Los decoradores, después de mucho meditar, decidieron incorporar una línea de lámparas dicroicas en las lujosas arañas que cuelgan del techo, no sólo para darle un aire más moderno, sino porque las mismas sirven para rejuvenecer y suavizar las facciones de aquellos que habitan el lugar.

Incluyendo, como es obvio, a nuestro presidente.

* * *

INMOBILIARIA CINCO ESTRELLAS S.A.

No sólo con decretos o proyectos de leyes los políticos demuestran su poder. En los tiempos que corren, algunos funcionarios creen que su ascensión política debe estar relacionada con sus adquisiciones inmobiliarias. Hoy no extraña a nadie que muchos personajes que pasaron por, o están aún en la función pública luzcan fabulosas mansiones.

La residencia de Amira Yoma en la calle Pampa, pleno corazón del barrio de Belgrano R, es uno de los ejemplos. Valuada en 500 mil dólares, el lugar está decorado como un cuento de *Las mil y una noches* y allí vive, actualmente, la pareja conformada por la ex secretaria de audiencias de la presidencia y el periodista Jorge Marchetti. Al principio debieron esperar bastante para habitarla, ya que un juzgado investigaba la posibilidad de que hubiera sido adquirida con algún fondo mal habido. La Cámara Federal, meses después, consideró improcedente la medida y les devolvió las llaves.

El hermano del presidente, Eduardo Menem, en algún momento fue cuestionado por la compra de una lujosa mansión en el barrio de Núñez. La misma tiene dos plantas, 620 metros cuadrados cubiertos, pileta de natación, cinco dormitorios de amplias medidas, una sala de juegos, una de planchado y tres baños en suite. La valuación de este inmueble supera el millón de dólares. La vivienda es de estilo normando y fue el resultado del trabajo del arquitecto Arturo Dubourg, recordado por el diseño del Claridge Hotel y de la fabulosa casa de Amalita Fortabat en Punta del Este.

El balneario esteño, precisamente, es uno de los lugares elegidos por los poderosos argentinos para probar su cercanía a la cima a través de las onerosas paredes de sus casas. Uno de ellos es, sin dudas, el brillante empresario Carlos Spadone, dedicado al mundo del espectáculo y también recordado por aquel *affaire* de la leche. Su mansión es una de las más lujosas de Solanas y lleva por nombre "Porto Callagas". Ocupa una manzana, con 700 metros cuadrados cubiertos, construidos en un tiempo récord de dos años. La residencia se alza en medio de 6.000 metros cuadrados de parque.

El lugar tiene todo lo necesario para el *relax* y esparcimiento de sus dueños; una cancha de tenis con excelente iluminación para partidos nocturnos, otra de fútbol, una gigantesca antena parabólica para mantenerse conectado con el mundo a través del televisor y una enorme pileta de natación, donde los hijos del ex funcionario incluso probaron un kayac, que su padre les regaló para Reyes de 1992.

En el interior existen seis habitaciones y un living que ocupa todo lo ancho de la construcción, coronado con cuatro ventanales que dejan ver la bahía de Solanas. Incluso posee un amarradero particular, que últimamente fue cuestionado por las autoridades uruguayas y donde en algún momento se podía ver una isla flotante de plástico, para los juegos de los herederos de Spadone. La mansión de tres plantas, fue diseñada por el arquitecto Malmierca y terminada por Masas. Su valuación llega al millón trescientos mil dólares.

Sin dudas, y de nuevo en Buenos Aires, la casa que se lleva todos los aplausos y la envidia de los poderosos es la de Amalia Fortabat. La crema del *jet set* la conoce a la perfección, por las reuniones secretas que allí se realizan o bien por los fabulosos cumpleaños que anualmente reúnen a lo más granado de la aristocracia y la farándula local. Para *pertenecer* hay que ser un invitado de Amalita. Si no es así, usted *no existe*.

La casa en cuestión, ubicada al 2900 de la Avenida del Libertador, comprende nada menos que 1.856 metros cuadrados, medidas que pueden abarcar —según hizo la cuenta Luis Majul en el libro *Los dueños de la Argentina*— veinticinco departamentos de tres ambientes.

La cementera no comparte la entrada con los demás mortales que habitan ese lujoso edificio. Ella tiene ascensor propio directo a su dúplex. La doble puerta de bronce de la entrada se abre solamente para aquellos aceptados por la empresaria. Para nadie más.

Por allí pasaron todos los últimos presidentes, civiles y militares. Allí se gestó el Plan Primavera del ministro Sorrouille, se decidió la candidatura de Ramón Ortega a la gobernación de Tucumán y, últimamente, se analizó la posible separación de Domingo Cavallo del Ministerio, resolviéndose finalmente que los empresarios tenían que apoyar al "Mingo".

Fabulosos cuadros adornan casi todas las paredes, especialmente un Petorutti que engalana la antesala, el primer lugar que conocen los elegidos. La alfombra de cincuenta metros es, dicen los entendidos, una pieza única en todo el mundo.

Cuando los políticos o los artistas tuvieron necesidad de ir al baño, más de uno dudó si lo que se presentaba ante sus ojos no formaba parte de una entrega especial de la revista *Hola:* todas las canillas están recubiertas en oro.

Pocos fueron los que lograron llegar al primer piso, el lugar donde la señora guarda todos sus secretos y, especialmente, su alcoba, lugar que más de un caballero con ambiciones querría ocupar. Allí también se ubica una de las partes esenciales de la personalidad de la mujer de negocios: la caja fuerte. Sólo ella conoce la combinación.

Su fortuna también tiene nombres de pintores famosos, todos descansando en la terraza de veintidós metros, arreglada como una galería de arte. En ese lugar, seguramente, estarán el Turner por el que pagó siete millones de dólares; los dos Van Gogh, valuados ambos en casi trece millones; el Gauguin de tres millones; el Brueghel, de más de un millón, y el Monet, que no tiene una cotización conocida, pero que no le va en zaga a sus ocasionales compañeros de casa. Amalita invirtió, se calcula, veinticinco millones en obras de arte. Un experto puede asegurar hoy que, de decidir vender todo, recogería mucho más.

ESTA BOCA ES MIA

"El hombre que esté a mi lado tiene que ser un esclavo, en el sentido de la adoración de mi persona."
MORIA CASÁN, *Clarín.*

"Las mujeres valen más que los hombres: se hallan más dispuestas a sacrificarse por la felicidad de los demás."
MADAME DE PUISSIEUR.

* * *

"Aunque mi agencia es la más importante, yo soy el mismo que cuando trabajaba en un taller mecánico."
PANCHO DOTTO, *Caras.*

"Para hacer bien lo pequeño, hay que haber hecho lo grande."
MADAME DE LAMBERT.

* * *

"La imagen que doy corresponde a una necesidad que se liga a mi actividad, pero en la intimidad soy otra persona."
SILVIA SÜLLER, *Flash.*

"El que presta un servicio debe olvidarlo; el que lo recibe debe recordarlo."
MLLE. AISSÉ.

* * *

"No me gusta pasar inadvertido ante nadie."
GABRIEL CORRADO, *Caras.*

"A ninguno le estiman más de cómo le ven."
FRANCISCO DE QUEVEDO.

* * *

LA SANGRE LLAMA

—Tenés que reconocer a esa niña. No podés hacerte el tonto. No es de hombres tener hijos y después no reconocerlos... —la voz de Zulema atronaba todo el ámbito del piso de la calle Posadas.

—Pero mamá, esa chica miente. Andá a saber con cuántos más estuvo... —fue la tímida defensa que esgrimió Carlos Menem junior.

—¡Esas excusas dáselas a tus amigos o a los periodistas, pero no a mí! ¡Más que un Menem sos un Yoma, y tenés que defender el honor de la familia!

Palabras más, palabras menos, este fue uno de los diálogos calientes que mantuvo la ex primera dama con su hijo, allá por el año 1991, cuando en los corrillos se comenzó a relatar la historia de una hija oculta del heredero presidencial. Pocos eran los que conocían la verdad y menos los que creían en la historia de la joven Amalia Pinetta, modelo bastante conocida en el ambiente artístico por algunos productores, que atestiguaron sobre sus dotes para conseguir trabajo.

Todo se habría iniciado en octubre de 1987, cuando el por entonces gobernador Carlos Menem inauguró la "Expo-La Rioja". Como en todo evento de este tipo, decenas de promotoras pululaban por el lugar, dando a conocer las bondades de diversos productos comerciales.

Cuando la reunión inaugural estaba llegando a su fin, raudamente entró Carlitos Menem e intentó sumarse a la comitiva oficial que ya se retiraba. El muchacho se quedó con un grupo de amigos y todos se dedicaron a recorrer la exposición, y a intentar conquistar alguna de las bellas señoritas. Fue allí que se le cruzó esa rubia alta y muy bella de apenas diecinueve años.

—¿Quién es esa rubia? —fue todo lo que alcanzó a balbucir el chico, y uno de sus amigos ya se puso en campaña para lograr la atención de la damita.

Esa misma noche, todos salieron a divertirse y al terminar la velada, Carlitos acompañó a la Pinetta al Hotel Plaza, lugar donde residía temporalmente.

En el hall se dieron el primer beso, casi de compromiso.

Al otro día, Amalia se encontró con una desagradable sorpresa: alguien había dado la orden de despedirla de su trabajo. Compungida, la chica llamó a su nuevo amigo y al no encontrarlo, le dejó un mensaje donde le anunciaba que abandonaba la provincia para volver a Buenos Aires.

Mientras bajaba sus valijas, la modelo vio una moto que llegaba a alta velocidad hasta el lugar. Era Carlitos, quien le prohibió dejar La Rioja y, en cambio, le ofreció trasladarse a la residencia del gobernador. Durante varios días, la modelo se alojó en la Residencia Tres, lugar destinado a los invitados por las autoridades riojanas. Durante una de esas noches de pasión y amor "pasó lo que tenía que pasar", como le gustaba repetir a Amalia.

Todo siguió con normalidad hasta que la porteña se enteró de que su gentil pretendiente ya estaba de novio. Una fuerte discusión sirvió para que la Pinetta, ahora sí, tomara sus pertenencias y regresara a la Capital. Lo que no sabía era que, en sus entrañas, llevaba a la supuesta hija de Carlitos.

El 24 de junio de 1988 nacía Antonella Carla, y con ella una historia que se manejó en las sombras hasta el sábado 7 de octubre de 1995, cuando el presidente Carlos Menem tuvo la confirmación de la paternidad de su hijo, gracias a las pruebas de ADN que se le realizaron en el mes de setiembre a Zulema, Zulemita y a Eduardo Menem. El mandatario recibió con alegría la noticia, y reconoció que su ex esposa fue la que más insistió con el reconocimiento de la pequeña.

La última vez que se encontraron Amalia y Carlitos para intentar solucionar las cosas sin la intervención judicial, habría sido en agosto de 1992, en el taller que el heredero presidencial tenía frente a la cancha de River. Allí, el muchacho habría vuelto a negarle su paternidad y a recordarle que ese tipo de cosas "la tendrías que haber denunciado hace cinco años y no ahora, que soy el hijo del presidente".

A los pocos días se inició la causa en el Juzgado Civil Nº 76, del doctor Ricardo Sangiorgi, con el patrocinio de los doctores Juan Carlos Rey y Gustavo Carnevale, los mismos que habían ganado una demanda similar contra Daniel Scioli por el reconocimiento de su hija. Pero, extrañamente, cuando todo hacía suponer que el tema iba a encausarse legalmente, la Pinetta desapareció.

Algunos suspicaces aseguraban, por aquel entonces, que su desaparición habría tenido que ver con la cesión de un departamento, un auto, algunos trabajos en la televisión estatal y una renta mensual de cuatro mil dólares. Por aquellos días, la revista *Gente* evitó que saliera en sus páginas un reportaje a la modelo, falta grave que casi le cuesta el puesto al periodista que realizó la entrevista. Lo mismo habría sucedido con otro cuestionario que habría respondido para el noticiero de Telefé, y que en su momento no fue puesto en el aire. Conocedores de la interna periodística, aseguran que la nota que difundieron el viernes 13 de octubre de 1995 era, en realidad, esa vieja entrevista que, hasta entonces, nunca había visto la luz.

Algunos, mucho más desconfiados pero que dicen estar mejor informados, van más allá y se llenan la boca diciendo que gracias a estos favores del dueño de esa importante editorial y de una de las figuras del canal de las pelotitas, ciertos problemas legales que los tenían como protagonistas fueron extrañamente "parados". Más precisamente, se referirían al caso de los autos para discapacitados, que tuviera como protagonistas tanto al empresario periodístico como a la conductora afecta a las llamadas telefónicas, ya que ninguno de los dos se prestó en su momento a darle difusión al caso. Todo esto, obviamente, es inconcebible y nada digno de crédito.

Esos mismos informantes, que dudan de ciertas aristas de la personalidad de la modelo, señalan que ella era muy conocida en el ambiente del rock nacional. En 1991, por ejemplo, fue elegida "Diosa del metal" en la discoteca Halley, uno de los reductos de los *heavys* criollos. Hasta se llegó a especular sobre una supuesta relación con Alberto Corapi, dueño del boliche.

Su sueño fue siempre incursionar en la farándula y para ello trabajó en un ciclo que conducía Roberto Petinatto en las medianoches de ATC, llamado "Rebelde sin pausa". Allí, su trabajo consistía en aparecer en ropa interior despidiendo el programa. También hizo el protagónico del video "Mujer amante", que consagró al grupo metalero "Rata Blanca". En cine, en cambio, tuvo una pequeña participación en la poco recordada película *La pluma del Angel,* que produjo Claudio Ramos, hijo del dueño de *Ambito Financiero.* En esa reproducción, interpretó el papel de una mujer llamada "La chica Roxy" y obtuvo quinientos dólares por su jornada de trabajo.

Tal vez cansado de los exigentes pedidos de su madre con respecto al reconocimiento de su paternidad y semanas antes de su trágica muerte, Carlos Menem junior le habría pedido a su abogado, el doctor Alejandro Vázquez, que se iniciaran todas las pruebas tendientes a comprobar su relación familiar con la pequeña Antonella.

Hoy, la niña sigue hablando con su padre "que está en el Cielo", y visita esporádicamente su tumba en el cementerio de San Justo, donde siempre deposita un ramo de rosas blancas. Lejos de ella está pensar en el destino que le podría dar al casi millón de dólares que su padre habría tenido entre autos y propiedades.

A ella sólo le hubiera importado abrazarlo.

* * *

UN, DOS, TRES, GRABANDO...

Ella es pulposa, bella, con un leve acento extranjero —adoptado en sus giras rumberas— y una de las *vedettes* más codiciadas del ambiente. Su debilidad son los muñecos de gran tamaño, las pieles y... coleccionar los microcasetes de su poblado contestador automático.

La niña, tal vez con el fin de asegurar su vejez sin los sobresaltos de una AFJP, desde hace bastante tiempo viene atesorando las voces de muchísimos hombres famosos. Políticos, actores y deportistas dejaron una prueba irrefutable en el cadencioso aparatito que la *vedette* nunca apaga.

Fue así que un día quien esto escribe tuvo la suerte de escuchar aquel rico material. "Los muchachos del equipo quieren verte. Estamos en el hotel de siempre. Si podés vení con tu hermanita y la *alemana*", era uno de los mensajes que había dejado el ídolo máximo de Independiente, que en aquel momento dirigía los destinos técnicos del equipo de Avellaneda.

"Comunicáte urgente conmigo. El *jefe* tiene ganas de verte. Sabés quién habla." La voz del privadísimo secretario surgía inconfundible y parece que no sólo el "jefe" requería sus servicios, sino que también el secretario realizaba algún testeo previo.

Solamente un político oficialista —empeñado hace algún tiempo en pelearse públicamente con el periodista Horacio Verbitsky por su pasado montonero—, no tuvo suerte con la exuberante rumbera. Sus mensajes nunca fueron contestados.

Lo importante sería conocer cuál será el destino final de esos comprometedores microcasetes...

* * *

ENTRE LA ESPADA Y LA PARED

Miguel Romano es otro de los famosos peluqueros con acceso directo a la intimidad de los poderosos, gracias a su habilidad para convertir su sillón de peinador en una especie de diván de psicoanalista.

Fue así que el popular Miguelito se transformó en poco menos que confidente y mejor amigo de la poderosa Amalia Fortabat. A caballito de esta relación el *coiffeur* un día se atrevió a pedirle, y obtuvo de la cementera dama, que le sirviera de garantía para conseguir un importante crédito en el Citibank de la ciudad de Miami. Ese dinero, aproximadamente doscientos mil dólares, serviría para que el hombre adquiriera una enorme casaquinta en la localidad de Ingeniero Maschwitz llamada "El castillo de los Saavedra Lamas", ya que allí tuvo su residencia el recordado ganador del premio Nobel. Uno de los habitués en aquella época había sido nada menos que Don Hipólito Yrigoyen, quien usaba el ascensor interno con que cuenta la casona.

Todo esto se desarrollaba en el feliz año 1988, cuando la relación entre Miguelito y Amalia era la envidia y el comentario de todo el *jet set* aborigen. Incluso, esos mismos envidiosos afirmaban que la magnífica pileta de natación de la quinta había sido un regalo personal de ella.

Pero un aciago día todo llegó a su fin y de la peor manera. Exactamente a mediados de 1991, la viuda de Fortabat presentó una demanda por incumplimiento en los pagos del bendito crédito hipotecario, que le originara a la mujer un entuerto económico de proporciones debido a otra instancia judicial que le inició el City en su calidad de garante. Parece que el pobre Romano, acosado por su trabajo, se "olvidó" de pagar las cuotas y, tal vez confiado en su estrecha relación con la dama, durmió tranquilo pensando en una pronta solución.

La realidad le pegó duro cuando los doctores Aramburu y Ayerza se presentaron en los despachos del Juzgado Comercial número seis, para implementar las acciones legales correspondientes. El peluquero intentó comunicarse con Amalita varias veces, pero ella nunca se molestó en responder a sus desesperados llamados.

Entre corte y corte, algunos empleados de Miguelito comentaban que la drástica decisión de la Fortabat se habría originado, en realidad, en ciertos celos nacidos ante la preferencia del peluquero por otras figuras del poder y la farándula. La gota que rebalsó el vaso, aseguraban, fue la elección que Romano hizo entre Susana Giménez y Bárbara Bengolea, nieta de la millonaria mujer. El hombre prefirió aplicar sus tijeras en el peinado casamentero de la telefónica diva y no asistir a la boda de su otra cliente. Amalita, despechada, decidió abandonar los servicios del profesional de las tijeras y ejercer su derecho a cobrar la deuda.

Sin embargo, la suma habría aparecido gracias a una gestión de la conductora de "Hola Susana" quien, incluso, le habría prestado la plata de su ya abultada cuenta bancaria. A cambio, la esposa de Huberto Roviralta tendría un lugar especial y apartado de indiscretas miradas en el local del peluquero. El simpático perrito Jazmín tiene además toda la libertad para dejar desparramadas sus necesidades en el piso.

La amistad se paga. Muchas veces, de las maneras más insólitas.

* * *

LA VIDA POR UN BISTURI

Hoy cualquiera se puede asemejar a su estrella favorita. No hace falta estudiar ni acalorarse en los *sets* de cine. Si quiere parecerse a Susana Giménez o a Mirtha Legrand, sólo basta con ponerse en manos de alguno de los cirujanos más famosos de nuestro país.

En una época signada por la cultura del flash, donde lo fugaz es moneda corriente y el tiempo, una sucesión de instantáneas, los integrantes de la farándula deben *mantenerse,* más allá de su talento. La diosa Fama les impone: *aparecer, aparentar.* Una arruga manifiesta puede abortar de repente cualquier trayectoria. De allí que el mágico bisturí se haya convertido en fiel compañero de aquellos que se aferran a cualquier precio al lugar que se ganaron.

Nadie se salva de esta adoración del *lifting* y la belleza. Ni los artistas, ni los deportistas y, mucho menos, los políticos. Estos últimos, en otras doradas épocas, levantaban las banderas de la *ética.* Hoy, en cambio, prefieren elevar las de la *estética.* Las operaciones exteriores se profundizan tanto que, en algunos casos, el escalpelo de los cirujanos llega hasta las ideologías.

A caballito de las "incertidumbres ciertas" que se crean en esta sociedad moderna, donde la regla de oro es la permanente seducción, la consigna es mantenerse joven sin importar cómo.

La seducción de las palabras dejó paso a la de la imagen.

La democracia se convirtió en algo así como una "teatrocracia", donde el discurso se pierde ante las apariencias.

Los dirigentes políticos saben que ahora su presente y su futuro se discute en los medios de comunicación. Allí pueden mostrar sin pudores sus máscaras nuevas, brillantes o importadas. Unos minutos en televisión son más importantes que un acto político. Dos canchas de River llenas de militantes apenas suman un punto de ráting. Los candidatos electrónicos son la nueva moda en el panorama nacional. "Figuro, luego existo. Figuro, luego... asumo."

Nadie como el menemismo aprendió la lección, desde su irrupción en 1989. Así se sumó a la farándula local y se adueñó de todos sus *tics.* Las cirugías y los cambios aparentes no podían serle ajenos.

Siliconas, colágenos, *lifting* y tratamientos para adelgazar son algo corriente en los tiempos actuales. En un país que no discute sobre el futuro, atrapado en un eterno presente, el hoy pasa a ser lo más importante.

A diferencia del Mayo Francés, aquí la imaginación... no llega al poder.

Lo exterior, la tapa, la imagen se hizo dueña y señora de la situación. Artistas, deportistas, políticos y cuantos sueñan con su parcela de poder, forman esa vasta legión de adoradores del bisturí. Del Conservatorio Nacional a la anestesia; de la barricada al quirófano.

A continuación podrán leer algunos nombres famosos que decidieron parar de golpe el reloj biológico, como forma milagrosa de seguir perteneciendo a una sociedad mítica, donde hasta los valores más elementales sacaron turno para el estiramiento...

Una de cada diez estrellas...

No sólo se necesita talento para triunfar, una buena figura ayuda bastante para trepar al podio. La belleza es un elemento adicional que asegura el triunfo o, por lo menos, da alguna garantía de lograrlo. Las manos mágicas de los cirujanos pueden transformar los contornos de cualquier estrella y convertirlas en el ideal que siempre soñaron. Algunas, incluso, concurren a los consultorios munidas de las fotos de sus admirados en Hollywood. Otras damas anónimas, en cambio, se conforman con despertarse con las facciones de alguna actriz local.

"Muchas mujeres llegan a mi consultorio porque saben que yo fui quien operó a Susana Giménez. Esas clientes no sólo me piden que les haga lo mismo que a ella, sino que exigen ocupar el mismo cuarto y la misma cama", aseguró alguna vez Juan Carlos Pintos Barbieri, uno de los cirujanos preferidos por el *jet set*.

Antes, las operaciones eran guardadas celosamente, nunca eran declaradas. Nadie se atrevía a confesar su ominoso paso por el quirófano. Hoy los intervenidos prefieren confesarlo, no por un repentino ataque de sinceridad, sino porque sus operaciones son más que evidentes, no tanto por la calidad sino por la cantidad.

Una de las estrellas que nunca tuvo empacho en contar sus incursiones por las clínicas fue Mirtha Legrand. Incluso su regreso a la televisión en 1994 se produjo luego de una visita al doctor Roberto Zelicovich. La diva guardó su nueva cara hasta el mismo lunes de su vuelta a la pantalla de Canal 9, como una manera de ganar unos puntos más de ráting. Con razón, ya que las popularmente bautizadas "Doña Rosa" morían de intriga por saber cómo sería el nuevo rostro de "Chiquita". Y la animadora no las defraudó.

La conductora mostró ese día unos pómulos con más tono muscular, un estiramiento de mentón, una removida de piel excedente en su cara y en su cuello, además de algunos implantes en su cuero cabelludo. "Me lo pidió mi esposo Daniel Tinayre", se justificó a la hora de explicar su decisión.

De todos modos, ésa no fue la primera experiencia de la dama en materia de embellecimiento artificial. En 1973 se realizó su primer *lifting:* eliminación de arrugas en la frente, mejillas, papada y alguna molesta pata de gallo.

Su segundo paso por el quirófano se produjo en 1979, cuando una nueva vuelta a la televisión —esta vez por las estatales pantallas de ATC— se avecinaba. Los retoques, básicamente, se dirigieron a los mismos sectores de su primera intervención. A partir de allí, y hasta su última operación, la Legrand sólo se aplicó inyecciones de colágeno con la especialista Cristina Tamanit, para rellenar las zonas que lógicamente se deterioraban con el paso del tiempo.

Otras de las adoradoras del bisturí es la mega estrella Susana Giménez, aunque a ella le cuesta mucho más admitirlo. Seguramente su negación le viene desde la primera intervención, allá por 1972, cuando el doctor Zelicovich la emprendió con una rinoplastia (reducción de su nariz) y una mentoplastia (para poner a tono su mentón con la nueva nariz). Después de operada, la por ese momento modelo se dio cuenta de que el resultado no era el esperado por ella y decidió romper relaciones con el cirujano, prometiendo no retocarse nunca más. La promesa duró, exactamente, lo que tardó en llegar a la clínica de José Juri, para que arreglara el supuesto desaguisado de su colega.

De allí en más, sus *lolas,* nuevamente su mentón y una lipoaspiración fueron los agregados de la exitosa conductora. A eso se le debe sumar su visita al centro de salud "La Praire".

El cabello también es uno de los puntos débiles de la señora de Roviralta. Incluso hace algo menos de tres años, la ex *vedette* se sometió a un complicado tratamiento en Alemania, para recuperar los pelos perdidos en años de tinturas. En el tratamiento se incluyó un corte casi al cero para que su nueva cabellera naciera con mucha más fuerza. Durante meses, el bueno de Miguelito Romano se lució colocando diferentes apliques en su cotizada cabeza.

Ultimamente, la diva realizó dos viajes a la provincia de Mendoza para ponerse en manos del doctor Zaldivar, un reconocido especialista en curar problemas de la vista. Gracias a él, "Su" se quitó de encima un añejo complejo que la acompañó durante toda su carrera, y que sirvió para que algunas colegas se mofaran de ella de manera descabellada.

La única asignatura pendiente, que sigue quitándole el sueño a la protagonista de *La Mary,* es el grosor de sus tobillos. Ningún cirujano, hasta el momento, pudo solucionar ese problema que la acosa desde sus inicios en esta profesión.

Nacha Guevara, en cambio, no quiere aceptar que sus envidiables formas tienen mucho que agradecerle a las incursiones del bisturí. Ella insiste con asegurar que es fundamental conjugar la gimnasia con la meditación, porque si el cuerpo está sano, vuelve a su forma de manera natural. Amigos de la otrora revolucionaria, en cambio, prefieren refutar esas afirmaciones, muy a tono con los ideales de la *New Age,* y aseguran que la mutante Nacha en realidad cambió su busto, su boca, su mentón, además de someterse a una lipoaspiración en sus abdominales y a un *lifting,* en el exterior, para evitar cualquier mirada indiscreta.

Silvia Montanari se hizo cirugías y lo reconoce. Descubrió los beneficios de estos métodos en 1980, cuando se puso en manos de Juri —a esta altura un verdadero maestro— para que le realizara un *lifting* completo. Tres años después, repitió la misma práctica y agregó un retoque en su sensual labio inferior. Su cola y su busto también ganaron terreno en su ya abundante anatomía.

"Me operé y lo haría mil veces más. No tengo problema en decirlo", sostiene cada vez que alguien le recuerda en forma despectiva su afición por la estética. El otro problema que se le planteó fue la caída del cabello, porque su devoción a las extensiones de Estela Londero terminaron debilitándole el pelo. Fue por eso que en los inicios de "Son de Diez", en el año '95, se la vio con un *look* capilar mucho más corto.

Al igual que Nacha Guevara, la siempre vigente Pinky también decidió transformar su cuerpo en el exterior del país, como para aventar la presencia de cualquier arriesgado que pudiera retratar momento tan sublime. La señora Satragno se puso en manos de un prestigioso médico americano llamado Jack Davis, quien le retocó los párpados, el mentón, y suprimió algo de una molesta papada. Cuando regresó, la animadora habló de un "refresque" y no de una cirugía.

Aunque lo sigue negando enfáticamente, la bella Graciela Alfano también cayó rendida ante los influjos de una belleza asistida. La primera vez fue en 1974 para arreglar en parte su nariz. En 1985, en cambio, la emprendió con sus pechos, a los que transformó en un envidiable objeto de deseo. También sus labios sintieron el paso de un toque de colágeno, para que fueran la versión criolla de Kim Basinger y poder dejarse el sombrero puesto.

Graciela Borges, por su parte, duda entre negar y aceptar sus "recauchutajes". La "Gra" acepta que a principios de los 80 visitó al doctor Federico Zapata, para hacerse algunos retoques en la zona de los párpados. Lo que niega rotundamente es que, más acá en el tiempo, se la viera por la zona de influencia del especialista Pinto Barbieri, para realizarse otro toque en el rostro y una reparadora lipoaspiración.

Algunas, como "Pata" Villanueva y Daniela Cardone, son en sí mismas un muestrario de las distintas cirugías que se pueden comprar. La ex de Alberto Tarantini comenzó con un retoque general en la cara, se achicó la nariz, se sumó algunos centímetros en el busto y terminó agregándose colágeno en los labios. Con este último detalle tuvo un recordado problema cuando, en el boliche Blades, la modelo se pasó de efusividad con un joven y el aplique de su boca se despegó en el peor momento y en el peor lugar. De urgencia, tuvo que ir a su médico para recomponer la parte afectada.

La modelo y esposa del cirujano Rolando Pisanú es algo así como la publicidad móvil y viviente del trabajo de su marido. Aunque ella sólo acepta que los retoques llegaron al principio de la relación, "ahora no los podría hacer porque está el afecto de por medio", las malas lenguas aseguran que entre otras cosas, el especialista habría rediseñado el cuerpo de la *mannequin* quitándole dos costillas, para afinar su cintura. Sus *lolas* y sus labios recibieron alguna otra contribución generosa de su media naranja.

De delantera también se trató la famosa operación de Carmen Yazalde. La bella portuguesa decidió estrenar su operación en un recordado desfile de Gino Bogani. Pero como casi nadie se daba cuenta de sus nuevas formas, la muy avispada no tuvo mejor idea que dejar flojo uno de sus breteles para que en el momento justo se soltara, y dejara al aire su magnífico y arreglado busto. Por supuesto que allí sí, todos descubrieron en qué había invertido sus ahorros la ex mujer del futbolista "Chirola" Yazalde, sobre todo los fotógrafos, que la ametrallaron con sus flashes mientras ella intentaba, sin mucho apuro, arreglar su escandaloso vestido.

Hoy Silvia Pérez es una especie de Jane Fonda de las Pampas. Desde sus videos de gimnasia, le asegura a las mujeres comunes y corrientes que con sus métodos "pueden tener una cola como la mía". Claro que algunos viejos y rencorosos compañeros de la compañera de Alberto Olmedo, prefieren decir que la magnífica parte trasera tendría alguna ayuda de un bisturí amigo. Lo que sí es cierto es que, en 1982, la actriz decidió pasar por el quirófano para agregar alguna medida más a su casi desapercibido busto.

Claro que no fueron tantos centímetros como los que se incrementó Silvia Süller, esa especie de Gostanián del espectáculo. A mediados de 1984, la platinada *vedette* agregó dos medidas más a sus ya notables *lolas,* gracias a la generosidad de su por entonces novio "Nolo" Sotelo. Lejos de esconderse, la ex mujer de Silvio Soldán convocó a todos los periodistas a la clínica, para ver el antes y el después.

A otras, en cambio, algunos golpes en la vida le hacen replantear el tema de las cirugías. Eso le pasó en su momento a la espectacular Amalia González cuando falleció su madre. Frente a ese duro golpe, "Yuyito" se dirigió al doctor Juri para pedirle que le sacara las siliconas que le pusiera en reiteradas operaciones. El médico le explicó que eso era imposible, y la convenció de lo poco conveniente y peligroso de esa marcha atrás. Al no poder hacer eso, la *vedette* decidió cambiar su *look* y eliminar casi por completo el grueso maquillaje que ya formaba parte de su fisonomía habitual.

La que sí logró extraer parte de las siliconas de sus senos fue Alejandra Pradón. En una actitud que aún hoy algunos admiradores le reprochan, la rumbera ingresó al quirófano para achicar una de las características que la hicieron famosa. Pero la dama llegó aún más lejos cuando, a mediados del '95, resolvió dejar sus ya famosos desnudos como homenaje a su padre recientemente desaparecido.

Desde su llegada de San Juan en 1980 —cuando trabajaba como una empleada más en un banco— hasta hoy, el físico de Beatriz Salomón fue cambiando de manera notable. A tres años de su desembarco en Buenos Aires, la *vedette* se operó la nariz para afinarla un poco. En el 85 decidió emprenderla con su escaso busto, convirtiéndolo en algo tentador para los consumidores de sus productos, tanto en teatro como en televisión. Su último paso por el cirujano, dicen, fue para estirar un poco más sus ojos y transformarlos con rasgos orientales. Una práctica dolorosa, pero que últimamente se viene imponiendo entre las filas femeninas.

Otra de las famosas que aportan sus dinerillos para el crecimiento de las clínicas de belleza es Verónica Castro, visitante asidua de estas playas en plan de retoques. La *chaparrita,* cada tanto, se da una vuelta por lo de su amigo José Juri, con intención de ir ganándole terreno al despótico tiempo, ensañado con su no demasiado agraciada figura. La mayoría de las veces el "corchito erótico" —como la bautizaron los periodistas porteños— se realiza sencillas lipoaspiraciones, aunque la última vez que estuvo en la Argentina se internó cinco días en la clínica del Barrio Norte para hacerse un *lifting* completo.

Hay muchos más nombres que engalanan esta larga lista de famosos. Por ejemplo, Soledad Silveyra, quien en febrero de 1995 se inyectó colágeno para debutar en Canal 9, al frente del ciclo "La hermana mayor". Al salir de la clínica, y en un rapto de sinceridad, la protagonista de "Rolando Rivas" confesó que "la operación seguramente me puede devolver la imagen de cuando tenía veinte años, pero jamás la experiencia de esa época de mi vida...".

Adriana Brodsky, por su parte, logró esa naricita perfecta por obra y milagro del escalpelo. Lo mismo le pasó a Claudia Villafañe. La esposa del ídolo Diego, primero afiló su nariz para luego, en agosto del '95, agregarse algunas medidas más en su delantera, para beneficio de su archiconocido esposo.

Adriana Aguirre también es una devota del colágeno y, cada vez que puede, se lo aplica para mejorar su rostro. Sus pechos ya llevan varios años con esa medida agregada. A lo que nunca se sometió fue a una lipoaspiración, por lo que debe haber quedado eternamente arrepentida, sobre todo cuando los fotógrafos de *Clarín* publicaron en la tapa de la sección Espectáculos, una foto donde se la veía algo excedida de peso.

Esta lista no se agota. Esta lista *nos* agota...

Dicen que los hombres no se deben operar...

Las cirugías no son sólo propiedad de las huestes femeninas. Muchos son los hombres que se ponen en manos de los cirujanos para embellecerse. De las casi 150 mil operaciones anuales que se realizan en nuestro país, un importante porcentaje debe atribuirse a los caballeros. Lo que sí es seguro es que la mayoría de los 450 millones de dólares que dejan de renta las operaciones, salen de bolsillos masculinos.

Diego Maradona, quien ya había dado un importante paso en eso de borrar las barreras entre los gustos de los hombres y las mujeres al usar un llamativo tapado de piel, fue uno de los que decidió pasar por el quirófano para arreglar ciertos desperfectos físicos. Sus sucesivos cambios de peso en cada intento de regresar al fútbol dejaron huellas notables en su rostro, sobre todo en su papada. Fue por eso que en una visita relámpago al doctor Ricardo Leguizamón, el astro del fútbol decidió sacarse la grasa que sobraba en su cara. De paso, y por el mismo precio, el jugador aprovechó para quitar de su panza algunos rollitos antiestéticos, secuela de sus meses de inactividad y su dura faena por regresar a las canchas de fútbol.

Con mucho brillo y promoción, como es una constante en su vida, Carlos Perciavale también decidió en su momento —mediados del '93— ponerse en manos de un cirujano. Quería rejuvenecer su rostro en vísperas de un nuevo regreso a la televisión, esta vez en las pantallas de América 2. La decisión del oriental llegó el día que, entrevistado por su amigo Víctor Laplace, vio en el monitor la imagen de un viejo. Allí se dio cuenta de que esa cara era, ni más ni menos, la suya. Al otro día vio en un noticiero al presidente Menem y le preguntó a sus amigos quién había obrado ese milagro en el rostro del mandatario. La respuesta fue "Abel Chajchir", y hacia allí se dirigió raudo el uruguayo.

Después de un par de horas, Carlitos se encontró con otros párpados, otra frente, una barbilla diferente y una papada estética. Casi con las vendas puestas, el otrora rey del *café concert* dio una conferencia de prensa para contar sobre las bondades del *lifting*. No lo hizo sólo por la felicidad que lo embargaba, sino por el canje que había logrado con su cirujano amigo.

A diferencia de Perciavale, Fernando Bravo pagó religiosamente la operación que se hizo en los párpados a principios de 1995, también para regresar a la televisión al frente de "Siglo 20, cambalache". Su rejuvenecida cara con ojos bien abiertos al pasado nacional, sin embargo, duró poco en la pantalla, ya que su ciclo fue levantado de la programación.

Rodolfo Bebán, a instancias de su joven pareja, también tomó la decisión de arreglar en parte su masculino rostro, con el agregado del bendito colágeno en las mejillas. Cuando apareció hinchado en su lugar de trabajo, los periodistas comenzaron a especular con la operación y el galán, lejos de aceptarlo, decidió pelearse con los escribas.

Otro que también cayó encantado bajo los poderes del *lifting* fue Guillermo Nimo, esa extraña mezcla de cómico y periodista deportivo, que engalana todos los espacios televisivos manejados por Gerardo Sofovich. El doctor Daniel Puente fue el encargado de introducir el bisturí en la humanidad del ex árbitro para realizar el recauchutaje general, además de sacarle las bolsas de los ojos y subirle unos milímetros los párpados. Algunos detractores del caballero aseguran que cuando estrenó su nuevo aparato ocular, recién se dio cuenta de aquel famoso penal de Gallo frente a River, en 1968. Eso sí, la operación se realizó luego de que el "Ruso" le diera el permiso correspondiente.

FRASES CELEBRES

"Meryl Streep es un poroto al lado mío."

BEATRIZ SALOMÓN.

* * *

"Hay que parar con la venta de cuernos de elefante."

SUSANA GIMÉNEZ a TU SAM.

* * *

"Yo sueño con un rato para arreglar roperos."

MARÍA JULIA ALSOGARAY.

* * *

"Un dirigente sindical es como cualquier persona."

LUIS BARRIONUEVO.

* * *

"Si soy tan cariñosa con el auto, que no tiene sentimientos, imaginate con un hombre."

DANIELA URZI.

* * *

"Es un travesti de murga."

ZULMA FAIAD refiriéndose a MORIA CASÁN.

* * *

"Es una lechuguita en mal estado."

MORIA CASÁN refiriéndose a ZULMA FAIAD.

* * *

"Prefiero perder las elecciones antes que mentir."

CARLOS SAÚL MENEM.

Las pioneras

Siempre los integrantes del mundo del espectáculo se las rebuscaron para guardar el secreto de la eterna juventud. Claro que en esas primeras épocas, el *lifting* no existía, y las avispas eran unos insectos que lo único que hacían era molestar en los pic-nics del día de la primavera.

Entre el '50 y el '60, por ejemplo, se destacó un cirujano de apellido Malbec que realizó operaciones a más de una mujer famosa de aquellos años. Los memoriosos dicen que Tita Merello se operó dos veces con ese especialista; la primera en el '51, cuando redujo su nariz, y la otra en el '61, cuando se realizó uno de los pioneros *lifting*.

Con ese mismo doctor se habría operado tres veces Amelia Bence, la de los ojos más lindos del mundo. Pese a que la coqueta actriz aún hoy se niega a reconocerlo, amigos suyos dicen que una de esas intervenciones habría engalanado su nariz.

Aunque no hay mayores datos al respecto, también se nombra a Libertad Lamarque y a Niní Marshall como visitantes a algún quirófano. La cantante, por ejemplo, en alguna ocasión se quitó algunas molestas arrugas que se habían radicado alrededor de sus labios. La excelente creadora de "Catita", habría protagonizado una operación de embellecimiento en 1960.

Con la democracia se come, se educa y... se opera

Aquellos políticos de poncho, facón y gruesos bigotazos dejaron paso, en la década del 70, a otros más combativos, de camisa abierta y puños cerrados. En los '80, en cambio, los dirigentes abandonaron las concentraciones masivas, archivaron las consignas y decidieron poner todo su esfuerzo en dientes más blancos, pelo más negro y rostros juveniles.

El abanderado de estos inusuales cambios en la política nacional es, sin dudas, Carlos Saúl Menem. Desde sus recordadas patillas, hasta la simpática avispa colagenada, el riojano marcó el ritmo de una transformación que ya es historia.

La primera visita del primer mandatario a un quirófano embellecedor, se efectivizó en la Semana Santa de 1991, cuando un terrible himenóptero, que logró burlar el cerco de seguridad, se ensañó con el cansado rostro del líder. Por lo menos, esa fue la versión que hicieron correr los voceros del poder.

Días después, vencidos por las evidencias que se presentaban en los medios de comunicación, el propio mandatario tuvo que admitir que el maléfico insecto no existió, y que el pinchazo había sido producido por las hábiles manos del doctor Abel Chajchir. De su visita a la clínica, el presidente se llevó como recuerdo una aplicación de colágeno en sus mejillas y en el surco nasogeniano. Los más informados agregaron también un *lifting* en los párpados inferiores.

La versión mentirosa de la avispa se enmarcaba en una modalidad que ya se había inaugurado con aquella famosa lesión en la muñeca. En su momento se dijo que la misma se había producido por una caída en el baño, aunque luego, el mismo presidente tuvo que reconocer, en el ciclo "Hola Susana", que había sido en un accidente de moto.

Desde su asunción, a fines de 1989, el riojano le puso especial atención a su aspecto físico. Los recordados trajes blancos de su época de gobernador dieron paso a otros, de fino corte europeo. La larga cabellera de las caravanas del *Menemóvil,* dejó lugar a un corte más formal realizado por el inefable Tony Cuozzo. Claro que el cabello, como algunas promesas preelectorales, comenzó a aflojar y caer. Allí entraron en escena Estela Londero, el "gato", etc., etc., etcétera.

Finalmente, sensibilizado por aquella operación de carótida que mantuvo en vilo a la opinión pública, el primer mandatario decidió quitarse esas aplicaciones y asumir su natural cabellera, tal vez buscando un *look* adolescente y *negligée.*

Las operaciones de embellecimiento parecen ser una constante también en el entorno familiar del dirigente justicialista. Su ex esposa podría encabezar la lista de las primeras damas que más visitas hicieron a los cirujanos plásticos.

La historia de la metamorfosis de Zulema Yoma se remonta a 1980, cuando se puso en manos del prestigioso y publicitado Ivo Pitanguy. En aquel momento, la esposa del por entonces interdicto gobernador de La Rioja, viajó especialmente a la clínica del la Rúa Dona Mariana, en el barrio carioca de Botafogo, para someterse a un *lifting* y a una cirugía de mamas.

En julio del '87, el brasileño puso otra vez manos a la obra en la humanidad de la nuevamente dama en el poder, para borrar las heridas de dos cesáreas y los pliegues de su vientre, fruto de los embarazos de Zulemita y Carlitos. Ya que estaba en la sala de operaciones, la mujer aprovechó para hacerse retocar el antiguo trabajo en el rostro y en los pechos. Esta operación le sirvió al profesional carioca para elevar un poco su decaído prestigio, luego de que varias clientes cuestionaran su trabajo.

En esa ocasión, cuentan algunos cercanos al poder, la operación tuvo algunos inconvenientes, por lo que hubo que hacerle a Zulema una transfusión de sangre. Pero ella, temerosa del SIDA, pidió especialmente un envío desde Buenos Aires. Una inusitada demora puso a la mujer en un cuadro de anemia, que hizo temblar a los profesionales que la atendían.

Dos años después, la propia Zulema se sumó al coro de voces de protesta contra Pitanguy, ya que varios inconvenientes se le presentaron en forma de complicaciones faciales y nódulos mamarios. Cansada de trajinar los quirófanos, Zulema decidió apostar a la materia gris argentina, y se puso en manos de Ricardo Leguizamón, un cirujano muy joven, nacido en la provincia del Chacho y uno de los discípulos preferidos del maestro José Juri.

Lo primero que hizo el profesional fue internar a la primera dama en la clínica Mater Dei, para extirparle los nódulos ubicados en su pecho izquierdo. A eso le sumó una reparación estética general de lo que dejó su colega brasileño. En ese momento, el doctor realizó en su paciente una técnica novedosa que lleva por nombre SMAS (Sistema Músculo Aponeurótico), una cirugía que define los ángulos de la cara, borra las líneas de expresión viciosas —aquellas que se producen por la sonrisa o el dolor— y no quita naturalidad al rostro.

Después de esta experiencia, Zulema Yoma se llamó a sosiego por dos años, hasta un nuevo ingreso a la sala de cirugía. Ya separada, más precisamente el 20 de junio de 1991, la mujer se encomendó a Rolando Pisanú para que le practicara una dermolipectomia en la cara interna de sus muslos. La operación apenas duró media hora, y luego de tres horas de reposo, la paciente se retiró rumbo a su piso de la calle Posadas, con la sola prescripción de algunos antibióticos y calmantes para un posible dolor. En esa ocasión, la ex mujer del presidente no pidió que el bisturí se deslizara por su rostro.

A los nombres de Pitanguy, Leguizamón y Pisanú, se le sumó meses después la doctora Cristina Zeaiter, quien practicó a Zulema una rinoplastia secundaria, más un retoque facial con *lipofilling.* Esa nueva intervención le produjo a la mujer un fuerte desgaste en los tejidos del rostro. Las continuas operaciones dejaron huellas que fueron transformando su habitual fisonomía.

Para tratar de recuperar aquella lozanía, Zulema Yoma intentó en agosto del '95 someterse a un nuevo retoque facial. La aparición previa de la noticia en los medios hizo desistir a la dama de la conveniencia de ingresar nuevamente a una clínica. Para colmo, el día en que decidió ir a consultar al doctor Leguizamón, para que la operación no trascendiera a la opinión pública, toda la prensa estaba en la puerta del instituto médico, ya que en esos momentos se estaba operando Claudia Villafañe de Maradona. Raudamente, Zulema se retiró en su automóvil, seguido por una camioneta llena de ángeles custodios.

Su hermana Amira también es una de las fanáticas émulas del retrato de Dorian Gray. La ex secretaria de audiencias de la Presidencia tiene tres operaciones de nariz, *lifting* y apertura de ojos —mucho más orientales—, además del cambio constante de lentes de contacto, que fueron pasando del gris al verde sin solución de continuidad.

Su cirujana de cabecera es Cristina Zeaiter. A tal punto le tenía confianza que cuando estalló el famoso *Yomagate,* estaba a punto de conseguir un crédito para que la doctora construyera su propio centro médico. Por supuesto que todo quedó para un mejor momento.

A Zulemita Menem algunos quieren verla también con agregados poco naturales. Los desconfiados dicen que su delantera habría sufrido un retoque a principios del '92. Es más, durante la gira por Alemania de ese año, el por entonces ministro José Luis Manzano le habría comentado a María Julia Alsogaray: "Para qué se hizo esta chica los pechos nuevos si después los anda escondiendo".

La heredera, hasta el momento, se niega a reconocer el

hecho e, incluso, desafía a que se reúna una junta médica para que la revisen.

"Chupete" Manzano, que no dudó en deschavar a Zulemita, se olvidó de que él fue también blanco de los dardos periodísticos cuando se rumoreó sobre su operación de nalgas.

Las opiniones están totalmente divididas. Algunos aseguran que durante una reunión con periodistas amigos, el ex ministro llegó a bajarse los pantalones para que comprobaran *in situ* lo natural de sus asentaderas. Otros prefieren contar que desde que comenzaron las versiones, el político ya no se pone más inyecciones en los glúteos para evitar que se le arruinen los implantes. Lo único cierto es que, en los últimos tiempos, los pantalones de los trajes italianos le caían mucho mejor que cuando era un obeso diputado mendocino.

En cuanto a la anécdota de los pantalones bajos, testigos presenciales afirman que también Adelina de Viola podría haber sido partícipe de esa sesión de *streap tease* ministerial. Dicen que, en realidad, el brulote habría surgido de una de las mesas del ya mítico café Florida Garden, donde los políticos e influyentes de todo pelo se reúnen para arreglar el país y pergeñar alguna revolución siempre inconclusa. Los informantes van más lejos y dicen que habría sido Guillermo Cherasny —periodista recientemente herido en un confuso episodio— quien se hizo eco del rumor, alertado por una inexplicable desaparición de dos días del pobre Manzano. Fue allí que alguien, un cirujano plástico de prestigio, comenzó a hacer correr el chimento de la pequeña operación trasera, y de buenas a primeras éste apareció publicado en algunos diarios y revistas. El político tuvo que cargar con esa duda, ya que no era aconsejable realizar una conferencia de prensa para desmentir las versiones. La única prueba tangible sería bajarse los pantalones en público. Y eso no corresponde a un correcto funcionario. A menos que no haya un representante del FMI o la embajada de los Estados Unidos cerca...

Hablando de legisladores, la jujeña María Cristina Guzmán también es una de las adoradoras del santo bisturí. En la última década, la diputada se hizo más de un *lifting,* por lo que su rostro aparece mucho más joven ahora que cuando era una simple ciudadana que apoyaba aquel proyecto militar del MON (Movimiento de Opinión Nacional), que inauguró el general Galtieri con una multitudinaria choriceada en

Victoria. Por suerte el tiempo se llevó ese engendro, pero no pudo con la cara de la política. En los pasillos del Palacio Legislativo se la conoce con el simpático mote de "El Guasón", en homenaje al recordado personaje de Batman que nunca perdía su impostada sonrisa.

¡Basta! ¿No es todo? No.

Pese a defender la ecología y la naturaleza, María Julia Alsogaray también tiene sus puntos oscuros. Por un lado su apego a los tapados de piel, como aquel que le prestó su amiga Graciela Borges en Las Leñas, cuando decidió convertirse en vampiresa y poner en peligro su carrera política. Por el otro, su cariño por el embellecimiento artificial. Un mágico bisturí aterrizó en su mentón y en las bolsas debajo de sus párpados. A esto se suman los implantes y peinados de todo tipo con que no duda coronar su cabeza.

Por el lado de la oposición, las cirugías también están a la orden del día. Aquellos que creían que Raúl Alfonsín nunca iba a abandonar su *look* formal y sus trajes con chaleco, se llevaron una verdadera sorpresa cuando lo vieron con rostro cambiado y varios kilos de menos. Al principio, el ex presidente aseguró que su cambio tenía que ver con una estricta dieta prescripta por su médico personal. Lo cierto es que a mediados del '92, el líder del radicalismo se internó en el instituto del doctor Juri, quien le quitó las antiestéticas bolsas de sus ojos. Todavía hoy, el oriundo de Chascomús, asegura que en el país existe una sola avispa, la que picó a Carlos.

Otros políticos decidieron cambiar parte de su imagen en vista de contiendas electorales. Esos fueron los casos de Carlos Grosso y Juan Manuel Casella. Ambos decidieron cambiar completamente su dentadura, que lucía despareja frente a las cámaras. Al peronista, el arreglo le sirvió para llegar a la intendencia, pero no para evitar el posterior escándalo. El radical, en cambio, no llegó a la gobernación de Buenos Aires; se despidió con dientes nuevos, sin jopo y sin cargo.

Tampoco a Palito Ortega le alcanzó una operación en sus párpados para ser segundo en la fórmula presidencial de Carlos Menem. Lo único que consiguió fue que ahora nadie quiera jugar al truco con él, porque los contrarios piensan que tiene comprado el "ancho" de espadas.

Otros dirigentes le tienen miedo a las operaciones, pero

bregan por ser un poco más lindos. Aunque sea en la parte externa de su cabeza. En un rapto de lucidez, el escritor Jorge Asís aseguró que él no podía ser un buen menemista, porque "casi todos los menemistas se tiñen". El vicepresidente Carlos Ruckauf y el presidente de la Cámara de Diputados, Alberto Pierri, conocen las ventajas de usar *henna* para darle color a su cuero cabelludo.
Algunos, en cambio, buscaron una solución definitiva con el implante, como es el caso de Alberto Piotti, a quien nadie le puede descubrir dónde tiene ese agregado capilar. Lástima que al juez en lo penal económico Guillermo Tiscornia no le haya sucedido lo mismo con su peluquín, adquirido a principios del año '95. Los superiores del leguleyo le pidieron que se quitara el aplique porque "era muy poco serio para un juez de la Nación".
Además de ellos... ¡Basta! Los casos que deberían seguir acaban de ser cercenados por... un bisturí.

* * *

MINISTERIO DE... ¿ECONOMIA?

Tal vez celoso de los importantes arreglos que el presidente hizo en la Casa Rosada, con sala de prensa incluida, el ministro Domingo Cavallo tomó la decisión de remodelar el vetusto edificio de Economía, que aún lucía heridas del bombardeo a la Plaza de Mayo en el '55.

Además, como le decían todos sus amigos, en el exterior, a la Argentina se la conoce por los importantes logros financieros que se realizaron a partir de la entrada del representante cordobés al gabinete. Con esos datos en la mano el ídolo de los jubilados bien podía gastarse unos pesitos en modernizar el lugar donde, día a día, mide el pulso económico del país.

Casi sin pestañear, Mingo aceptó que se gastaran 17.400.000 dólares en poner presentable el edificio lindero a la Plaza de Mayo.

En realidad el ministro comenzó a soñar con el cambio cuando, recién llegado desde la Cancillería, vio frustrada su mudanza al edificio central del Banco Nación. Enojado por la negativa, el financista mediterráneo decidió comenzar a cambiarle la cara a la vetusta edificación con algo simple: pintura. Por dos manos de látex a los doce pisos, se gastaron algo así como dos millones y medio de dólares, a lo que se le sumaron otros tres millones de pesos previos, para arreglar el frente antes de pasarle el pincel.

"Me parece que los teléfonos están pinchados", le susurró al ministro uno de sus eficientes y circunspectos colaboradores. Escuchar eso y decidir cambiar integralmente el sistema de telefonía fue todo uno. El funcionario optó por aceptar un convenio con el Programa de las Naciones Unidas para el Desarrollo, y llegar así a la empresa francesa Alcatel. La firma europea cotizó en cuatro millones de dólares la modificación de toda la red de comunicaciones del Ministerio. Desde la oficina de prensa se aseguró que, de esta manera, se ahorraría casi un 30 por ciento de la facturación mensual de Telefónica de Argentina.

Cansado de que algunos visitantes no gratos asomaran en su despacho, Domingo Cavallo tomó la decisión de cambiar en su totalidad el sistema de seguridad. Como en los mejores lugares de ese Primer Mundo, que todavía soñamos integrar, el Ministerio adoptó el circuito de tarjetas magnéticas a un costo de 1.700.000 dólares. De esta manera se intentó que los 3.500 empleados y los casi 3.000 visitantes, que día a día llegan al edificio, puedan ser controlados con seriedad y acompañados exactamente al lugar adonde quieren llegar. Claro que alguna vez el sistema "se cae", como en aquella ocasión en que el ministro de Educación José Luis Rodríguez tuvo que esperar pacientemente que uno de los secretarios bajara hasta la recepción para comprobar que ese señor que casi a los gritos pedía ir a la oficina de Cavallo, era el funcionario. El pobre agente de seguridad, además, tuvo que aguantar una perorata de sus superiores por el lamentable suceso.

Subir a diario por los vetustos ascensores era casi un castigo para los hábiles economistas. Largas colas y marcha lenta ponían nerviosos a los financistas. Por eso, con apenas un millón de dólares, el Mingo pudo computarizar los doce ascensores y el montacargas para hacer más felices los viajes a los pisos superiores.

La misma sensación de hastío se sentía cada vez que el gabinete económico tenía que reunirse los miércoles, para analizar la marcha de los mercados o pergeñar alguna movida tendiente a devolverle la confianza a los ahorristas. Para transformar el ambiente en algo más agradable, se optó por cambiar los cortinados, las maderas que revisten el lugar y restaurar los cuadros colgados en las paredes. Las modernas lámparas dicroicas reemplazaron a las bombitas de 100 y a los tubos fluorescentes que a cada rato se quemaban.

Otro de los cambios efectuados fue la modificación del microcine, que siempre fue uno de los ámbitos favoritos del cordobés para explicar las bondades de sus planes. Las viejas y queridas diapositivas dejaron paso a un sistema de video computarizado en U-Matic, el sistema que usa la mayoría de los canales de televisión. A eso se le suma una isla de edición, cuatro monitores, una pantalla gigante de proyección y un sistema de sonido con doce canales, que convierten a la sala en algo así como un cine del barrio de Belgrano. Por todo concepto se gastaron 800 mil dólares, una bicoca para los tiempos que corren.

Pero, como si todo esto fuera poco, el Ministerio podrá convertir en realidad el sueño de tener una manzana propia. Sucede que a la sede natural de la repartición económica se le sumó el edificio de Segba, de Paseo Colón 171, y el de Balcarse 186. También se agregó el de Aerolíneas Argentinas, en la esquina de Paseo Colón e Hipólito Yrigoyen. Todos los edificios estarán conectados gracias a los "anillos de circulación", como los llama la arquitecta Cantarella, encargada de todas las refacciones. En realidad esos anillos son simples boquetes abiertos en las medianeras para vincular las diversas salas.

Los últimos detalles que mandó arreglar el Elliot Ness de la economía nacional, fue la sala de espera de su despacho, en el quinto piso del edificio. El tapizado de los sillones, las cortinas y la alfombra juegan en idénticos tonos que van desde el amarillo hasta un delicado anaranjado. Los cuadros que cuelgan de las paredes son de artistas argentinos. De esta manera se reemplaza la vetusta salita que día a día se veía sobrepasada por la cantidad de interesados en ver al funcionario. Lo único que llama la atención es que entre tanta pintura, no figure ni una fotografía del presidente Carlos Menem.

Al lado de los pobres 4.990.000 pesos que gastó el presidente en los arreglos de la Casa Rosada y la Quinta de Olivos, lo que se obló por el embellecimiento del Ministerio de Economía parece una barbaridad.

Pero como decía Pepe Fechoría: "Si hay pobreza, que no se note", y si vamos a pedir un crédito, lo mejor es demostrar que no lo necesitamos.

* * *

LA FIESTA INOLVIDABLE

Tenía que ser la fiesta del año. O más bien, del siglo.

Los mejores profesionales fueron convocados al piso de Avenida del Libertador, para decidir de qué manera se podía conmover al *jet set* nacional.

Del dinero no hacía falta hablar. Eso era lo que sobraba, además de las ganas de la afortunada dama de convertirse por varias semanas en el centro de la atención de toda la prensa especializada.

Se casaba su Bárbara Bengolea con Esteban Ferrari, y había que festejar. Ni siquiera consideró la posibilidad de realizar un ágape íntimo. No todos los días la nieta de Amalia Lacroze de Fortabat decidía dar el sí frente a Dios. Había que tirar, literalmente, la casa por la ventana.

Nada quedó librado al azar. Incluso llegó especialmente al país Norman Parkinson, el fotógrafo personal de la familia Real británica y también *chasirette* preferido de Lady Di, hasta que ésta decidió legalizar el adulterio ante la flemática sociedad inglesa. El profesional llegó con su miniestudio a cuestas, sus ayudantes y sus maquilladores. Hizo todas las fotos con una perfección asombrosa y, con la misma profesionalidad, no se puso colorado a la hora de recibir sus treinta mil dólares, su *cachet* habitual cuando retrata a la realeza europea.

El único problema surgió cuando Miguel Romano se negó a peinar a la novia, porque en esos momentos acicalaba a Susana Giménez. La cementera, lejos de entender las razones de su amigo y *coiffeur* personal, estalló en un ataque de ira y le solicitó a sus abogados que liquidaran por vía legal la deuda que el profesional mantenía con ella por la compra de su onerosa quinta en Ingeniero Maschwitz.

Después, todo fue como en un cuento de hadas.

La iglesia elegida para la ceremonia fue la De La Merced y los tortolitos ingresaron bajo los cantos de un coro de veinte voces, media docena de trompetas y violines, que interpretaron el tema principal de la película "Carrozas de fuego", compuesto por Vangelis.

El momento más emocionante llegó cuando el sacerdote le pidió a Amalita que leyera la "Oración de los Fieles". Con voz quebrada, la férrea empresaria afrontó la lectura, y algunos testigos sostienen que de sus ojos saltó alguna lágrima. Esos mismos testigos sostienen que las mismas no eran color verde dólar, como se aseguró por allí.

Pero, como decía Aldo Camarotta, todavía faltaba lo mejor.

Si los casi dos mil invitados creyeron haberlo visto todo, todavía les faltaba llegar a la lujosa quinta de la patrona de Olavarría, en la localidad de San Isidro, donde se construyó especialmente una estructura a cincuenta centímetros del piso, con casi un cuarto de manzana de extensión y aire acondicionado central. Allí, los que iban llegando podían encontrarse con las paredes de color rosa y el techo inmaculadamente blanco. El piso totalmente alfombrado en color champagne y una decoración calificada por los expertos como cercana a la perfección.

Aquellos que llegaron en auto, pudieron estacionar en el Jockey Club de San Isidro. Mil autos se acomodaron allí, entre los que se destacaron 135 BMW y 153 Mercedes Benz. Algún Fiat 600 también asomó su trompa, pero rápidamente fue evacuado de la zona por los empleados que se encargaban de poner en orden los coches.

La seguridad estuvo a cargo de casi trescientos agentes enviados especialmente por la Unidad Regional de Vicente López. La Policía Federal, por su lado, aportó algunos agentes para que se mezclaran con los invitados, y evitar así cualquier incidente luego de alguna excesiva ingesta de alcohol. Aunque, como todo el mundo sabe, los ricos no se emborrachan; se ponen alegres.

Entre tanto boato y onerosas decoraciones, un posible incendio podía arruinar la fiesta. Para evitarlo, una delegación de los bomberos de la zona estaba dispuesta con la manguera en la mano, alertados ante la mínima chispa.

Claro que, tanta comida y bebida, originaron entre los presentes irrefrenables ganas de ir al baño. Y allí también les esperaba una agradable sorpresa. En cualquiera de los veinte, preparados especialmente para la ocasión, el apurado comensal se podía encontrar con las toallas haciendo primoroso juego con los jabones de glicerina verde. En la antesala, como cuidando que nadie se robara el papel higiénico, una escultura de Julio César escrutaba con rostro adusto a cada uno que llegaba.

En las paredes del salón principal colgaban, como mudos testigos de la fiesta, auténticas firmas de famosos artistas como Berni, Petorutti y Andy Warhol, traídos especialmente desde el domicilio particular de la Fortabat.

A la hora de comer, el lujo tampoco quedó de lado.

Antes de la cena los invitados pudieron degustar centollas, canapés de salmón, brochettes de cerdo y ananá, jamón de ciervo y langostinos con salsa tártara.

La comida comenzó poco después de la medianoche y el primer plato consistió en huevos Volga, centollas, salmón ahumado con ensalada de palmitos, ananá y champiñones. Como segundo plato, el servicio de María Rosa Gradin de Seeber ofreció pavita caliente con salsa de almendras y puré de marrón glacé. Se descorcharon 1.500 botellas de champagne Dom Perignon, 1.000 del mejor vino blanco, 800 de tinto, 80 de whisky y 2.000 litros de gaseosas y jugos.

Entre las 230 mesas forradas en shantung de seda rosa, con capacidad para 10 comensales, se repartían los 10 maîtres, los 350 mozos, los 30 cocineros y los 30 ayudantes.

La torta, como no podía ser de otra manera, despertó el asombro de todos los presentes. Fue construida en siete pisos: dos de torta galesa, tres de frutilla y crema y los dos últimos de marrón glacé.

Todo por una módica suma de 100 mil dólares.

Faltaba, por supuesto, el regalo de Amalita. El mismo consistió en un piso amueblado en Avenida del Libertador y un viaje de bodas que abarcó París, Hong Kong, la Polinesia, Bahamas, Tokio, Madrid y la paradisíaca isla de Saint Thomas.

Si la alegría tenía representación terrenal, ésa era la fiesta de casamiento de la nieta de Amalia Lacroze de Fortabat.

Pero... siempre hay un lugar para que la perfección se convierta en papelón.

Cuando el reloj marcaba la 1.30 de la mañana y los más jóvenes estaban moviéndose frenéticamente en la pista de baile, el piso comenzó a hundirse ante el estupor de todos los presentes. La empresaria, que se había retirado momentos antes, al enterarse no sólo estalló en una crisis de nervios, sino que de inmediato se comunicó con el estudio de Eugenio Aramburu, su abogado personal, para iniciarle a Boitano S.A., la empresa encargada del armado de las estructuras, un juicio por daño moral.

Las acciones legales comenzaron a principios de 1989 y terminaron dos años después, con un arreglo entre ambas partes. Pero durante las visitas a Tribunales se conocieron algunos detalles dignos de ser ventilados.

Los leguleyos afirmaron que, en realidad, la culpa era de la empresaria, ya que había pedido expresamente que la estructura se levantara al lado de la pileta, y el continuo desagote de la misma terminó convirtiendo el lugar en un barrial que, finalmente, cedió ante el peso de los cuatrocientos bailarines.

Cuando ambas partes se pusieron de acuerdo, Eugenio Aramburu respiró aliviado; se había sacado de encima un caso poco menos que indefendible.

De todas maneras, este hecho pudo opacar una fiesta que pintaba ser la del siglo, y terminó como un remedo de "La fiesta inolvidable", aquella jocosa película de Peter Seller.

El dinero... no hace la felicidad.

* * *

"VIEJA, MIRA LO QUE TENGO..."

"Hay que ser machos, tener una mujer bella y joven y responderle toda vez que ella lo requiere", parecería ser la frase que, marcada a fuego, tienen dos conocidos periodistas porteños.

Los hombres, reconocidos también como brillantes hombres de negocios en el tema de las comunicaciones, coincidieron en casarse con damas más jóvenes que ellos. Pero se encontraron con una pequeña dificultad: los apetitos sexuales no coincidían.

Preocupados por este significativo detalle, ambos colegas decidieron ponerse en manos de los especialistas de una clínica de Brasil. Es decir, especialistas en operaciones de índole sexual.

Fue así que el conductor televisivo y el propietario de un diario se dirigieron, a principios del 93, a la clínica de marras, creada específicamente para hombres mayores de sesenta años. Allí los caballeros se habrían sometido a una pequeña intervención quirúrgica que duró apenas cuarenta minutos y que resultó todo un éxito.

Al llegar a Buenos Aires, y luego de probar la efectividad del tratamiento con sus bellas mujeres, los periodistas comenzaron a recomendar con fervor el tratamiento para la potencia sexual.

Por una vez, coincidieron en difundir buenas noticias.

* * *

ALLA VAMOS

Pese a su gestión al frente de la gobernación de Tucumán, Ramón Ortega nunca pudo dejar del todo sus incursiones en la farándula criolla. Esa particular relación con el mundo del espectáculo más de una vez le trajo un fuerte dolor de cabeza, además las feroces críticas de sus rivales políticos.

Uno de los hechos que aún recuerdan los tucumanos, fue aquel que involucró al reconocido "Palito" con un viaje relámpago a Buenos Aires, en febrero del '92, para participar de un programa televisivo.

De acuerdo a las versiones, el gobernador había contratado para esa ocasión los servicios de un avión particular. El alquiler se produjo en la empresa American Jet S.A. de la calle Paraguay 755, tercer piso, y el mismo consistió en un avión Metro 3, matrícula LV-RBP cuyo itinerario fue Buenos Aires-Tucumán-Buenos Aires, en el que se incluyó una extensión al aeropuerto Benjamín Matienzo.

El viaje comprendió los días 28 y el 29 de noviembre de ese año, y su costo total trepó a los 7.350 pesos, de acuerdo a la factura extendida por la empresa bajo el número 055, con fecha 2 de marzo de 1992.

La suma fue abonada por la Subsecretaría de Información Pública, de acuerdo al Decreto Nº 368/1, del 24 de marzo del mismo año.

El viaje del cantante mereció una reprobación de un grupo de diputados, encabezados por los radicales Juan Pablo Baylac y Leopoldo Moreau. En ese mismo pedido de informe, los legisladores preguntaron por la adquisición de un Peugeot 505 cero kilómetro, con vidrios polarizados, por parte de la gobernación a una concesionaria capitalina.

Como se ve, a ciertos políticos no se les perdona sus relaciones con la farándula vernácula.

Si la envidia fuera tizne...

* * *

EL BANQUERO DE LAS ESTRELLAS

Lo primero que lo sorprendió fue el innegable acento italiano que tenía el caballero que lo había cruzado en la calle. Cuando lo escuchó hablar recordó vagamente una escena de la película "El padrino".

"¿Vos sos Marquito, no?", había preguntado cándidamente el hombre al otrora poderoso banquero.

Este, con una sonrisa de compromiso, le contestó afirmativamente.

"Bueno, entonces me imagino que le vas a pagar la plata que debés... *¿capishe?*", habría supuesto el extraño personaje, mientras le aplicaba dos sonoros besos en cada una de las mejillas.

Fue allí que Marcos Gastaldi, director del Banco Extrader, se dio cuenta que estaba viviendo una escena similar al filme de Coppola y que ese señor que se le había acercado era poco menos que un *capo mafia.*

Con el terror en la cara, el financista se alejó y pensó en épocas mejores, cuando el *jet set* nacional lo adoraba como uno de sus gurúes económicos.

Al poco tiempo de este encuentro, digno de un pueblo siciliano, la lujosa casa de Gastaldi en Punta del Este amaneció extrañamente incendiada. Todo ocurrió el domingo 7 de mayo, cuando ardió la finca Gilles Blue Ranch, ubicada a dos kilómetros de La Barra, en Maldonado, y valuada en más de 600 mil dólares.

Apenas el banquero se enteró de la novedad, en una charla con la policía uruguaya, no descartó la mano de alguno de sus poderosos acreedores. Incluso, en algún momento, se deslizó que el mismo día del incendio, una anónima voz había amenazado a Valeria, Camila, Marcos y Santiago, los cuatro herederos del financista.

Meses más tarde su socio, Carlos María Sosa, recibió en su domicilio particular la visita de tres extraños personajes que, luego de incursionar en su masculinidad, le avisaron que eso era "sólo el inicio de algo más pesado". La "Cosa Nostra" nacional había comenzado a trabajar...

El hombre de la Bolsa comprendió rápidamente el mensaje y en pocos días le hizo llegar a sus poderosos acreedores dos millones de dólares como para ir saldando la deuda. Estos habrían agradecido el gesto del empresario, pero le habrían asegurado que el resto lo querían lo más rápido posible. Cosa que un miembro de la familia, dicen, le recuerda a cada rato y a cada amigo en común que se cruza en su camino. Como para que los mensajes le lleguen clarito.

Lejos quedaron aquellos tiempos en que el simpático Marcos Gastaldi se codeaba con la farándula. Como una manera de abrir puertas para su floreciente banco, el empresario agitaba un largo rosario de amigos famosos, como por ejemplo Bernardo Neustadt, Marcelo Tinelli, Daniel Hadad, Guillermo Vilas o José Luis Clerc. De a poco su nombre fue ganando un lugar, y su entidad financiera, varios millones de dólares con la marca farandulera.

Precisamente el periodista de Canal 11 fue quien le dio el primer espaldarazo. En diciembre del '91, por ejemplo, el banquero de las estrellas llegó por primera vez hasta las narices del presidente Menem gracias a los buenos oficios del controvertido comunicador. El mismo que, a mediados del '92, habría llamado personalmente a Roque Fernández, por aquel entonces presidente del Banco Central, para mostrar su preocupación por la demora en convertir la extrabursátil "Extrader" en un banco.

Semanas después, por obra y gracia de un extraño pase de magia, salió el permiso para que la empresa se convirtiera en banco, con todas las de la ley. A partir de allí, el *yuppie* comenzó a escalar posiciones en la vidriera aborigen.

Con solo veintidós años, Marcos comenzó a trabajar como cadete del agente de Bolsa, Roberto Cantón. Allí conoció todos los vericuetos del mundo financiero, y también la llave que le abriría la puerta del éxito y la fama: María José Cantón, hija de su empleador. Gracias a su matrimonio —del cual nacieron cuatro hijos—, el financista en ciernes fue ganando espacio en la firma que lo acogiera como simple empleado raso.

Al poco tiempo, las diferencias con su suegro se hicieron notables y decidió retirarse, portazo de por medio, hacia el Chase Manhattan Bank, porque sentía que "merecía ocupar un lugar mejor que el escritorio de mi suegro". Después de un tiempo de aprendizaje, el banquero también decidió irse de allí, pero esta vez en compañía de Jorge Terrado, otro empleado de esa entidad financiera. Ambos, con la experiencia recogida, se asociaron con el agente de Bolsa Carlos María Sosa y su hijo para formar Extrader, el embrión de lo que luego se convertiría, sin solución de continuidad, en la plataforma de lanzamiento y en el despeñadero de más de un famoso.

Su primera oficina funcionó en el viejo edificio de la Bolsa de Comercio, y entre sus clientes figuraban Pirelli, Esso, Texaco y Benetton. Con el éxito asegurado, la financiera se trasladó al edificio propio de la calle Viamonte 542, con tres pisos, 4500 metros cuadrados y una valuación de 3 millones de dólares. La fama estaba cerca, sólo faltaba un empujoncito hacia las esferas del poder.

Y el empujón llegó de la mano de Bernardo Neustadt. Gracias a él, como dijimos, pudo conocer a Carlos Menem, uno de sus ídolos. En diciembre de 1991, el periodista organizó una cena para el presidente en su casa de Punta del Este. A los postres hizo su aparición Marcos Gastaldi, invitado especialmente por el conductor de "Tiempo Nuevo". A las presentaciones, el financista fue señalado como uno de los empresarios más exitosos de la Era Menemista. De inmediato, Menem y el banquero se pusieron a hablar de todo, en un tono de mesurada urbanidad. Hasta que el simpático Gastaldi comenzó a hablar de deportes y, especialmente, de automovilismo, una de las pasiones del primer mandatario. Allí ambos se dieron a soñar con la carrera de Fórmula Uno que, finalmente, se realizó en Buenos Aires. Su primera llegada al poder no pudo ser más exitosa.

Claro que, años después, cuando Extrader estaba condenada a muerte, Marcos se dirigió a la Quinta de Olivos para pedirle una mano a quien suponía su amigo. Este ni siquiera lo recibió, derivando su visita a Ramón Hernández que lo despachó con su simpatía habitual.

Esa misma sensación de traición habrá sido, seguramente, la que sintió el periodista de Telefé cuando se enteró de que junto a la caída de su protegido, también se esfumaban sus inversiones. Con amargura vivió su último cumpleaños en Punta del Este, lejos del ruido y compartiendo una solitaria cena en "La Bourgogne" con su bella esposa Claudia. Allí, seguramente, ambos habrían pergeñado la estrategia a seguir para recuperar los ahorros de toda su vida. Fuentes cercanas a la pareja, aseguran que citas de la dama con el banquero se produjeron para reencontrarse con el dinero, cosa que habrían logrado gracias a ciertas reservas que el financista tendría en el exterior. A cambio de la vuelta de los capitales, el periodista le habría asegurado a Gastaldi silencio en torno de la escandalosa caída del banco.

No corrió la misma suerte el grupo Macri, que habrían puesto en manos del simpático Gastaldi nada menos que 60 millones de la verde moneda.

Uno de los pocos personajes relacionados con el poder que se atrevieron a denunciar al banquero de las estrellas fue Jorge Vázquez, ex embajador menemista y más conocido desde las revistas del corazón por ser el padre de María Vázquez, otrora novia de Carlitos Menem y hoy modelo en crecimiento. El funcionario había depositado la confianza en Extrader invirtiendo un millón de dólares en la cervecera Isenbeck, y de pronto se encontró con que sus acciones habían sido transferidas, antes de la *debacle* financiera, sin su permiso. "Perdí un millón pero no soy el único tonto", se limitó a decir el embajador, enunciando luego la larga lista de afectados famosos que no se atrevían a denunciar para recuperar su dinero.

Pero, en realidad, lo que más le pesaba a Don Jorge era la lamentable pérdida monetaria que había sufrido su bella hija. Deslumbrado por Marcos Gastaldi, Vázquez convenció a su heredera para que invirtiera sus primeros dineros ganados en la pasarela en aquella financiera. Así lo hizo. Y así le fue...

En los corrillos también se sostiene que otras figuras afectadas por la caída de la entidad financiera habrían sido Mirtha Legrand, Gerardo Sofovich y también Marcelo Tinelli.

Con este último, a Gastaldi lo unía una verdadera amistad. El banco Extrader fue, por ejemplo, el que le ofreció el primer crédito para que la agencia del conductor de "Videomatch" produjera la exitosa película *Caballos Salvajes*. La *debacle* financiera los tomó a mitad de la filmación, por lo que la producción tuvo que echar mano a otro crédito del Banco Patricios para finalizar el rodaje.

De todas maneras, gente bien informada asegura que al conductor televisivo la caída del Extrader lo habría sorprendido con apenas 50 mil dólares ya que semanas antes, tal vez por alguna corazonada, había retirado el resto de sus ahorros. En este caso, el banquero saldó su deuda con la entrega de dos de los onerosos cuadros que pertenecían a su pinacoteca particular. El "cabezón", entre el arte y la nada, optó por aceptar las pinturas que ahora luce en su piso de Libertador y en su fabuloso campo de Baradero. Esa suerte no tuvieron, por caso, dos bellas secretarias de la agencia de Tinelli, que vieron evaporarse casi 50 mil dólares *per capita* cuando el banco se "mamó" con el efecto Tequila.

La sólida amistad entre Gastaldi y el animador de "Videomatch" se remonta a los comienzos de ambos e, incluso, el banquero estelar más de una vez le dio una fraternal mano al bolivarense. Por ejemplo, un fin de semana debía llegar a cantar al ciclo "Ritmo de la noche" el brasileño Roberto Carlos, pero por alguna extraña razón no llegó a embarcar en el avión de línea. Ni corto ni perezoso, el empresario llamó a su amigo y le ofreció los servicios de su jet Commander, de nueve plazas, que usaba para sus escapadas a Punta del Este o Miami. Obviamente, el creador de "Yo quiero tener un millón de amigos" llegó a Buenos Aires en ese exclusivo viaje.

Hoy Marcos Gastaldi añorará aquellos tiempos en que era el banquero mimado por las figuras, o que se podía dar el lujo de traer al país a Rod Stewart y Ray Charles, organizar la carrera de Fórmula Uno en Buenos Aires y también recordados partidos de tenis con figuras como Jimmy Connors, Guillermo Vilas, José Luis Clerc y Yanick Noah.

O, tal vez, recordará aquella memorable jornada en el Lawn Tennis Club, cuando protagonizara una escena de celos con una conocida modelo del ambiente. Era domingo y el banquero ya estaba pensando en las reuniones que al otro día tendría en su despacho de la calle Viamonte. A su lado, con la misma cara de aburrimiento, se encontraba su esposa. Entre set y set, el *yuppie* criollo descubrió entre la multitud la cara de su íntima amiga. Lejos de alegrarse, el mago de las finanzas comenzó a experimentar una sensación muy similar al miedo. Con ella, desde hacía tiempo, vivía un clandestino romance que se basaba en ciertas mentiras del hombre con respecto a su situación sentimental. Las promesas de separación eran habituales en los oídos de la damita, también relacionada en algún momento con un jerarca radical.

Verlo y dirigirse hacia él fue todo uno para la ex *mannequin*. Cuando llegó junto a la atribulada pareja, la muchachita se limitó a decir a su tortolito: "La verdad, sos un reverendo hijo de puta. Me dijiste que ya la habías dejado. Andá a cagar", frase que fue rubricada con un sonoro cachetazo.

Y sin más se fue, dejando a toda la tribuna gritando y aplaudiendo, como si ese insulto fuera un *smash* de Alberto Mancini. Por un minuto el Lawn Tennis se llenó de sonrisas, y muchos fueron los que pensaron que ese espectáculo extra justificó ampliamente el oneroso abono que habían adquirido.

El presente de Gastaldi está totalmente alejado de los flashes y de las fiestas de la farándula local. Hoy el banquero no tiene oficina y su teléfono móvil cambia cada quincena. Los autos lujosos y el helicóptero quedaron en el pasado. Su Alfa Romeo 164 o su rural Mercedes Benz fueron reemplazados por un más democrático Renault 21 azul que, dicen las malas lenguas, le habría prestado su amigo Manuel Antelo.

Tampoco vive más en el exclusivo barrio Santa Rita. Su hábitat es una casa alquilada al recordado folklorista Roberto Rimoldi Fraga, en la calle Bagnati 295, de La Horqueta. Allí el teléfono sigue sonando con insistencia, como en su mejor época, pero lejos de invitarlo a fastuosas fiestas, las voces que se escuchan del otro lado son amenazantes y solicitan el pago de ciertas deudas.

Entre reproches a los amigos "del campeón", el banquero de las estrellas averiguó en carne propia que en la montaña rusa del poder, a él le tocó todo el trayecto final en bajada.

ESTA BOCA ES MIA

"La redacción hace lo que a mí se me canta. Ellos saben que están con una triunfadora y no permito otra cosa."

AMALIA L. DE FORTABAT, *Noticias*.

"Ser viuda y rica es el estado perfecto de la mujer."

GEORGE SAND.

* * *

"Gracias a que corto manzanas y a que juego con las maderitas tengo la fortuna que tengo."

GERARDO SOFOVICH, *Playboy*.

"Del trabajo continuo y numeroso nace la única dicha."

JOSÉ MARTÍ.

* * *

"De la puerta de la habitación para adentro, con Marcelo hacemos de todo."

GRECIA COLMENARES, Teleclic.

"Las mentes creativas son conocidas por sobrevivir a cualquier clase de mal entrenamiento."

ANNA FREUD.

* * *

"A la gente que me sigue le interesa venir porque sabe que siempre le ofrezco algo más."

ADRIANA AGUIRRE, *Semanario*.

"Los hombres de antaño eran reservados en sus palabras por vergüenza y temor de no poder respaldarlas con sus actos."

CONFUCIO.

* * *

EMPRESARIA PUJANTE

Con apenas treinta años y una indiscutida belleza, Elizabeth Mazzini se convirtió en la imagen de la Nueva Era Menemista en materia empresarial. La blonda dama, en realidad, arribó al cielo del poder de la mano de su esposo, el ex funcionario Omar Fassi Lavalle. Con ese casamiento no sólo se acercó a lo más alto de la pirámide, sino que pasó a convertirse en Liz Fassi Lavalle, nombre y apellido relacionado con el supuesto éxito del plan de Menem.

El presidente fue padrino de la ceremonia matrimonial de la famosa pareja. Claro que esa relación también le trajo más de un dolor de cabeza, cuando, por ejemplo, ella fue relacionada sentimentalmente con el primer mandatario en una famosa nota aparecida en *París Match.* Junto a la pujante mujer de negocios también aparecieron "Yuyito" González y Liliana López Foresi, pero sólo esta última inició una acción legal que aún hoy está vigente. Lo que ninguna dama sabe es que las fotos y la información fueron provistas por un trío de argentinos conformados por un famoso fotógrafo de la noche, un productor de los ciclos de Gerardo Sofovich y un periodista actualmente radicado en Los Angeles y habitual colaborador de una revista de actualidad.

Pero más allá de estas suposiciones amorosas, los últimos ataques contra la bella empresaria se centran, precisamente, en sus negocios. Entre todos los emprendimientos que encabezó Liz, se cuentan los famosos Sky Ranch de Bariloche y la Costanera, un gimnasio llamado Health Ranch —del que era habitué el desaparecido Carlitos Menem—, un restaurante llamado Tagle y un hotel para estudiantes.

Sin dudas, confiada en sus proezas económicas, no dudó a mediados del '95 en contar para una revista de qué forma había llegado a su primer millón de dólares. Lo que no esperaba la esposa de Fassi Lavalle era que, horas después, iba a tener que enfrentar a la Justicia por un juicio iniciado por una ex profesora de educación física de su gimnasio de la calle Maipú 856.

Las acciones legales las inició Alejandra Neira, junto a otros tres ex empleados del centro de belleza muscular, ante el Juzgado Nacional de Primera Instancia del Trabajo Nº 64. La demanda comenzó cuando Liz Fassi Lavalle se negó a abonar los sueldos y aguinaldos de sus contratados entre los meses de setiembre del '92 y febrero del '93. La suma total llegaba a 8.896,26 pesos. Todo ajustable a un 15 por ciento de interés anual.

Ante la negativa de la brillante mujer de negocios a asumir sus responsabilidades, y al no encontrar eco a cada carta documento y citación, el juez de la causa dictó sentencia embargando a la dama por un monto actualizado de 15 mil pesos, elevado a 30 mil, ya que se supone que al rematar los bienes su valor disminuye notablemente.

Pero la sorpresa llegó cuando los enviados por la Justicia llegaron a la casa de la empresaria, para efectivizar el embargo, y se encontraron con la mujer huyendo a bordo de un BMW blanco, patente de Río Negro 094191, por lo que la acción judicial se llevó a cabo sin ninguna oposición.

La segunda sorpresa llegó cuando los leguleyos descubrieron que Fassi Lavalle no tenía nada a su nombre, y sí en una sociedad con domicilio en Río Negro, descubriendo también que el lugar donde vive —las caballerizas de San Fernando, en la calle Lanusse al 770— eran alquiladas.

Como se ve, de esta manera es fácil llegar al millón.

* * *

AMORES DE PRINCESA

Amira Yoma se puso contenta de ver su nombre en las revistas. Por primera vez su apellido no estaba relacionado con el escándalo *Yomagate* ni con su complicada situación judicial. Esta vez, el amor era la excusa para que los periodistas volvieran a posar sus ojos en la bella "Princesa" de origen árabe. El que obró a favor de este milagro fue nada menos que el periodista Jorge Marchetti, quien confirmaba su noviazgo con la ex secretaria de audiencias de la Presidencia.

Mujer de vida sentimental no demasiado conocida, en algún momento se la relacionó con el líder sindical Saúl Ubaldini, con un empresario italiano y contrajo enlace con el también escandaloso Ibrahim Al Ibrahim.

Desde la época en que le manejaba la agenda al primer mandatario, en los corrillos de la Casa Rosada se afirmaba que la dama mantenía una más que cálida amistad con el dirigente cervecero. Con él, por ejemplo, viajó a España para presentarlo al líder de los trabajadores españoles, el socialista Nicolás Redondo. De su paso por la Madre Patria se recuerda su pasión por las visitas a las casas de modas y cómo arrasó con varios *stands* en la famosa tienda "El corte inglés", que para ese entonces lucía sus ya populares mesas de liquidación. Dicen que este culto a la estética habría levantado las iras del gremialista, a tal punto que, al regreso, los tortolitos habrían decidido romper esa relación. Por supuesto, Amira se sumió en un cuadro depresivo que la mantuvo alejada de su puesto por unos días. Su familia, en cambio, recuperó la respiración, ya que no veía con buenos ojos esa relación sentimental.

Sin embargo, cuando los coletazos del "Yomagate" arreciaban sin piedad sobre la frágil humanidad de la princesa árabe, Saúl "Querido" Ubaldini fue uno de los pocos que se acercó al departamento de la dama en la Avenida Coronel Díaz. Muchos de aquellos que usaron su amistad para incorporarse a la agenda presidencial prefirieron hacer mutis por el foro.

Con respecto al empresario italiano, el hombre se llamaba Pascual Ammirati y desde hacía dos décadas conocía a la bella Amira. Al acercarse nuevamente a ella en épocas de desgracias, descubrió que su admiración era, en realidad, lo más parecido al amor. Sin embargo el supuesto idilio no duró demasiado, ya que el escándalo judicial que la envolvía la postró con sus nervios a la miseria. Discretamente, el hombre de negocios decidió dar un paso al costado, dejar el terreno libre y volver con su esposa.

De su ex esposo Ibrahim Al Ibrahim prefiere no hablar. Aún hoy lo recuerda como un tipo muy dulce, pero que complicó su existencia a más no poder. El público, en cambio, lo recuerda por el extraño castellano que usaba y por su polémico paso por la Aduana. Su nombramiento, firmado por el entonces vicepresidente Eduardo Duhalde, es recordado por ciertos detalles increíbles. Al pie del texto oficial se podían ver unas iniciales que rezaban "f.c.a.". Meses después se supo que eso significaba "Feliz cumpleaños, Amira", ya que la secretaria de audiencias había apurado el trámite argumentando que necesitaba el nombramiento para festejar su onomástico.

Pero la persona que más se acuerda del extraño personaje es la decoradora contratada por Amira para poner habitable el imponente caserón de la calle La Pampa. Además de contar que la mayoría de los enseres fueron adquiridos en Siria, la profesional recuerda que Ibrahim se encargaba de los pagos, siempre en efectivo y con billetes estadounidenses. Sin embargo, la relación comercial llegó a su fin cuando el aduanero le discutió que ella le quería cobrar dos veces "la mármol", extraña palabra que figuraba en el personal diccionario árabe-español del "turco".

Pero el amor verdadero llegó de la mano del comunicador Jorge Marchetti y de los buenos oficios de la familia Yoma. El inesperado romance habría nacido en una muy concurrida reunión social, cuando el periodista se acercó a la hermana de Zulema para recabar alguna información. Pero la charla, que se inició en un tono meramente profesional, fue derivando en algo más personal, con final abierto para otro encuentro.

La cita no tardó en llegar de la mano de una amiga en común, que hizo las veces de Celestina. La invitación consistió en degustar un especial asado en "Villa Charola", la casa que el periodista posee en City Bell, en las afueras de La Plata. El trato era que la desconocida amiga llegara al encuentro junto a la enigmática Amira.

Además de la princesa árabe, llegaron dos amigos sirios más, como una manera de guardar las formas y hacerle ver a "Chacho" que las cosas no iban a ser tan fáciles como él pensaba. Cuando las achuras ya habían pasado a mejor vida y el café hacía las veces de digestivo, ambos tortolitos cruzaron por enésima vez sus miradas y se dieron cuenta de que sus vidas tenían el mismo horizonte. El romance estaba en marcha pero faltaba la prueba de fuego: la aprobación de la familia Yoma.

Días después de este encuentro, la hábil Zulema comenzó

a organizar la presentación oficial del candidato. El lugar elegido para el evento fue el mítico departamento de la calle Posadas. Hacia allí se dirigieron todos los integrantes de la poderosa familia, salvo Emir que en ese momento se abocaba a un periplo por el exterior. Entre masas y frases de compromiso, los Yoma poco a poco fueron interrogando al periodista sobre sus verdaderas intenciones. Quemados con leche, los familiares de Amira desconfiaban de todos aquellos que se dedicaran a informar. No querían que se filtrara ningún dato, y mucho menos que una "quinta columna" se afincara en el seno de la familia.

Echando mano a toda su habilidad, Jorge Marchetti logró eludir y sortear una de las preguntas, con una solvencia que nunca había mostrado en cámara. Pero la llave mágica para abrir el corazón del clan habría llegado cuando aseguró que sus aceitados contactos en el mundo periodístico podrían servir para revertir, en parte, la mala imagen que había quedado después del "Yomagate". De pronto, el conductor televisivo se transformó poco menos que en un príncipe azul. Sólo faltaba Emilio Aragón para que gritara "¡Prueba superada...!".

Por eso, a pocos les sorprendió el vuelco fundamental que se produjo en la relación entre los Yoma y la prensa, a partir de esa pasión nacida en los alrededores de la ciudad de las diagonales. El cariño que por él sienten varios profesionales veteranos, sirvió para que Amira comenzara a visitar ciertos programas televisivos y aceptara entrevistas gráficas (no demasiado complicadas a la hora del interrogatorio). De cada una de ellas, la Yoma salió indemne e, incluso, con varios puntos a favor ante la inquisidora mirada del público. En cada uno de los reportajes, Jorge Marchetti se movía entre las sombras y sólo se acercaba para susurrar algo al oído de su novia.

Muchos recuerdan aquel memorable reportaje tripartito de Mariano Grondona, en Canal 9, cuando un poco instigador Marcelo Longobardi y un balbuciente Sergio Villarroel intentaron sonsacarle a Amira aspectos del sonado caso "Yomagate". Incluso algunos *correveidiles* locales arriesgaron que la blandura del serio periodista cordobés se habría debido a la supuesta amistad clandestina que en algún momento lo habría unido a la hermana de Zulema...

De todas formas esta recordada entrevista tripartita tiene

una historia secreta. En realidad fue Marcelo Longobardi quien consiguió —previas reuniones en las oficinas de Emir— el ansiado testimonio de la dama. Pero ciertas presiones desde la familia Yoma sirvieron para que su hija dilecta se presentara en "Hora Clave". Mariano Grondona aparecía como un periodista más serio que el joven conductor de "Fuego Cruzado". Antes del reportaje, el trío periodístico se dirigió al domicilio de Delia Yoma. Allí estaban, además de la dueña de casa, Zulema, Emir, la propia Amira y su abogado Mariano Cúneo Libarona, quien efectuó un exhaustivo análisis del sonado caso "Yomagate", para que los informadores tuvieran una idea más clara de qué se trataba. La reunión se extendió entre las 18 y las 22, contando con varios pocillos de café como únicos testigos del encuentro. Lo cierto es que, horas después del programa, ese *casete* televisivo salió anónimamente hacia el juzgado español que tenía en sus manos el seguimiento del caso. Tal vez como buena manera de demostrar la inocencia de Amira.

Mientras tanto, la feliz pareja no temía mostrarse en público. Sus figuras ya eran habituales en "Fechoría" —son unos de los pocos elegidos que pueden ocupar la mesa de Gerardo Sofovich— como en un comedero platense llamado "El comedor", punto de reunión de varios dirigentes radicales de la zona. También eran (y son) habituales sus incursiones al restaurante árabe "Shark", donde Amira da rienda suelta a sus habilidades de eximia bailarina de danzas orientales. En todos los casos, los tortolitos se desplazaban en un potente Alfa Romeo propiedad de la integrante de la familia Yoma. En más de una ocasión el periodista llegó a su trabajo, al frente del cable Dardo Rocha, a bordo del mismo móvil importado.

Los que conocen a la pareja —que no cumplió la promesa de casarse a fines del 92— aseguran que ella se siente protegida por "Chacho". Para él, en cambio, Amira sería la mujer que, finalmente, pueda cambiar su vida sentimental. Aún se recuerdan sus tormentosas relaciones con la conductora Mónica Cahen D'Anvers, la bailarina española Manuela Vargas y con la también periodista Mónica Gutiérrez, hoy felizmente casada con un fuerte empresario local.

Lo único que no pudo lograr Marchetti fue revertir algunas pasiones de su bella pareja. Por un lado, su relación amistosa con Monser Al Kassar, el personaje que puso una mancha en su buen nombre y honor al invitarla hace algunos años a su residencia en Marbella, junto a la modista Elsa Serrano. Pese a todos los inconvenientes, en los corrillos políticos se comenta que en su último viaje a España, para interiorizarlo de su sobreseimiento, la bella Amira se habría hospedado en la mansión del señalado como traficante de armas.

Las otras pasiones que sacan de quicio al periodista son la afición de la dama por las ciencias ocultas y su devoción por todo aquello que embellezca su imagen.

Con respecto a las pitonisas y los brujos, todavía resuenan los ecos de la visita a su casa del parapsicólogo Ricardo Schiaritti. El ex actor tiene entre sus pruebas una muy efectiva que consiste en colocar en un papel tres recuerdos de la infancia, para luego quemarlo ante la vista del incrédulo creyente y adivinarle todo lo escrito. Parece que Amira decidió complacer el pedido del vidente pero con un leve detalle: escribió todo en árabe. Por supuesto el mago nativo nunca pudo descifrar el intríngulis que le había planteado Amira, pese a que insistía en leer debajo de la mesa el papel que había escrito la dama de puño y letra, previo cambio sin que se diera cuenta. El hombre pidió unos días ya que se sentía confundido y se marchó con 550 dólares en su bolsillo.

Esa noche la mujer no pudo conciliar el sueño hasta que descubrió el engaño y a los gritos despertó al pobre "Chacho", que ya estaba en su cuarto sueño. "¡Me engañó, el turro me engañó!", dicen que se escuchó en la placidez de la noche porteña.

Los que conocen bien la intimidad de Amira aseguran que ella siempre "está en obras", para ser gráficos a la hora de hablar de sus cambios físicos. Los memoriosos recuerdan que esa transformación se habría inaugurado a principios del '90, cuando se sometió a una simple lipoaspiración de caderas y un toque en su parte delantera por parte del prestigioso Rolando Pisanú, el médico que más estrellas retocó en el ambiente.

Después de este primer paso, la dama decidió reconstruir su nariz, rasgar sus ojos verdes y efectuarse un poderoso *lifting* que le quitó años. Todo esto a cargo de Ricardo Leguizamón, el mismo que puso su bisturí en la humanidad de Zulema Yoma.

El acoso judicial y periodístico, al que se vio sometida durante todo el transcurso de la investigación del "Yomagate", la marcó claramente en sus rasgos. Tal vez por eso, una vez que las presiones aflojaron, la mujer decidió ponerse en manos de la cirujana plástica Cristina Zaitier para someterse a un nuevo *lifting*, esta vez más moderno, que consistió en sacar grasa de su cuerpo para ser luego insertada en alguna parte de su rostro. Dicen que esos sedimentos habrían ido a parar directamente a los pómulos y el labio superior.

Finalmente y luego de varias postergaciones, la ex secretaria de audiencias fijó la fecha de su boda con el periodista "Chacho" Marchetti para el viernes 13 de octubre de 1995. La coqueta invitación fue recibida por muy poca gente, sólo aquellos "que nunca me abandonaron, ni siquiera en el peor momento de mi vida". La tarjeta tenía el monograma de Amira Yoma y el sobre lucía, como remitente, su dirección en el barrio de Belgrano. No trascendieron muchos detalles previos del enlace, pero lo cierto fue que el vestido de novia de la princesa árabe fue diseñado especialmente por Silvye Burstin para la afamada marca internacional Nina Ricci. Por cábala, la Yoma no dejó que su futuro esposo le echara una mirada previa al atuendo.

El mejor regalo que pudo conseguir la ex funcionaria gubernamental fue que el propio Carlos Menem se convirtiera en padrino de la boda. Su sueño era que el líder cubano Fidel Castro, por aquel momento visitando estas tierras, asistiera en calidad de invitado a la ceremonia. Por lo menos, la primorosa participación le llegó al barbado revolucionario de la mano del embajador argentino.

Y COMIERON PERDICES...

Cuando la jueza Guzmán de Novoa le preguntó si aceptaba a Jorge Marchetti como legítimo esposo, Amira —por los no demasiado gratos recuerdos de su paso frente a la Justicia— tal vez haya pensado en contestar "Inocente". Pero, en cambio, de su principesca boca surgió un "sí" rotundo y feliz, que hizo estallar el aplauso entre los asistentes a tan magna ceremonia. Por primera vez, una magistrada le resultaba simpática a la familia Yoma.

Es que esa dama, vestida con un *palazzo* blanco, fue la encargada de unirlos legalmente, terminando así con una historia de amor que ya llevaba tres años. El día elegido para el "civil" fue el martes 10 de octubre, y el lugar, la mansión de la calle La Pampa.

Allí estuvieron, además de Carlos Menem, Zulema Yoma con un elegante *tailleur* rosa, y su hija Zulemita, enfundada en un ajustado vestido negro. También fueron de la partida todos los hermanos Yoma, el ministro del Interior Carlos Corach y, para sorpresa de muchos, la potentada austríaca Maia Swarovsky, una de las amigas del primer mandatario.

Los tortolitos eligieron cuatro testigos (esta vez, sin cédula de citación) a saber: Carlos Menem, Leila Yoma, Carlos Vasaglia y Ana Carreras.

Recién pasadas las 21, los novios se dejaron ver en la puerta de su residencia. Los cronistas de las revistas especializadas describieron a Amira como una verdadera princesa. Lució un *tailleur* color natural, con adornos de *guipiur* en el borde del saco y en el ruedo de la falda. El poco maquillaje resaltaba sus afinados ojos. Tenía el pelo recogido atrás, producto de las hábiles manos de Oscar Colombo. Su cabeza se vio coronada por una capelina con un moño de tamaño un tanto exagerado. En su cuello se observaba una cadena de oro puro, con una esmeralda engarzada en el centro.

Para los regalos, los novios no anduvieron con chiquitas y eligieron a la paqueta galería Zurbarán. Como se sabe, en ese lugar se cotizan las más importantes obras de arte del país. El primer presente en llegar fue el de Amalita, quien encargó un oneroso cuadro de Repetto que, seguramente, pasará a engalanar algunos de los tres pisos de la casa de Belgrano.

Pero la fiesta, la gran fiesta, tuvo lugar el viernes 13, sin temor a las brujerías o los malos augurios.

También en esa ocasión, como para ahorrar dinero en salones, el festejo se desarrolló en una casa, la de Karim Yoma, una fastuosa construcción ubicada en la calle Superí al 1600. Para el evento, las autoridades policiales de la zona habían sugerido la conveniencia de cortar el tránsito en el sector y vedar el ingreso de cualquier desconocido. La rápida protesta de los vecinos —quienes no son demasiado afectos a la familia Yoma— abortó cualquier medida en ese sentido, y cientos de curiosos pudieron observar la entrada de los personajes más famosos de la fauna local. Eso sí, durante toda esa jornada, la gente que vive en los alrededores tuvo que soportar extraños cortes de luz, que sólo afectaban unas pocas manzanas. Por toda respuesta, los empleados de Edenor aseguraban a los atribulados contribuyentes que el corte tenía que ver con el potente generador que estaban instalando en la lujosa residencia.

Políticos, artistas, deportistas, militares y hasta jueces se dieron cita en el acontecimiento social más importante del año.

Todos querían estar para la foto. Algunos recordaron como una superada pesadilla el pasado de Amira. Una nueva vida estaba comenzando, y era mejor estar de este lado de la orilla. Sobre todo en un país donde un poeta puede ir a Devoto y el dentista Barreda pasar a engrosar la lista de héroes nacionales.

Los cronistas apostados en la puerta —muchos de ellos literalmente aplastados por los autos de los invitados, que no se detenían en el portón de entrada—, pudieron confirmar una larga lista de caras conocidas, encabezada por una sorprendente Susana Giménez, quien aprovechó la ocasión para mostrar su nueva figura conseguida a base de dólares y bisturí.

A partir de las 22 de ese día, se dieron cita Gerardo Sofovich y su esposa Carmen Morales —quien no concurrió al baño por temor a quedarse encerrada, como le sucedió en el agasajo a Liza Minelli en la casa de Guido Parisier—; el jefe del Ejército, Martín Balza; el diputado nacional Erman González; el ex presidente de Bolivia, Jaime Paz Zamora; el ministro de Justicia, Rodolfo Barra; el cirujano Rolando Pisanú; el dirigente radical César Jaroslavsky; el empresario Francisco Macri; Miguel Angel Vicco; el productor Leonardo Barujel; el ministro del Interior, Carlos Corach; el periodista Mariano Grondona; el gobernador rionegrino Horacio Massaccesi —mientras, en esa misma jornada, su provincia se incendiaba en medio de fuertes protestas de los gremios estatales—; el senador Omar Naquir, y el ministro de Defensa, Oscar Camilión. A ellos se les sumaron casi cuatrocientos invitados más, que degustaron los exquisitos platos de Marta Katz, la cocinera de los ricos y famosos.

El menú consistió en una entrada tipo *buffet froid;* lomo a las tres pimientas (blanca, negra y de Jamaica), como plato principal; en lugar de postre, una magnífica mesa de dulces. La fiesta fue organizada por el empresario León Starensky, amigo íntimo de los Yoma. El se ocupó de preparar la carpa para recibir a los invitados —se tardó tres días en armarla debido a las malas condiciones del tiempo—, elegir la vajilla y el juego de cubiertos, como así también el personal gastronómico y de recepción. Los arreglos florales corrieron por cuenta de una empresa llamada Real, y consistieron en centros de mesa realizados con rosas blancas y jazmines, con una vela encendida en el medio.

Mientras esperaba para registrar su nota, un grupo de veteranos periodistas se entretuvo recordando los famosos amoríos de su colega Jorge Marchetti. "Reprisaron" así una vez más sus relaciones con Mónica Cahen D'Anvers, Manuela Vargas, Analía Gadé, Mónica Gutiérrez y la casi desconocida locutora Ruqui Olsen. Los más memoriosos aportaron que la irrupción de "Chacho" en los medios se produjo un 3 de abril de 1971, cuando se incorporó al noticiero "Actualidad en 24 horas", que ponía en el aire Canal 13. A los pocos meses compartía la conducción con Mónica, en aquel momento de apellido Mihanovich, de un ciclo llamado "La Televisión". Allí nació una relación que se extendería hasta mediados de 1977, cuando el periodista decidió irse con la artista española.

Los escribas más malos, en cambio, trataban de atemperar el frío de esa noche de casamiento con comentarios bastante calentitos sobre sus notables furcios en pantalla, los que lo convirtieron en un clásico. Uno llegó a asegurar que esos errores le florecieron en la pantalla chica, ya que cuando era el encargado de despachar los trenes de Constitución, su voz salía clara por los altoparlantes de la terminal.

Como en las historias de amor de Hollywood, Amira pasó de los estrados judiciales a un final feliz de la mano del amor. Historias de la Argentina menemista que no miramos.

De todas maneras, todavía no se la ve todo lo feliz que los Yoma quisieran. Algunos apuestan a que el reciente casamiento podría paliar en parte esa angustia. Otros piensan que una reparación política sería el bálsamo indicado. Los menos afirman que la felicidad puede llegar con un hijo. Claro que en la intimidad se afirma que una de las mayores frustraciones de la dama sería, precisamente, la supuesta imposibilidad de engendrar herederos. De allí que varias veces la pareja de enamorados haya protagonizado peleas, aparentemente por ese espinoso tema. Las disputas, la mayoría de las veces, se registraron en el interior de la casona de la calle Pampa. Pero hubo alguna vez, como un mediodía en La Biela, en que se desarrollaron ante la atónita mirada de varios desconocidos.

Mientras tanto todos se siguen preguntando a coro: "La princesa está triste... ¿qué tendrá la princesa?".

* * *

LA DAMA QUE NO TIENE EL CORAZON DE CEMENTO

La cementera dama es, sin dudas, la figura más enigmática y sensual —para el poder y la farándula— que existe en nuestro país. Todos sueñan con acercarse a ella o, por lo menos, recibir una invitación para conocer su espectacular *palacete* sobre Avenida del Libertador. Por eso cada uno de sus cumpleaños se convierte en un acto religioso: nadie debe faltar, y estar en la lista de invitados es una distinción única. Pero esos listados cambian de acuerdo al ritmo de la actualidad. Los nombres de esos personajes muy pocas veces volvieron a repetirse.

Uno de los grandes misterios que rodean a la patrona de Olavarría es su vida sentimental. Desde la muerte de su esposo, Alfredo Fortabat, sólo una relación más o menos estable se le conoció públicamente: el coronel Luis Máximo Prémoli.

Este militar la conoció cuando cumplía funciones (él, por supuesto) en el Regimiento 2 de Caballería, en la ciudad de Olavarría. Sus horas en el cuartel transcurrían en el sopor, hasta el día en que se cruzó con la cementera; a partir de allí, su vida ya no sería igual.

Con ella conoció el poder y los mejores restaurantes del mundo. Eso sí, siempre un paso detrás: ella es la única estrella de su propio *show*. En las fotos, por ejemplo, el militar siempre aparecía casi de perfil y en segundo plano. A la hora de viajar, ella siempre lo hacía en primera clase y él en una más económica. Eso lo recuerdan los operadores de turismo que le organizaron el recordado viaje al corazón de Africa, más precisamente a la aldea de los Massai.

Pese a esta supuesta falta de protagonismo, el hombre casi llegó a manejar los asuntos de la señora e, incluso, en el año '82 llegó a tentarse con una posible candidatura a presidente. Lo que le dio valor para esa titánica tarea fue una frase hecha pública por ella: "Creo que Luisito tiene condiciones para llegar a presidente". Por suerte, la frase sólo quedó en eso.

Un día, la influencia de Prémoli comenzó a apagarse sin remedio y sin explicaciones. Otros hombres aparecieron en la vida de la mujer. Como un mudo recuerdo de aquellas doradas épocas, quedó una medalla de oro que le regaló el coronel cuando inauguraron una de sus empresas en Catamarca. Al dorso del obsequio todavía se puede leer: "Tu amor y tu inteligencia transformaron la selva".

Una de las fuertes relaciones que se le atribuyen a la dama del cemento es aquella que aún hoy cultivaría con el radical Enrique Nosiglia. Hay datos como para corroborar esa amistad, aunque aquí nadie juega ni un mísero boleto a un supuesto romance. El primero de ellos es que durante la gestión de Alfonsín era el mismísimo "Coti" quien llevaba los mensajes de la señora o de sus amigos clérigos y militares. Ellos también habrían viajado juntos a Italia, siempre por cuestiones de negocios políticos, tal vez los mismos que a mitad del '93 los llevaran a compartir varias salidas en Nueva York e, incluso, el asiento trasero de una limosina, la misma que meses antes —¡oh, casualidad!— honrara el mismísimo Carlos Menem en su primera visita a Bill Clinton. Todas perlas en una relación a la que nadie se atreve a ponerle un cartelito.

Alguna vez, ante la pregunta de una periodista sobre sus novios, Amalia se limitó a contestar: "Tengo varios, pero no pienso decir los nombres". Hasta el momento nadie los pudo conocer...

Cuando llega a Nueva York, por ejemplo, siempre tiene a su disposición un avión Gulf Stream 4 que la lleva a una ciudad llamada Midleburg, muy cercana a Washington. Allí almuerza con un importante hombre de negocios, que desde hace años delira de amor por nuestra compatriota y también por el bagaje —intelectual y del otro— que ella posee.

El caso de James Stewart —no confundir con el actor— es totalmente diferente. Desde hace años la conoce y, como para ocultar sus deseos de convertirse en el dueño de sus riquezas, dice preocuparse por su salud. Es su médico personal, y siempre la atiende cuando llega a los Estados Unidos.

Un hombre alto, rubio y elegante apareció varias veces junto a la millonaria en estrenos y reuniones sociales. Su nombre es Kaluss Dyckeroff, un ingeniero alemán dueño de una de las fábricas de cemento más grandes de su país y asesor muy especial de la mujer. A tal punto que cada dos meses viajaba —o viaja— a nuestro país para estar muy cerca de ella y devolverle, por momentos, su contagiosa sonrisa.

Este caballero, en sus años mozos, vivió en Olavarría y allí era contemplado por una también joven Amalita, cada vez que Kaluss y sus hermanos iban a jugar tenis enfundados en inmaculadas ropas blancas, las que resaltaban su innegable belleza aria. El siempre conoció la admiración de su famosa vecina, por eso en alguna ocasión se atrevió a decirle, mientras comían un democrático puchero en el Plaza: "Yo te conocí tarde. Te tendrías que haber casado conmigo y no con Alfredo". La respuesta nunca se escuchó, pero una sonrisa cómplice sigue alimentando las esperanzas del empresario teutón.

Pero, tal vez, la relación más comentada es aquella que la une desde hace años con Palito Ortega. Nadie puede explicar el origen de esta extraña amistad entre un simple changuito cañero y la figura por excelencia de nuestro *jet set*.

Fue ella, cuentan, una de las personas que más ayudaron al artista tucumano a superar el mal trago por la contratación de Frank Sinatra. Incluso, se asegura que las charlas entre el cantautor y la dama se desarrollaban en su avión particular, como para evitar ciertas miradas y maliciosos comentarios. Nunca nadie pudo conocer los términos de esas tertulias, pero la imaginación de algunos alucinados sirvió para tejer las más disparatadas fantasías.

Por eso no sorprendieron demasiado aquellas famosas fotos que publicó la revista *La Semana* en su número 566. En ellas se podía ver al artista con su brazo sobre el hombro de la dama, mientras disfrutaban el paisaje de Vía Frattini, muy cerca de la plaza Spagna, en Roma. Nadie se atrevió a comentar el tema, ni siquiera Juan Alberto Mateyko, que a pocos metros observaba impávido el cuadro. El "Muñeco", leal a su gran amigo y a quien luego sería su jefa en Radio El Mundo, nunca se atrevió a comentar el suceso, y sigue jurando que todo no fue más que un espejismo.

Con Palito también descubrió lo cerca que podía estar de armar un candidato político y, además, convertirlo en ganador. Aún hoy, en los corrillos políticos se comenta que un estudio realizado por la consultora Mora y Araujo, previo a las elecciones en Tucumán que finalmente dieron como ganador al autor de "La Felicidad", habría sido pagado con un cheque cuya firma era sospechosamente parecida a la de la platinada mujer.

Por aquellos días, también, la dama fue la anfitriona de un secreto encuentro entre el cantante y el general Domingo Bussi. En el piso de Libertador, y rodeado de onerosos cuadros, el militar le pidió al tucumano el retiro de su candidatura. A cambio se podría llevar un importante cargo político. La mismísima dama se quedó sorprendida cuando un resuelto Palito lanzó la frase: "Ahora es demasiado tarde". Allí comprendió que, frente a sus ojos, se levantaba un hombre que no sólo llegaría a ser gobernador de Tucumán, sino que en un futuro no demasiado lejano podría calzarse la banda presidencial. Por eso hoy sigue apostando al muchacho y, probablemente, exista siempre buena disposición para iniciar una campaña a nivel nacional.

El último amigo conocido fue el otrora galán Juan José Camero. Sus vidas se cruzaron en el verano de 1992, en la exclusiva Punta del Este. Con la excusa de un guión cinematográfico que relataba la historia entre un muchacho y un anciano, el protagonista de "Nazareno Cruz y el lobo" logró fijar la atención de la mujer de negocios. Al terminar el relato, ella se sintió atraída por la idea e, incluso, aseguró a Anthony Quinn para el papel del viejo. "Ponéte a escribir ya, que te espero en Nueva York para empezar a trabajar", fue la orden de la dama de cemento.

Recién en uno de los tantos cumpleaños de Amalita se comenzó a sospechar sobre esa relación. Las damas de la sociedad se codeaban y decían casi en susurros: "Mirá cómo se prodiga con 'ése'. Bailó más con Camero que con los demás".

Pero la confirmación llegó un mes después, cuando juntos

llegaron al estreno de *Tango Argentino,* en el teatro Gran Rex. Se sentaron en la cuarta fila y exactamente detrás de ellos, se ubicó el presidente Carlos Menem. La pareja y el político se cruzaron ciertas miradas cómplices, que sorprendieron a todos los presentes. Este fue el comentario de la noche, superando incluso a la presencia de Andrea Frigerio, quien esa noche hacía su primera aparición pública luego del sonado caso de Daniel Mendoza.

Después de esto, las salidas se hicieron más comunes: el festejo del cumpleaños del actor en Hipoppotamus, de Recoleta; la presencia de la pareja en un recital de Sandro, en el teatro Gran Rex; una cena en el concurrido restaurante Edelweiss...

Algunos atrevidos dicen que el acercamiento a la mujer habría supuesto varios beneficios a Camero, desde la posibilidad —hasta ahora no cristalizada— de volver a filmar, hasta la supuesta adquisición de un automóvil último modelo y un lujoso piso en Barrio Norte.

Pese a la dureza del cemento, ella tiene un corazón tierno y sensible. Algunos hombres, sólo algunos, pueden dar fe de ello.

* * *

¿QUE REINA? ¿YO?

—¡Elsa, cómo le hiciste ese vestido a mi hija. Es una fantochada indigna de la hija del presidente! —bramaba Zulema Yoma.

—Dejáme que te explique... —intentaba esbozar una defensa la pobre Elsa Serrano, sin entender la bronca de la ex primera dama.

—No me digas nada. Todos quieren lastimar a mis hijos. No te quiero ver nunca más —terminó de decir, cortando, la madre de Zulemita.

La ira de la mujer se había iniciado durante la gira que el presidente Carlos Menem había realizado por tierras españolas. Allí, como en anteriores viajes, la joven hija del mandatario lo había acompañado haciendo las veces de improvisada primera dama. Coqueta hasta las fibras más íntimas,

Zulemita le había encargado a Elsa Serrano —modista oficial de la familia Yoma y amiga íntima de su tía Amira— el vestuario completo para lucir en la Madre Patria.

Lo que desconocía la reina de las tijeras eran las estrictas reglas de protocolo que tienen los nobles españoles y los integrantes del gobierno. Allí se exige que las mujeres invitadas no superen con su vestimenta a la mismísima reina, cosa que casi sucede con la heredera presidencial.

La jovencita había concurrido a Palacio con un costoso abrigo, para calmar los efectos de una gélida mañana madrileña, con lluvias incluidas. Como su majestad había decidido llegar ataviada solamente con un sencillo *tailleur,* Zulemita se debió quitar el tapado y dejar al descubierto un elegante vestido, pero que nada tenía que ver con tan augusto acontecimiento.

"Parece vestida para ir a New York City, más que para acompañar a su padre", fue el primer comentario que hizo Zulema, cuando vio las imágenes a través del satélite internacional.

Allí mismo decidió comunicarse con Elsa Serrano y mostrarle su disgusto. Desde ese día, la modista y la ex primera dama rompieron una relación que durante años se mantuvo en el ámbito de las agujas y los alfileres.

A su regreso, el propio Carlos Menem tuvo que soportar las iras de su esposa, quien entendía que el problema con Zulemita era atribuible al alejamiento de éste respecto de sus hijos.

Por esos días, Zulema no se cansaba de repetir que se equivocan los padres que brindan de todo a sus hijos. Lo mejor era decirles que fueran a estudiar o a trabajar. "Yo creo que todo lo que se hace con el sudor de la frente siempre es mucho más positivo para el futuro. Lamentablemente, a mis hijos se les ha dado todo y por eso estamos viviendo esta situación."

De todas maneras, si Zulema hubiera visto con detenimiento el *tape* de la visita oficial a España se habría tranquilizado respecto del vestuario poco correcto de su joven hija. Muy cerca de ella estaba, por ejemplo, el gobernador de Entre Ríos, Mario Moine, quien vestía un saco sport azul, mocasines negros y un gastado jean. Algo poco apropiado para saludar a la realeza peninsular.

¡Siempre hay un roto para un descocido!

ESTA BOCA ES MIA

"Como soy indomable, necesito a un hombre bien macho para que me contenga."

MARINA VOLLMAN, *Gente.*

"Yo me alegro de no haber sido hombre, porque entonces hubiera tenido que casarme con una mujer."

MADAME DE STAËL.

* * *

"Los gritos los dejo para el escenario."

VALERIA LYNCH, *Caras.*

"Haz que el silencio esté en tu boca."

SANTA CATALINA DE SIENA.

* * *

"Tengo que crecer porque soy una estrella."

FERNÁN MIRÁS, *Caras.*

"La fortuna pocas veces se desvía de los discretos."

FRANCISCO DE QUEVEDO.

* * *

"Me hizo sentir bien armar un gallinero al costado de mi casa."

SOLEDAD AQUINO, *Caras.*

"Los animales sí que son amigos agradables; no hacen preguntas y no cuentan las críticas que oyen."

GEORGE ELIOT.

* * *

OTRA DEL PELUQUERO

En mayo de 1983, Robertito, fue encarcelado por un presunto delito relacionado con pasajes falsos de la empresa Aerolíneas Argentinas. Durante varias horas, el moreno convivió con presos comunes a la espera de que se aclarase su situación. Por supuesto, al enterarse de las malas nuevas, varias clientes poderosas —entre ellas las esposas de varios militares que ocupaban cargos en el agonizante "Proceso"— movieron influencias para ver en libertad al *coiffeur*.

A los pocos días su buen nombre y honor quedaron a salvo y las iras del quilmeño se dirigieron al dueño de la agencia que, supuestamente, le había vendido los pasajes "truchos" que él usaba para viajar, especialmente a París.

Otras de las denuncias más comunes contra Giordano es el no demasiado buen trato que le dispensa a sus empleados. Los vecinos de su local en Pinamar, por ejemplo, recuerdan las penurias que debían pasar cada verano, cuando los asalariados de los bucles vivían en el pequeño local, durmiendo en colchones sobre el piso.

Uno de los enemigos más acérrimos del peluquero —siempre de acuerdo a su "persecuta" personal— es la DGI. Desde hace años, los sabuesos tienen sus ojos fijos sobre el hombre, a tal punto que en uno de los clásicos operativos, una ofuscada cliente se trenzó a los carterazos con un inspector que le había solicitado una boleta.

"Ellos me tienen bronca porque saben que Sonia Cavallo es una de mis mejores clientes", sostiene él.

Seguramente tiene razón, ya que la esposa del ministro es asidua visitante de los locales y las distintas fiestas del moreno. Aún hoy se recuerda la anécdota protagonizada por la dama cuando, después de haberle regalado al rey de las tijeras unas telas para su cumpleaños, le comentó que haría una denuncia contra la tapicería por entregarle el producto sin la correspondiente factura.

Aunque su amistad con Sonia seguramente le abrió muchas puertas, lo que nunca logró el *coiffeur* fue que el pelo volviera a la brillante calva del ministro.

Una vez, para consolar al número uno de Economía, Giordano le aseguró:

"Tiene buena cabeza. Bien redonda, como la de Yul Brinner. Y le queda bárbaro".

Cuando el economista ya se atrevía a abrigar una esperanza, el quilmeño la desbarató:

"Pero nunca más le crecerá el pelo. Usted perdió el bulbo. Ya no hay nada que hacer".

Tal vez, en represalia, deducen algunos, "Mingo" le habría pedido a la DGI que lo investigaran hasta el final, como para demostrar que no tenía un pelo de tonto.

En los últimos meses, el "mulato", como lo llaman sus peores enemigos, comenzó a sufrir serias dificultades económicas. Cuentan algunos íntimos que su brillante desarrollo económico no se debió sólo a su esfuerzo laboral, sino que detrás de él existiría un socio capitalista de importancia, que habría financiado tan sorprendente ascenso.

Cuentan también que la desorganización administrativa, la falta de balances, el desorden de *stock* y las otras irregularidades, habrían levantado la ira de su anónimo pero poderoso socio, quien habría iniciado un millonario juicio contra todas las empresas administradas por el popular peinador.

Ese asociado con poder no sería otro que un banquero de apellido Genoud, presidente del desaparecido Banco Basel, institución liquidada a principios del '95 debido a sus problemas originados por el "efecto Tequila". Algunos expertos económicos, sin embargo, aseguran que la liquidación de la firma bancaria, en realidad, se debió a que esa empresa era puramente "marquetinera" y no tendría la solvencia necesaria.

Lo cierto es que este financista sería bastante conocido en el mundillo político debido a su extracción radical. Cuentan que él habría sido el introductor de la mayoría de los políticos mendocinos —allí nació el hombre de negocios— en el ambiente porteño, y que no se descartarían sus buenos lazos de amistad con el mismísimo José Luis Manzano.

Pero un día, el financista, deslumbrado por la publicidad y los supuestos buenos dividendos que dejan las tijeras, habría decidido asociarse con el peluquero de las estrellas, para incursionar en un mundo más colorido que el de los números.

Su aporte de dinero, le habría permitido a Roberto Giordano abrir varias sucursales, la mayoría en los *shopping* de más prestigio en la Capital. Pero parece que al poco tiempo el pobre Genoud se habría dado cuenta de que la entrada de dinero no era la esperada y alguien le habría soplado al oído probables “descuidos” a la hora de repartir las ganancias.

Indignado, el financista habría decidido iniciar un importante juicio al *coiffeur* y, según cuentan, habría logrado ganarlo y desde hace meses estaría cobrando en cuotas un dinero bastante importante. Por lo menos, para hacerle olvidar los efectos devastadores de la crisis de nuestros hermanos mexicanos.

A esas penurias económicas del siempre sonriente peluquero, hoy se le agregaría la separación de su esposa Mirta Servando Almirón, con quien se encontraba casado desde hacía más de veinte años. Se habían conocido el día que ella ingresó a la vieja peluquería de la calle Güemes, con el propósito de cambiar totalmente su *look.* Dos semanas más tarde, ambos se encontraron en su primera cita sentimental, y al año y medio decidieron casarse, más exactamente el 26 de setiembre de 1973.

Ahora, dicen, el peluquero de los famosos habría decidido cambiar de pareja, e irse a vivir con la joven mujer que le maneja todos sus asuntos profesionales. Con ella estaría ocupando la mansión que posee en el exclusivo country Highland. El piso, de casi 500 metros cuadrados, de Callao y Quintana, quedó para su ex mujer.

No todas son rosas en el florido mundo de las tijeras y los ruleros.

* * *

VERSION POCO FIABLE

Todos recuerdan aún la famosa crisis en la familia Menem que finalizó con el desalojo compulsivo de Zulema y sus hijos de la quinta presidencial. Hoy, con varios años de distancia, algunos antiguos conocedores de la interna presidencial relatan, casi como una leyenda, ciertos entretelones de esa escandalosa jornada.

Dicen los que dicen saber, que el político, cansado de las presiones de su mujer y de su manifiesta influencia en ciertas decisiones de importancia, habría pergeñado un plan para sacársela de encima. Testigos de aquella época aseguran, sin pestañear, que la idea de algunos asesores del mandatario era inventar ciertos problemas psíquicos en la ex primera dama. Para ello, se habría dispuesto en aquella ocasión la presencia, en la quinta de la calle Villate, de la ambulancia de una clínica psiquiátrica, con los médicos y enfermeros correspondientes.

Enterada de esta maniobra, una de las más estrechas colaboradoras de Zulema Yoma habría decidido llamar a los medios más importantes del país para abortar la jugada. En menos de cuarenta y cinco minutos, varios periodistas, fotógrafos y camarógrafos se hicieron presentes, y fue allí que el general Antonietti debió desalojar por la fuerza a la mujer y sus hijos.

* * *

UN ROMANCE SIN "RETORNO"

Mientras todo el mundo levantaba un dedo acusador contra su figura, por el escandaloso tema de los "retornos" —nuevo giro idiomático inventado para hablar de las viejas y queridas coimas— en el PAMI, la siempre sonriente Matilde Menéndez pensaba de qué manera podía agasajar a Máximo Pérez Catan, su jefe de ceremonial. Para algunos, esto puede parecer una frivolidad en medio de la crisis, pero hay que tener en cuenta un detalle: el pelilargo no sólo le alegraba la vida en el despacho oficial, sino también en su vida privada. El amor le había sonreído y eso compensaba, incluso, algún huevazo artero de Norma Plá, líder de los maltrechos jubilados.

Pese a que ella, desde el principio de la relación, trató de asegurar que ésta no había interferido para nada en su matrimonio con Pedro Menéndez, infidentes del círculo de amistades de la dama aseguran que el flechazo se habría producido durante la estadía de la dirigente en Tierra del

Fuego, donde llegó en calidad de interventora del gobierno central.

El Don Juan criollo se había desempeñado con anterioridad como jefe de ceremonial del gobernador de Chubut, Néstor Perl. Allí conoció a Saverio Tedesco, que por aquel entonces era el titular del Sistema Provincial de Salud. Este último nombre es clave, ya que habría sido él quien presentó en forma oficial a ambos tortolitos, durante las frías e interventoras jornadas en el Sur argentino. Hoy, el mismo Tedesco es investigado en las graves denuncias por irregularidades en el PAMI, por su calidad de gerente general de esa institución en los meses de dudosos sobres.

En las noches sureñas, la pareja comenzó a forjar una amistad que, dicen, servía para derretir cualquier hielo, continental, insular o del alma.

Una vez que Matilde se hizo cargo de los destinos del PAMI, comenzó a hacerle la vida imposible a todos los jefes de ceremonial que pasaron por el edificio de la calle Chacabuco. "Los volvía locos a todos. El ritmo de la señora era infernal. Hasta que llegó Pérez Catan y todo se calmó. Se ve que el muchacho tenía algún secreto para aplacar tanta energía", aseguraban los empleados de la obra social de los abuelitos.

Lo que primero era un rumor, luego se confirmó con los hechos: la relación entre empleadora y empleado superaba con creces lo estrictamente laboral. La comprobación llegó el viernes 11 de marzo de 1994, cuando Matilde y Máximo arribaron a la casa que ocupa la dama, en la calle Ciudad de la Paz, pasada la medianoche, en un auto oficial. La noche se convirtió en día y, después de las doce, la funcionaria abandonó su residencia sin la compañía de su contratado. El pelilargo se había quedado, tal vez, cuidando la casa de la jefa.

Pero si faltaba un botón más para muestra de este sonado romance, ése era un placentero viaje al Caribe. Hacia esas tórridas aguas enfiló la dirigente peronista, su jefe de ceremonial —a estas alturas, sus horas extras deberían cotizarse en oro— y, como barniz de legalidad, los hijos de la mujer.

Hoy todo el mundo acepta esta relación, aunque el único que todavía tiene ciertas cuentas pendientes con Matilde es, precisamente, el hombre que le dio su apellido "de guerra": su ex esposo Pedro Menéndez. Cuentan que el matrimonio se deshizo en medio de discusiones en torno del espinoso tema económico. Los comentarios apuntan a que ella habría extraído buena parte del dinero que ambos habían amasado y depositado, en diversas cuentas, en bancos de esta capital. El hombre, en respuesta, se habría alzado con toda la plata y algunas joyas que el matrimonio guardaba celosamente en su caja fuerte de la calle Ciudad de la Paz. Enojada y con un ataque de histeria, la dirigente menemista habría denunciado a su marido en la Comisaría 31ª, perteneciente a esa zona. Alertado de esta jugada, el psicólogo se habría adelantado con otra denuncia por enriquecimiento ilícito, a lo que le habría agregado algunos detalles sabrosos sobre supuestas maniobras en el PAMI que tendrían como protagonista a su ex mujer.

El profesional de la mente se habría reunido en secreto con notorios representantes del ala opositora a Matilde en el peronismo porteño, para brindarles más información sobre la presencia de recaudaciones no oficiales en el PAMI, y adelantar así el escandaloso "mito del eterno retorno". Hoy no se descarta que mucha de la información, que terminó con la detención de varios agentes de esa repartición en el Banco de Crédito Argentino, haya podido surgir de ese amor despechado.

Mientras tanto, la pobre Matilde sigue enjugando su pena en brazos del pelilargo y carilindo Máximo Pérez Catan, y gritando a los cuatro vientos que todo esto le pasa por su condición de mujer en un país machista.

Como para olvidar el mal trago, la parejita viaja periódicamente al interior del país o bien a Europa, como ese último viaje que realizaron a fines de setiembre y que la devolvió con algo más de paz, y varias valijas de ropa de sobrepeso. En su nuevo vestuario siguen figurando las minifaldas —modalidad que adoptó en Tierra del Fuego y aparentemente a pedido de su media naranja— y las camisas Versace, una modista que cotiza sus prendas siempre arriba de los mil dólares por unidad.

El, más humilde, sólo llegó con un bolsito de viaje y cara de preocupado. Tal vez su despido del PAMI, al descubrirse su calidad de "ñoqui", lo dejó pensando en su futuro profesional, ya que el sentimental, por ahora, es bastante venturoso. Tanto para él como para Matilde.

Su melodía de amor, es un constante *ritornello.*

* * *

LOS BRUJOS DE LOS FAMOSOS

Tal vez por su cercanía con las estrellas, o por los vaivenes de su profesión, los integrantes de la farándula son propensos a querer conocer de antemano el futuro.

Brujas, parapsicólogos, horoscoperas, especialistas en meditación y pseudoprofesores, son casi a diario consultados por los famosos, tantos artistas como políticos. Más de uno no da un paso sin preguntarle a su pitonisa de turno las posibilidades de triunfo o derrota.

Una de las más conocidas y consultadas es la simpática Blanca Curi, más popular por sus voluminosas proporciones que por sus aciertos. Su terreno favorito es la televisión, en la que se mueve como pez en el agua. Casi todos los famosos pasaron por su coqueto consultorio de la calle Posadas —a metros de la casa de Zulema Yoma—, e incluso se dijo que el propio presidente y su ex mujer, en alguna ocasión, le habían pedido que escrutara los astros.

Ella asegura que sus videncias logran un 80 por ciento de acierto. Y para demostrarlo, asegura que predijo con anticipación el triunfo de Bill Clinton, el de Eduardo Frei, en Chile, y el de Rafael Caldera, en Venezuela.

Otros prefieren recordar un par de pifies históricos frente a las pantallas de televisión, como cuando, en el ciclo "Indiscreciones", le aseguró a Carlos Thompson una larga vida llena de triunfos. A los pocos días, el veterano actor se suicidó en la bañera de su cuarto, en el hotel Alvear.

A Marcelo Tinelli, en el mismo ciclo de chimentos, le confirmó que el segundo embarazo de su mujer iba a proporcionarles un varón. Pese al mandato de los planetas, Candelaria se rebeló y nació en lugar de su supuesto hermanito. Ahí falló por unos centímetros.

Ahora detractores y defensores esperan que su predicción de que veremos a Palito Ortega como presidente en 1999 se cumpla. O por lo menos que le pegue en el palo.

Durante muchos años, Blanca se desempeñó en Venezuela y Miami, y recién a fines de los 80 decidió regresar a la Argentina, en busca de un nuevo horizonte. A fuerza de buenos contactos y de incursionar en los medios, la brujita logró un espacio importante y la conquista de clientes con mucho dinero. O por lo menos, de aquellas que podían pagar los trescientos pesos de una consulta.

Alertados por el notable crecimiento de la Curi —que en sus inicios era "de Gómez", en honor a su primer marido— los sabuesos de la DGI comenzaron a inspeccionarla, entre el 91 y el 93, con procedimientos bastante rigurosos. De allí surgió que la adivinadora posee una casa en la zona residencial de Quilmes, un departamento en la calle Posadas, que hace las veces de consultorio—, otra casa en Laguna del Sauce, Punta del Este, valuada en 1.200.000 dólares y su propia editorial llamada Ediciones Astrales S.A., que dirige su actual marido, el popular representante de artistas Ernesto Arraiz.

Este empresario, conocido por su buen humor y sus contactos, sorprendió a todos con su boda con Blanca. Cuando alguien le preguntó asombrado por el tenor de la decisión, el productor se limitó a decir: "Todos los hombres sueñan con tener varias mujeres. Yo resumí todo en mi esposa", refiriéndose a la anatomía de la pitonisa.

Otros enemigos, tal vez más poderosos que los recaudadores, intentaron en algún momento involucrar a la ex de Gómez con un tema de drogas. La denuncia de un supuesto cliente aseguraba que la pitonisa le había dado unos polvos para un supuesto acto de brujería, que luego descubrió, era cocaína. El caso fue llevado a juicio por su abogado, el ex juez Oscar Salvi, y el nombre de la Curi quedó libre de manchas.

Otro de los nombres que surgió con fuerza en los últimos años fue Ricardo Schiaritti, quien también supo explotar con habilidad las ventajas de los medios de comunicación. En sus orígenes, el caballero soñaba con convertirse en actor e, incluso, llegó a componer un papel en una telenovela llamada "Las vendedoras de Lafayette", que a fines de los ochenta puso en el aire Canal 9 con escaso éxito.

También tuvo participación en la miniserie "Pelear la vida", que protagonizaron en su momento Graciela Borges y Carlos Monzón. Allí, mientras los actores esperaban su turno para grabar, Schiaritti se entretenía prediciéndole cosas a la crédula "Gra". Admirada por sus dotes de adivinador, la actriz comenzó a presentarlo en la farándula y así se hizo famoso en muy poco tiempo.

Además de sus supuestos poderes, el mentalista echa mano a varios trucos y juegos de prestidigitación que dejan admirado a más de un incrédulo. Quema papeles con detalles íntimos del paciente y luego se los repite con una perfección admirable. También, con una pizarra, logra captar los pensamientos ajenos y darlos a conocer con los trazos de una fibra. Algunos dicen que esto se lo habría pedido prestado a un mago español llamado Anthony Blake.

Esos mismos detractores aseguran que en su pasado figurarían ciertas colaboraciones con la SIDE, en la época de la dictadura militar, en el Sur argentino. E, incluso, van más lejos y hablan de supuestos trabajos de inteligencia en Chile, durante el conflicto del Beagle, cuando él se desempeñaba como enfermero por esa fría zona.

Lo cierto es que durante un buen tiempo, Ricardo Schiaritti logró captar la atención de miles de argentinos, que se acercaban a su consultorio en busca de alguna cura para sus penas, previo pago de trescientos pesos.

Una de sus maneras de atraer la atención pública es con revelaciones explosivas, como aquella vez que aseguró saber dónde se encontraba el cadáver del empresario Clutterback, o cuando afirmó que antes de la mitad del '95, se pondría a la venta la vacuna contra el SIDA, lo que originó un duro enfrentamiento televisivo con Raúl Portal.

Los más osados afirman que su buena estrella habría caído por culpa de esas arriesgadas informaciones. O por el *affaire* con Amira Yoma —relatado en otra parte de este libro— cuando no logró "leer" lo que ella había escrito en caracteres arábigos.

Mientras espera que todo pase en su país, Schiaritti tiene buena aceptación en España, donde cada tanto es invitado por importantes ciclos televisivos. Dicen que su último viaje a la península habría sido facilitado por una poderosa familia galaica desesperada en la búsqueda de un hijo desaparecido, y a la cual la fama del argentino le hiciera abrir una luz de esperanza.

Carlos Warter, en cambio, se convirtió de buenas a primeras en un verdadero gurú de la farándula criolla, sobre todo gracias a la promoción que le hicieron Raúl Taibo, Bettiana Blum y Henny Trayles.

Este chileno se autoproclama médico, escritor, filósofo y educador; visionario-estadista hacia una visión global planetaria y una cultura de paz. Como para hacer más irrefutable su condición y abrumadora su trayectoria, agrega que fue consultor de la oficina de paz del ex presidente Ronald Reagan.

Sus primeros pasos en nuestro país fueron bien recibidos por todos, gracias a sus teorías sobre la psicoenergía y a la primavera de la *New Age*. Los mismos medios de comunicación lo recibieron con simpatía. Hasta que un video anónimo llegó a los canales y allí se descubrió cierta personalidad oculta de este filósofo moderno.

En las imágenes se podían ver y escuchar testimonios realmente extraños. Como cuando aseguraba que "el presidente Menem es un extraterrestre", o cuando decía que:

"Estamos en el reclutamiento de agentes de la GIA (Agencia de Inteligencia Galáctica). Una inteligencia superior a la de este planeta".

Con respecto a nuestro primer mandatario, Warter llegó a decir:

"Nosotros, los que somos conscientes de lo cósmico, somos los más sometidos y los más olvidados. Menem nos está diciendo que miremos las cosas de otro lado. No es un político convencional".

Claro que también podría usar ese supuesto poder para el mal, como se desprende del video, cuando cuenta una anécdota poco graciosa.

"Cuando yo perdí a mi padre, un amigo se me acercó y me dijo: 'No te preocupes, así es la vida'. Le creé un campo magnético, se lo reflejé a su padre y a los dos meses murió."

Raúl Taibo fue una víctima de los manejos de este gurú. En un momento dado, todos los seguidores estaban festejando el cumpleaños del actor, hasta que Carlos Warter decidió reprender al artista diciendo que "los que vienen a mis seminarios se iluminan, pero aquellos que se quedan mucho tiempo buscando un beneficio personal, se autodestruyen. Por ejemplo, el caso de Raúl Taibo, quien se quedó mucho tiempo y se le comenzaron a cancelar los contratos".

Como toda respuesta, el intérprete se limitó a llorar desconsoladamente, sin que nadie lo ayudara por temor al "brujo".

Esta relación con Warter llevó a Taibo a finalizar su matrimonio con María Pía Meritello —cuñada de Gustavo Béliz—, madre de su hija Antonella. Fue ella la que en su momento se rebeló y logró echar luz sobre ciertas partes oscuras del profeta chileno. Como aquellos cuarenta y cinco días de retiro espiritual en Santiago de Chile. Durante todo ese lapso, el anfitrión intentó separar a la pareja, a tal punto, que más de uno creyó ver en esta actitud sentimientos no declarados del gurú hacia el actor argentino.

Allí, la ex de Taibo comprobó en carne propia los métodos del trasandino, como tener casi en ayunas a sus discípulos, dejarse decir "Dios" o "Jesús" o intentar romper los vínculos familiares de sus seguidores. Una noche le sugirió a la pareja la hipotética posibilidad de que un Lama les reclamara a su hija cuando cumpliera tres años, preguntándoles cuál sería su actitud. María Pía se negaba; su ex esposo, mansamente aceptaba, lo que originó una fiera pelea en la pareja.

Tiempo después, Carlos Warter decidió volcarse hacia un discurso plagado de términos extraterrestres, y comenzó a hacerse llamar Zarkar.

Sus ingresos, como los de la mayoría de sus colegas, se producen de la cobranza de esos seminarios o retiros espirituales. También algunos "creyentes" deciden regalar parte de sus bienes a la fundación del ciudadano chileno. En ese famoso video, por ejemplo, se ve, en una reunión realizada en Bariloche, cómo una mujer se desprende de una valiosa propiedad para cedérsela al gurú.

Más tolerables (y tolerantes) se presentan otros adivinadores y pitonisas, como Aschira, Ludovica Squirru, Mabel Iam, Linda Evelia, Waldo Casal y algunos más. Todos estos son más queribles y simpáticos. Y, lo más importante, bastante inofensivos a la hora de elevar a los integrantes de la farándula a sus viajes astrales.

"¡Si no me tienen fe..."

* * *

ME PARECIO VER UN LINDO GATITO

El gritito del simpático canario Twitty se convirtió, en los últimos años, en el canto de guerra de cientos de hombres argentinos que transitan, con cierta pena y poca gloria, la turbulenta noche de Buenos Aires.

Mucho se ha dicho y escrito sobre la vida y obra de los llamados "gatos" porteños, sin saber que, en realidad, "gatos" se denomina a los que ponen un dinerillo por el sexo rentado, y no así a las señoritas que deciden cobrar por el uso de su cuerpo. Pero, por extensión, hoy se las llama así también a ellas.

Otro de los mitos es que en los promocionados *books* de ciertas agencias de acompañantes, figurarían varias modelos y actrices de reconocida fama. Incluso el ciclo "Edición Plus" de Telefé puso en el aire un memorable programa donde se quemaba a varias *vedettes* famosas, las cuales iniciaron y ganaron juicios por varios miles de dólares.

En realidad, esos supuestos "entregadores" de damitas usan simplemente fotos sacadas de algunas revistas de desnudos, donde aparecen las más famosas y deseadas mujeres del ambiente. Cuando el desprevenido cliente las pide, se encuentra con la acostumbrada frase de "En este momento no está disponible" o "Hay que reservarla con cuarenta y ocho horas de anticipación", tras lo cual le ofrecen otra chica, por menor precio, que en lo único que se parece a la conocida es en el blanco de los ojos.

En realidad, las caras conocidas, que deciden ganarse unos pesitos extras con el alquiler de sus formas femeninas, nunca se promocionarían en una agencia ni en los *lobbies* de los hoteles. Sus teléfonos, en cambio, figuran en las preciadas agendas de ciertos políticos, empresarios, gremialistas, funcionarios públicos, deportistas y gente relacionada con la farándula. Estos pocos elegidos son los únicos que tienen acceso directo a las bondades de estas señoritas, alguna de ellas de reconocida trayectoria en la pantalla chica, o bien con una carrera en leve pero pronunciado ascenso.

Las que recién empiezan y saben que el talento no es pre-

ESTA BOCA ES MIA

"Yo no hago *lobby,* yo llamo por teléfono."
AMALIA L. DE FORTABAT, *Noticias.*

"Moral es lo que nos permite ser fieles a nosotros mismos."
JEANNE MOREAU.

* * *

"Acabo de descubrir que soy bastante desenvuelta y quiero convertirme en actriz."
VICKY FARIÑA, *Caras.*

"Donde todos sirven para todo, nadie sirve para nada."
CONCEPCIÓN ARENAL.

* * *

"Si hubiera nacido en los Estados Unidos posiblemente sería Jim Carrey..."
TRISTÁN, *La Maga.*

"Es mucho más difícil matar a un fantasma que a una realidad."
VIRGINIA WOLF.

* * *

"Yo soy ingeniera, estudié Antropología, estudio cada vez más y quiero saber cada vez menos. Porque me condiciona."
GRACIELA ALFANO, *Emanuelle.*

"Con la ignorancia armonizan los errores."
CONCEPCIÓN ARENAL.

cisamente la llave para abrir su futuro, se deciden a poner la cara de cualquier manera. Y cualquier manera implica una larga procesión por los brazos de afectuosos productores. Si logran superar ese primer escollo, su figura podría pasar a engrosar alguna tribuna o bien desempeñarse como secretaría de poca monta en diversos ciclos. Ellas saben que su cotización, con la pantalla de por medio, puede elevarse considerablemente a la hora de transar.

Cuando la dama ya es reconocida —esto quiere decir con algún papel de importancia o directamente un protagónico junto a algún capocómico—, su tarifa puede trepar a cifras importantes, partiendo de una base mínima de 1.000 dólares y llegando, en algunos casos, a los 5.000. Esto incluye, además del momento de intimidad, un paseo por lugares concurridos, para varearse con la supuesta conquista ante la envidia de sus amigos.

Aquí se pueden incluir a tres o cuatro *vedettes,* rubias y morochas, que hoy se moverían con este estilo comercial de compraventa. Ellas, a esa tarifa, le agregan algunas extras como un buen tapado de piel, alguna joya, la compra de un departamento o bien la de un auto importado.

En el ambiente se recuerda cómo una reconocida y pulposa actriz y *vedette* consiguió, por fin, la casa para sus padres, gracias a la buena y fina voluntad de un empresario hoy radicado en España.

O aquella fiesta en Punta del Este, con varias muchachas a 500 pesos, que durante toda una noche alegraron la reunión de varios empresarios argentinos.

Otros prefieren hablar de las interminables noches que pasó en nuestro país un reconocido hombre de negocios italiano, famoso por la ropa que fabrica y por los escandalosos avisos publicitarios que publica, gracias a las buenas artes de una ex gatita de Porcel, que en ese entonces manejaba 20 caras bonitas 20, a poco más de 500 *per cápita.* El contacto, a principios del '90, se lo realizó un famoso animador, que ni siquiera soñaba con la fama que hoy lo acuna.

En la noche también se recuerdan las aventuras de un reconocido galán español, que era habitué de un boliche ubicado en la avenida Las Heras, con nombre de conquistador español, de donde arrancaba al finalizar su jornada laboral a dos bellas señoritas de apenas 150 pesos. Con ellas se con-

ESTA BOCA ES MIA

"Se lo dije (a Mick Jagger): sos mi ídolo desde la adolescencia. ¿Y él?
Encantado."

RICARDO PIÑEYRO, *Gente.*

"A menudo, la mejor forma de la justicia es la indulgencia."

CONDESA DE SEGUR.

* * *

"Mi carrera me dio todo lo bueno que te puede dar. Y yo creo que no hay hombre que me pueda dar tanto... tanta cosa."

SUSANA GIMÉNEZ, *Gente.*

"Muchas personas se pierden las pequeñas alegrías, mientras esperan la gran felicidad."

PEARL S. BUCK.

* * *

"Cuando me observo en la pantalla me veo de madera total y pienso: ¿cómo no me van a criticar? Pero mientras los productores me banquen voy a seguir en ésta."

RAQUEL MANCINI, *Teleclic.*

"Si acaso me contradigo / en este confuso error / aquel que tuviera amor / entenderá lo que digo."

SOR JUANA INÉS DE LA CRUZ.

centraba durante varias horas en un albergue transitorio cercano a la confitería.

A ese mismo local se acercan varios famosos en busca de un minuto de amor sin el verso previo. Si no es allí, es en otro lugar ubicado en la avenida Quintana, de Recoleta, o en la coqueta Alvear, de la misma zona. Allí, por 100 dólares en la mano se pueden pasar un par de horas de pleno esparcimiento.

Otra de las leyendas involucra a un canoso y famoso empresario dedicado al fútbol cuyo *hobby,* a la hora de recompensar el trabajo de sus "queridas", era regalarles un automóvil de marca conocida. A principio de los 90 eran los viejos y queridos Fiat 147. Ahora son Fiat Uno, Twingo o algún importado de bajo costo. Cuando una señorita aparecía con uno de esos coches, se sabía que por allí había pasado el popular hombre de canas peinar.

La misma debilidad por obsequiar automóviles tenían, precisamente, dos caballeros relacionados con esa industria hoy en crisis. Sus novias y/o amantes y/o "gatitos" iban cambiando sus modelos de acuerdo a la producción de unidades nuevas que iban saliendo de sus empresas.

Pero si alguien quiere volar alto y llegar, por unas horas, tan siquiera a rozar la suave piel de la *vedette* con la que siempre soñó, o que vio desde una primera fila en un teatro, deberá conectarse con una especie de "madama" del siglo veintiuno. Muy pocos son los elegidos que tienen acceso a esta bella señorita, rubia, muy joven y que responde al nombre de Elizabeth. Ella, desde su departamento en las inmediaciones de Libertador y Cavia, maneja con sus dos teléfonos móviles —cuyos números tienen los políticos y empresarios más relevantes de la Argentina— a las más apetitosas y famosas señoritas de la noche porteña.

Allí sí se pueden encontrar a varias caras conocidas que cotizan su compañía en no menos de 5.000 dólares, como es el caso de una *vedette* nacida en el interior del país. Pero, la más onerosa es, sin embargo, una actriz hoy alejada de las tablas. La dama en cuestión tiene un precio que llega a los 7.000 dólares por una jornada de grata compañía. Y dicen que son varios los clientes, también famosos, que requieren sus servicios.

Una de estas mujeres, conocida más por sus escándalos

que por su talento artístico, no tiene empacho en manifestar públicamente que le pone un suculento porcentaje a un grupo de periodistas faranduleros para que le consigan candidatos para pasar por las armas. "Desde que me separé quedé en la ruina y a veces ni el alquiler puedo pagar", argumenta la platinada *vedette* a la hora de justificar sus ingresos extras que, por supuesto, no pagan impuestos. Aquel que quiera conocer las mieles de su amor, tendría que oblar no menos de 2.000 dólares, para después contárselo a los muchachos del billar.

Como en las viejas boticas, en la farándula también hay de todo y está abierta las veinticuatro horas. Nunca se descansa y menos a la hora de hacer el amor. Si es pago... mejor.

Convocatoria final

COMO SER DE LA FARANDULA Y NO MORIR EN EL INTENTO

"Joven argentino, si tienes entre dieciocho y ochenta años, vocación de servicio por la frivolidad, capacidad física para asumir los vaivenes de las largas noches, eres proclive a salir en todas las fotos y posees una inmensa ambición de fama, eres el elegido para pasar a integrar el fantástico mundo de la farándula vernácula. Un universo lleno de bellas modelos, encargados de relaciones públicas, periodistas cholulos, políticos con ganas de cambiar la banca por un boliche y deportistas más afectos a los mimos que a las concentraciones, se abrirá mágicamente frente a tus ojos."

Esto, que parece un ficticio aviso, al modo de las viejas épocas del Colegio Militar, bien podría formar parte de la realidad, sólo que para ser uno más en la farándula hace falta algo más que vocación y ganas. Uno debe ser reconocido por aquellos que manejan la batuta y, además, tener en cuenta algunos detalles de importancia.

Como éste, además de un libro frívolo, intenta ser un com-

pendio de servicios útiles, aquí va una guía para convertirse en una estrella del jet set local.

Lo primero que hay que tener en cuenta es la forma de vestirse. Aquí, si el mono se viste de seda, mono no queda, y puede ser tomado por una persona importante.

Si la idea es pasar un momento de informalidad, para él lo mejor es usar siempre jeans, botas y camisas, todo acompañado por una buena campera de cuero. Las marcas son importantes, aunque lo ideal sería comprar las prendas en esos nuevos negocios donde se adquieren ropas usadas. Ahora, si la idea es mostrarse cual yuppie del subdesarrollo, los trajes tienen que ser exclusivamente de casas como Hugo Boss, cuyos precios garantizan exclusividad.

Ellas, en cambio, tienen que mostrarse más en un estilo "qué me importa". Exhibir mucho ombligo, pechito y algo de cola. También la ropa usada tiene un lugar especial, aunque si hay que ponerse algo más importante, la de Via Vai es casi ideal.

Lo importante es cómo lucirla. Nada de parecer que recién se la ponen. La ropa tiene que ser parte de la piel. Hay que llevarla con soltura, con displicencia. Las camisas con el cuello abrochado, un bronceado siempre a tono, de vez en cuando alguna zapatilla; ahora volvieron con fuerza las viejas y queridas Adidas, que hasta no hace mucho eran un "quemo".

Claro que con la ropa no se hace nada, si no se la puede lucir en las magníficas fiestas del ambiente. Para eso hay que integrar los exclusivos mailing de los expertos en relaciones públicas. De éstos hay muchos, aunque sólo algunos tienen entre sus clientes a las empresas más importantes del medio.

Si uno quiere ser importante tiene que aparecer, por lo menos, en la computadora de Diego Baracchini, Sofía Neiman o Javier Lúquez. Que alguno de ellos ni siquiera reconozca tu apellido es un inapelable certificado de defunción. Estos tres nombres manejan todos los eventos y realmente lo hacen muy bien. Cuando uno de ellos convoca es seguro que las figuras más importantes se harán presentes, desde el presidente hasta la modelo top del momento. No importa si lo que se presenta es un jabón de lavar la ropa o el último modelo de Mercedes Benz. Lo importante es estar, respetar esa consigna anónima que dice: "Figuración o muerte".

A la hora de comer, es fundamental elegir los lugares con

mucha precisión. No es cuestión de ir a Recoleta y pedir una milanesita con puré en Lola. Eso ya no es sinónimo de nada. Ahora hay que dirigir los pasos al nuevo Puerto Madero, donde los intelectuales, los yuppies *y los artistas se dan cita desde la mañana temprano.*

La movida en esta zona —copiada de New York, Londres o Sydney, donde se reciclaron viejos galpones— se concentra en cuatro docks, *entre las calles Viamonte y Juan Domingo Perón. Lo ideal es llegar al mediodía y hacer un* break *antes de almorzar para charlar de negocios, discutir un contrato o solamente hacer rostro con la modelo de onda. El lugar es X Caret, donde se encuentran los empleados de la zona y aquellos que no superan los treinta y cinco años. La otra alternativa puede ser Bahía Madero.*

Pero a la noche, lo imprescindible es comer en Katrine, donde una cheff *noruega hace las delicias de los exclusivos comensales. Entre los habitués están el intendente Domínguez, el economista Miguel Angel Broda, Inés Lafuente —hija de Amalita Fortabat—, el empresario Esteban Reynal y el periodista Daniel Hadad. Un detalle de buen gusto es llegar en auto con chofer, que debe quedar estacionado en la puerta a la espera del dueño.*

Si la idea es toparse con la gente del ambiente artístico el sitio elegido debe ser Cholila, bajo la batuta de Francis Mallman —también dueño de Patagonia, otro de los restaurantes top*—, donde se puede comer desde una porción de papas fritas hasta una Tempura de Salmón malayo.*

Si la visión amarronada del río le trae náuseas, a usted o a su pareja, pueden rumbear para la zona de San Isidro, más precisamente a la calle Dardo Rocha. Allí La Caballeriza o La Rosa Negra son lugares habituales para algunos personajes de la farándula. No sería extraño encontrarse al mediodía con algunos famosos, ya que allí cerca se encuentran varios estudios televisivos como Sonotex, Ronda y Pampa. Gabriel Corrado, Gustavo Bermúdez y Araceli González siempre se hacen tiempo para comer unas achuritas.

Claro que también la idea del principiante puede ser toparse con figuras de peso en el ambiente político y empresario. Si ese es el fin, lo mejor es ir a los restaurantes sobre la calle Posadas, debajo de la autopista, especialmente Piegari. Allí, por ejemplo, Eduardo Eurnekian suele cerrar sus contratos, como el que unió a su empresa América 2 con César Luis Menotti, por la módica suma de 85 mil dólares mensuales. Aquí también Bernardo Neustadt rechazó amablemente el ofrecimiento de Guillermo Cóppola para arreglar el severo entuerto que separa al periodista de Diego Armando Maradona.

Para aquellos que, pura y exclusivamente, se quieren codear con sus estrellas favoritas, lo mejor es ir a los lugares seguros, como son Fechoría, Edelweiss, Como, Parrilla Rosa y El Corralón. Allí todos los famosos se sientan a comer y hacen relaciones públicas con sus colegas. Susana Giménez, Enrique Pinti, Antonio Gasalla, Ricardo Darín, Carlos Calvo, Luisina Brando, Pepe Parada, Silvia Süller, Gerardo Sofovich, Lucho Avilés, Juan Carlos Calabró, Moria Casán, Raquel Mancini, Alicia Bruzzo, Jorge Guinzburg y hasta Carlos Menem pueden ser chocados en los pasillos de cualquiera de estos restaurantes.

La Costanera también es un polo de atracción para los novicios. A los ya clásicos Los Años Locos, Look, Happening o Clo Clo, hace poco tiempo se sumaron otros lugares más modernos, como Tequila —donde van las modelitos de Dotto y Piñeyro—, Sky Ranch —la farándula se hace presente para comer y bailar— y Pizza Banana.

Claro que si usted, joven argentino y candidato a incorporarse a la farándula local, tiene menos de treinta y cinco años, lo mejor es que ponga su auto —importado, claro— con la proa hacia la zona de los lagos de Palermo. Allí, bajo los arcos donde hasta no hace mucho paraban los linyeras, hoy se expande el lugar top de los jóvenes. Tequila, El Coyote y Odeón son los nombres que noche a noche congregan a las modelos, los actores y algunos políticos a los que les gusta transitar la joven noche porteña.

Dos lugares también pueden ser elegidos para tomar un café, antes de meterse de lleno en los boliches. El Museo Renault, recién inaugurado por el empresario Manuel Antelo a un costo de casi cinco millones de dólares, y que hoy reúne a lo más granado de nuestro jet set. El otro es el Open Plaza, que desde hace años resiste el paso de todas las generaciones, en Tagle y Libertador. Todavía, varios integrantes de la farándula pasan por allí para tomar un té, alquilar un video o, simplemente, extasiarse mirando a las bellas meseras.

Tal vez el candidato quiera conocer la parte más under de la fauna porteña. En ese caso lo mejor es dirigir sus pasos a Ave Porco, Caniche, El Dorado, Bunker o Morocco. Allí no son muchos los famosos que se animan a asomarse, pero de vez en cuando Susana Giménez se da una vueltita con Huberto Roviralta, quien aprovecha para dormitar. Lo que estos lugares ofrecen para los astros, es que los fotógrafos no suelen ir por allí a cumplir su trabajo. El único riesgo es toparse a cada rato con travestis y otros personajes bastante extraños.

Para rematar la noche, los que adoran el dancing *eligen, sí o sí, El Cielo, un lugar al cual solamente los que pertenecen a la casta de privilegiados pueden entrar. Allí sí todos los famosos se hacen presentes, aunque nadie tome lista. Modelos, artistas, deportistas y empresarios se mezclan en extraño montón.*

Ingresar al Cielo significa ni más ni menos que eso. Para ser aceptado, los monos de la puerta no sólo los deben dejar entrar sino que, por lo menos, les deben esbozar una sonrisa de primate. Entre los dos VIP —uno para la gente del jet set *y otro apodado Gitana, para los más raros— se puede reunir a los personajes más importantes y las cuentas bancarias más rellenas de nuestra realeza de cartón.*

Claro que, si los muchachos le vedan el ingreso, lo mejor es probar en Caix —adonde todavía acuden algunas figuritas— o a Pachá, una sucursal del famoso boliche español.

Lo ideal es que los maîtres, *los mozos y porteros de todos estos lugares lo reconozcan por su nombre. Una buena táctica es ir antes de una cita con una bella señorita —la que, por lo menos, debe haber aparecido una vez en la sección de famosos de* Gente *o* Caras*— y charlar con los encargados de los lugares elegidos. Una buena propina previa lo transformará en famoso casi al instante. Más de un actor y empresario usó esta estrategia en varias ocasiones.*

Para movilizarse no hay que hacerlo en un Mercedes Benz; eso ya pertenece a los más viejos. Lo ideal es un BMW 325, una Pathfinder, una Isuzu Rodeo, un Suzuki Vitara, un Peugeot 405 o, en su defecto, el nuevo 306 descapotable. Lo mejor, reiteramos, es un auto con chofer. Al taxi y al colectivo, mejor archivarlos para siempre.

A todo esto hay que agregarle un buen Rolex, Tag o Corum

en la muñeca; una casita en un Country —deberían ser el Highland, Miraflores, San Jorge o el Boating Club de San Isidro—; algún conocimiento de polo o por lo menos, de rugby; no menos de tres tarjetas de crédito y una de ellas dorada, de algún banco de nombre; un teléfono móvil de pequeñas dimensiones y que nunca se debe usar en la calle, ya que lo mejor es pasar desapercibido.

Finalmente, para ser parte de nuestra farándula, entrar a los restaurantes de moda, conquistar a la modelo de turno, ser saludado por algún empresario famoso y alguna vez asomarse en alguna foto de actualidad, lo que hay que tener es mucha paciencia y algo más de plata.

El talento no es demasiado importante.

Indice